史绎集

陈大同 著

端州历史文化

暨南大學出版社
JINAN UNIVERSITY PRESS

中国·广州

图书在版编目（CIP）数据

史绎集/陈大同著. —广州：暨南大学出版社，2017. 12
ISBN 978－7－5668－2269－7

Ⅰ. ①史…　Ⅱ. ①陈…　Ⅲ. ①肇庆—地方史　Ⅳ. ①K296. 53

中国版本图书馆 CIP 数据核字（2017）第 294010 号

史绎集
SHI YI JI
著　者：陈大同

……………………………………………………………………

出 版 人：徐义雄
策划编辑：黄文科
责任编辑：李倬吟
责任校对：叶佩欣
责任印制：汤慧君　周一丹

出版发行：暨南大学出版社（510630）
电　　话：总编室（8620）85221601
营销部（8620）85225284　85228291　85228292（邮购）
传　　真：（8620）85221583（办公室）　85223774（营销部）
网　　址：http：//www. jnupress. com
排　　版：广州尚文数码科技有限公司
印　　刷：佛山市浩文彩色印刷有限公司
开　　本：787mm×960mm　1/16
印　　张：16. 75
字　　数：330 千
版　　次：2017 年 12 月第 1 版
印　　次：2017 年 12 月第 1 次
定　　价：58. 00 元

序　言

日前有幸拜读了耄耋学人陈大同先生所著的《史绎集》一书，书中分为“专论”“人物”“杂议”三个部分，总共五十个议题，生动描述了肇庆的历史风貌。其内容涉及古今中外，举凡训诂、文字、文献、名物、事件、人物、民俗、文化等，无不囊括其中，然而所议话题虽广，但因全书已成竹在胸，故始终能够做到立足肇庆，放眼岭南而又胸怀华夏。有了这种情怀，全书自然高屋建瓴，围绕主题娓娓而谈，引人入胜。

作者常年治学，厚积薄发，所论往往令人耳目一新。例如，对于“七月流火”的解释，书中提出两点看法：①根据星象实际观测的推算，西周时期在七月由正南偏西而下的火星不是大火，而是鹑火。②先秦时期对用火实行严格的管理，“流火”就是在开禁的月份大举用火。此说在众口一词中另辟蹊径，又能结合历法、风俗乃至法令知识加以论证，言之有据，委实别开生面。诸如此类的训诂，能不囿于旧说，善于推陈出新，新解虽未必能作为定论，但确可成一家之言。在名物考证方面，此书也颇为突出。如肇庆七星岩石室东壁的刻文，因署名者有周湛、钱聿、包拯三位，故而困惑了很多人。对此，作者能认真归纳古人手书题名的惯例，分析碑文的内容及措辞，进而研究探讨三人的身份、性格，得出石碑手书者是包拯的结论，就很有说服力。又如，对于端砚何时产生，作者充分考辨史实，从古籍的字里行间寻求本意，纠正了一些人所引“东坡云，端溪石始出于唐武德之世”的讹传，证实了四库馆人“端溪岩石虽自唐著名，晋魏以前必已有取为砚材者”的论断，从而将端砚问世的时间前推了几百年，使肇庆这一代表性的器物更具历史厚重感。

自古以来，岭南大地上人才辈出，除了世人熟知的冼夫人、慧能、张九龄之外，其他人物也同样闪耀，在历史的星空中熠熠生辉。翻阅全书，我们如同打开了一幅幅生动形象的画卷，岭南风情跃然纸上，它让人们进一步认识到了岭南即人杰地灵之处。其实莫道是五岭之南，仅仅肇庆一隅之地，两千年来风流人物络绎不绝，在中华大地上留下了深深的足迹。汉代陈钦及其子陈元、其孙陈坚卿被誉为“三世儒林之英”，其中陈元首次促使朝廷设置《左传》博士，让《左传》成为官学，将其发扬光大，可谓泽被后世，功德无量。大名鼎鼎的物理学家吴大猷，将量子力学引进中土，算得上是中国物理学界的泰斗。陈焕章，曾被誉为中国历史上第一位进士与博士学位获得者。作者研精阐微，分析史料后得出结论：陈焕章高中进士后，穿越太平洋，于1911年以洋洋洒洒四十五万字的博士论文《孔门理财学》，获得美国哥伦比亚大学的博士学位，实乃前无古人，后无来者，同时他还是历史上唯一的进士与博士学位获得者。从第一到唯一，这是质的飞跃，弥足珍贵，而这一结论，也浸透着探索者辛勤的汗水。

从古至今，岭南女性以勤劳、朴实、好强而闻名，不像一些弱女子，大门不出，二门不迈，而是突破了“女子头发长见识短”的成见，显得卓尔不群，眼界高远，故而岭南女性历来受人赞誉，也是理所当然之事。在这方面，肇庆女性当仁不让，表现出色。隋朝钟士雄的母亲蒋氏，在儿子准备起兵响应虞子茂反抗朝廷时，能够洞察是非，当机立断。她严肃告诫儿子不能背德忘义，毅然阻止了这样的不义之举。在家国命运发生重大变故之时，蒋氏慧眼察势，顺应历史潮流。这种智慧，小而言之，保全了身家性命；大而言之，维护了祖国统一，当真两全其美，皆大欢喜。其他如隋朝潘夫人慷慨劳军，助官军南征；唐朝高力士的母亲麦氏忍辱负重，育儿成长，都给人深刻的印象。从文化上看，这组人物群像既反映了西江女性自强不息的精神风貌，又体现了肇庆民间世代传承的慈祥博爱的龙母精神，具有深厚的历史文化积淀。

简言之，《史绎集》可圈可点之处不少，令人受益匪浅。值此举国上下弘扬民族优秀传统文化之际，《史绎集》一书适逢其会，可为读者提供一种学习的选择。

罗维明
2017 年 10 月

（罗维明：广州大学人文学院教授）

目　录

人 物

杂 议

专　论

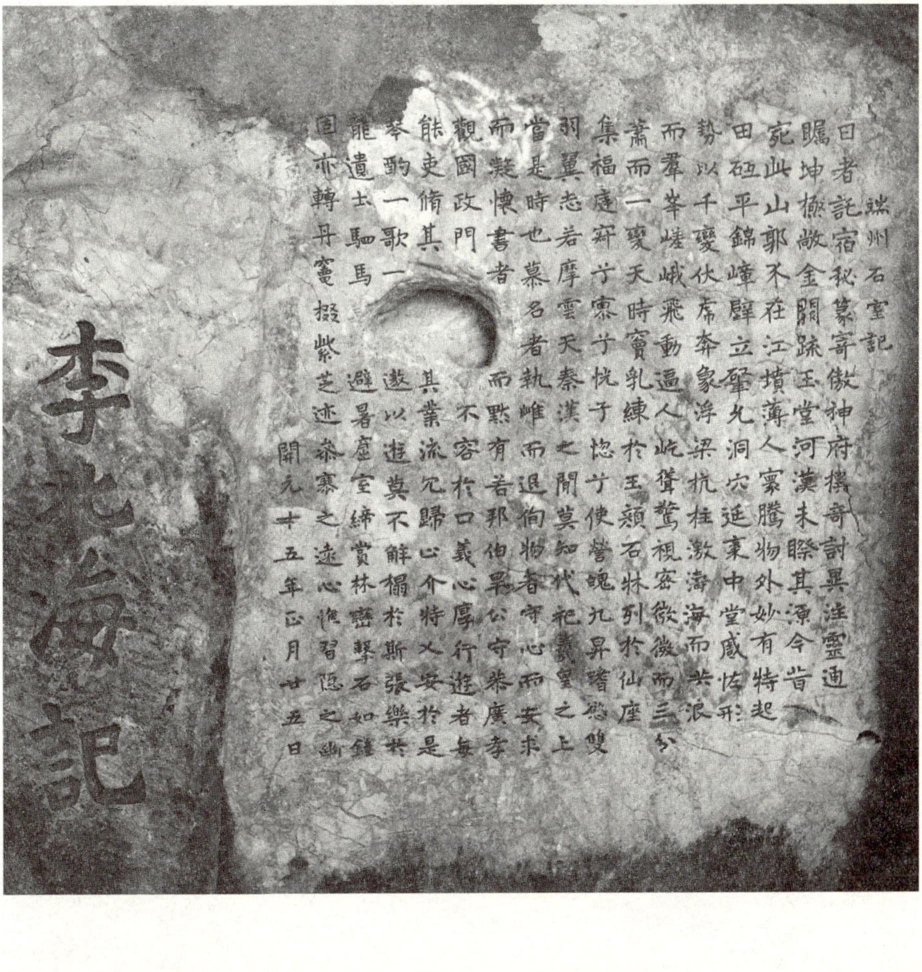

“封中”与“×封”考辨

1972年至1974年初，湖南省长沙市马王堆一、二、三号汉墓先后开掘，出土了大量罕见的珍贵文物。其中三号墓出土的《地形图》和《驻军图》，是世界上现存最早的以实测为基础的地图，非常难得。而在其中的《地形图》上，大概在长沙国境外，南向的近邻区位，相当于现今的西江水系贺江与北江水系一大支流之间的位置，标示有“封中”二字。在《驻军图》上又绘有七个红三角形，旁边分别标留封、满封、武封、昭山封、蛇封、居向封和×封。“封中”指什么？有什么含义？在20世纪末的二三十年里曾有一些学者作出阐释，但并没有达成共识。而把《驻军图》上的“封”，解读为烽火台一类的用于军事通信联络和报警的工事，这一点大家的意见比较一致。为什么称为“封”，却不见有学者作出解释。笔者曾经跟迹追寻，尝试对此进行探究。近日翻阅旧稿，重新参读有关论著，望能借此表达相关见解。下面分别进行讨论。

一、封中

（一）当作地名，扞格难通

（1）指《地形图》远邻区封域之外，属于南越王的辖境。在地图公开不久，且事态还不十分明了的情况下，谭其骧教授率先锁定要害。首先，他区分近邻区、远邻区，指明是绘图方的对手的辖区。其次，尽管他说到“这么大的地区只注上‘封中’一个地名”①，其后几年社会上涉及那两幅地图的讨论，也普遍把“封中”作为地名使用，但是他当时分析长沙国与南越国的边界走向时，认为“汉初长沙国南边的具体疆界，尚待进一步探讨”②，对这一地名所涵盖疆域的界定持审慎的态度，不作太多的推断。因而作为地名，还只限于标示层面。

（2）“可能是指当时南越国内的封阳地区”③。这是马王堆帛书整理小组的看

① 谭其骧．二千二百多年前的一幅地图［J］．文物，1975（2）：43-48.

② 谭其骧．马王堆汉墓出土地图所说明的几个历史地理问题［J］．文物，1975（6）：21.

③ 马王堆汉墓帛书整理小组．长沙马王堆三号汉墓出土地图的整理［J］．文物，1975（2）：38-39.

法。封阳县见载于《汉书·地理志》，南越国时期有无此县还不得而知，而且与谭其骧教授所说的“南越国辖境缩小范围”这一观点相比，准确度较低。

（3）“大约是指南越的封阳和中宿地区”①。中宿县也见载于《汉书·地理志》，南越国时是否已设此县也还不得而知。从原图所标示的“封中”在西江水系和北江水系之间这一点来观察，容易得出这样的印象，但尚未有足够的证据和理由。

（4）指封水流域。“西江支流贺江，古称封水。‘封中’也是以水名加‘中’的一例，它可以理解为封水上下左右，即今贺江流域一带地方的意思。这和西汉地图上‘封中’所标位置正好吻合。”② 并且相关学者还指明“封中”就是《汉书·地理志·苍梧郡》的广信、封阳、临贺、富川、冯乘和谢沐的“封中”六县。笔者对这些说法存有疑窦：①“贺江古称封水”，“古”指什么时候？所见最早的记载是《汉书·地理志》苍梧郡封阳县颜师古注引应劭曰：“在封水之阳。”按水北为阳来看，封阳县故址曾指广西信都县，当代一般认为在今封开县都平镇官潭地，位于贺江西岸，这显示不出水之阳。清代有学者另作解释，认为封水是贺江东岸地区源于圆珠山、流出贺江的那一条水。②以地物名加“中”作后缀的结构是否一定涵盖“上下左右”“一带地方”？从原来列举的例子可知这是不一定的。特别是以当地水名加“中”的一些情况，有的并非以水流得名。如“云中”是从云中郡省略而来，并无云水牵涉。“峡中”指长江三峡之中，也无峡水因素。这类结构的“中”，《辞源》释义为“泛指其所也”，所指处所、地方、位置，十分广泛。幅员大的地方、地区，有上下左右、一带地方可言，而处所、地点，就难以言说。特别是因水流得名的“×中”与指称地域、地区的“关中”“鲁中”相比，因为水道多呈线状或带状，就难有“上下左右”“一带地方”的状况，或者流程太长，其冠名所在地无法包含。如“河中”，始自河中郡，并不代表黄河流域；“汉中”也始自汉中郡，并不表示汉水流域。③《汉书·地理志·苍梧郡》的冯乘和谢沐两县，其辖区位于马王堆汉墓所出地图的适用境域，但其所标示的8个县中，不见该两县，而富川、临贺、封阳、广信的始设情况也还不清楚。同时，贺江左岸地域与秦设的四会县连接，与“封中”应有关系。可见“封中”难以解释为封水流域。

（二）“封”的本义：土地界线

“封”字在甲骨文、金文中，字形像植树为界、加土起堆的形状。《周礼·

① 何介钧，张修明. 马王堆汉墓［M］. 北京：文物出版社，1982：135.

② 陈乃良. 封中史话［M］. 广州：广东省地图出版社，1998：7.

地官·大司徒》："制其畿疆而沟封之。"就是挖土成沟，移土筑堆，而植树在其上，以标志境界。后来经假借、转注、引申，衍生多义。在先秦时期广泛用于表示疆界、境界，与其他字合成封疆、封略、封畛、封堆等。

封疆：《吕氏春秋·孟春纪》："王布农事，命田舍东郊，皆修封疆。"高诱注："封，界也。"[①]

封略：《左传·庄公二十一年》："武公之略。"正义：封略之内，封是竟，则知略是界也。[②] 也就是疆界。

封畛：封地的边界。封，封地；畛，界限，与"封略"义近。

封堠：划分疆界和分程记里的土墩。晋·崔豹《古今注》："封疆画界者封土为台，以表识疆境也。"马缟注："为堰埒以画界者分程也，十里双堠，五里只堠。"这是具有标识里程功能的界线。

在占有、利用方式不同的土地上还使用一系列同义词、近义词：垤、埸、都、畔、塍、垅、阡陌等。

由于牵涉土地的归属权和使用权，古代对土地界线相关问题十分郑重。孟子说："夫仁政，必自经界始。"[③] 在废封建置郡县的秦代，"封"在法律上作了规定："封即田阡陌。顷半（畔）。封殹（也）。""盗徙封，赎耐。"[④] 如果擅自移置田界，要服耐刑，即拔掉胡须。古代对土地界线的重视，在马王堆出土的地图上得到反映。

（三）封中的"中"义证

中（zhōng，zhòng）有两音、两大义类，成义几十项。基本的义项是内，里面；半，一半；中间，当中；数和量内的部分等。作为复合词，作前缀或后缀，其含义往往相同，中田—田中，中山—山中，中心—心中，中川—江中。其中用以表示界面、层面和界线交错所在也称为"中"，值得注意。《礼记·文王世子》："三王教世子，必以礼乐。乐所以修内也，礼所以修外也。礼乐交错于中，发形于外，是故其成也怿，恭敬而温文。"孔颖达正义："礼乐交错于中，谓交间错杂于其情性之中。"[⑤] 这种交间错杂在界线上出现时，贾谊用"驳跞"

---

① 陈奇猷. 吕氏春秋校释［M］. 上海：学林出版社，1984.

② 阮元. 十三经注疏［M］. 北京：中华书局，1980：1774.

③ 阮元. 十三经注疏［M］. 北京：中华书局，1980：2702.

④ 睡虎地秦墓竹简整理小组. 睡虎地秦墓竹简［M］. 北京：文物出版社，1978：178.

⑤ 阮元. 十三经注疏［M］. 北京：中华书局，1980：1406.

来表示："小大驳跞，远近无衰，天子诸侯封畔之无经也，至无状也。"[1] 又有用"中界"来表示："梧州，两广中界也。""中界"即"界中"，也就是交界处。这些义例在大型辞书上都有出现。

（四）标示"封中"的社会历史背景

1. 声索疆域存在歧异

上述贾谊所说的诸侯占有的疆域没有准确的坐标界定，以至不能描述具体的情形，在封建社会比较普遍，大国乘机拓界略地，以致春秋战国时期争执、战事频仍。西汉初期处于大动乱之后，加上郡县与封国并存，疆域及其界线的划定并不完全清楚、明确。特别是长沙国与南越之间，对南海、桂林、象三郡管属的决定，就有过反复。"汉高祖五年，以长沙、豫章、象郡、桂林、南海立番君吴芮为长沙王。"[2] 但六年后，派陆贾前往，立赵佗为南越王，承认他统治后三郡。到汉文帝元年再次派陆贾前往，致书重申"服岭以南，王自治之"[3]。所谓"服岭以南"，具体范围本来就难以确定，即使对于马王堆汉墓出土的三幅地图已经有了一些研究成果，但当时界线的走向，现在仍然难以准确地画出。当时对属界的认定，形势严峻，双方发生过交战。高后时，南越国曾经进军长沙国几个县域，汉朝派遣隆虑侯周灶率部击退，但因部队大疫，无法越过南岭，南越军队仍然屯聚在边境地区与之对峙。

2. 界线犬牙相入

同时，其中的《地形图》和《驻军图》所描绘的双方之间的界线走向，结合《汉书》的《高祖本纪》《文帝本纪》有关记述进行分析得知，这一边界线是"犬牙相入"的，在秦时就不完全按照南岭山脉而延伸，南岭主脉以南的部分地方，主要是桂阳县划归长沙郡，汉高祖不加变动，汉文帝起初也拟改变，但征询近臣得答"高皇帝所以介长沙土也"的原委后，表示"朕不得擅变"。这种"犬牙相入"的走向潜藏着认知歧异的隐患。

3. 涉界有四会县因素

《汉书·地理志·桂林郡》临贺和封阳两县的东境与当时的南海郡四会县接壤，四会县的北境又与当时《地形图》《驻军图》上的桂阳县接壤。当时的桂阳县辖区即现在的连山壮族瑶族自治县和连南瑶族自治县南部。东北又与阳山县接

---

① 贾谊．新书［M］//永瑢，纪昀．文渊阁四库全书：第685册．上海：上海古籍出版社，2003：408．

② 班固．汉书［M］．北京：中华书局，1975：53．

③ 班固．汉书［M］．北京：中华书局，1975：3850．

界。而四会县那部分地区，现在是怀集县的西部和北部。沿革始自南朝宋元嘉十三年（436），将绥建郡四会县的银屯乡设为怀集县①。此后怀集县的范围曾有调整，但名称少有改变，北部和西部边界无大变动，印证了汉时四会县“规土最广，西至临贺，北距桂阳”② 的格局。

至于四会县在秦至汉文帝期间是归属桂林郡还是南海郡，这一议题与“封中”有一定的关系，有必要明确。一些主流的地名辞典、词典和《秦集史》《南越国史》，都注明四会县是秦县，但引《元和郡县志》和明清名家的认定，其又应归属桂林郡或者避开属郡。其中《元和郡县志》，只拘限于标注四会县秦时属桂林郡，而没有联系其西部、南部的县统一进行观察，其实原志：“端州。本秦南海郡地。”“封州，秦为南海郡之地。”又“康州。汉武帝平南越，置苍梧郡，今州即苍梧郡之端溪县”③。又注“北至蒙山一百二十里，与广州化蒙县分界”。化蒙县“本四会县古蒙乡，元嘉十三年分为县”。可知：①化蒙县一贯归属广州，四会在秦时应属南海郡。②西江沿岸封州、端州既然在秦时属南海郡，康州与桂林郡已有区隔，也应属南海郡，四会县更有理由归属南海郡。与《元和郡县志》差不多同时成书、知名度相当的《通典·州郡志》记秦南海郡：“南越之地，今临贺、高要、晋康、临封等县和潮阳郡皆是。”④ 而记桂林郡，并没有提到四会县。明万历《肇庆府志·沿革表》针对《通典》在秦代南海郡下不列四会县，《明一统志》又把它列属桂林郡表示不解。“开建封川西连苍梧，犹属南海，四会东连番禺何为桂林也？”今肇庆州县“实皆秦南海郡也”⑤。其后顾炎武《天下郡国利病书》指出，“今广州府、肇庆府、德庆州”等州府，“皆秦时南海郡也”。尽管当代《秦代政区地理》把四会县归属桂林郡，但在所出示的《淮汉以南诸郡》地图中，四会县又出现在南海郡内⑥。这就出现了矛盾。该地图是吸收了近年的学术成果，还以出土文物为根据制作而成的，例如在长沙郡与桂林郡

① 沈约．宋书［M］．北京：中华书局，1974：1200－1201.

② 郑一麟，叶春及．万历肇庆府志［M］//广东省地方史志办公室．广东历代方志集成：肇庆府部（一）．广州：岭南美术出版社，2009：43.

③ 李吉甫．元和郡县图志［M］//永瑢，纪昀．文渊阁四库全书：第468册．上海：上海古籍出版社，2003：570.

④ 杜佑．通典［M］//永瑢，纪昀．文渊阁四库全书．上海：上海古籍出版社，2003：605－628.

⑤ 郑一麟，叶春及．万历肇庆府志［M］//广东省地方史志办公室．广东历代方志集成：肇庆府部（一）．广州：岭南美术出版社，2009.

⑥ 后晓荣．秦代政区地理［M］．北京：中国科学文献出版社，2009：436－437.

之间绘出苍梧郡，显然是根据里耶秦简来设计的。矛盾出现的原因在于同一般论者一样，只引《元和郡县志》“属苍梧郡”的记载，而没有对文献进行认真的参照。可见怀集县的前身四会县，即当日的银屯乡，在268年之前是《地形图》《驻军图》的近邻区，北与长沙国的桂阳县接界，居于“封中”标示处的左翼。

4. 怀集县的地理坐标和北东西界线的走向

地图上怀集县的边界线轮廓，北部呈三凹二凸，类似城堞展开。地理坐标是北纬23°28′09″~24°23′30″，东经110°52′09″。北与连山壮族瑶族自治县，东北与阳山县，西北与广西壮族自治区贺州市接壤。北境界线自蓝钟镇大稠顶与广西贺州市接界起，经怀集、贺州、连山三县市交界的怀集蓝钟，向东北蜿蜒，转与连南瑶族自治县接界，再北折至洽水镇最北处的坑尾洛，然后南折，到怀集、连山、阳山三县交界处。① 此线纬度最高处的坑尾洛为北纬24°23′30″。约略与过贺州市南乡北，再过连山东庆、连南坑尾，到阳山城南的黄坭塘走势相符。对照《长沙国南部守备形势图》与相关的文字说明，以及其他专著专文所显示的长沙国与南越国的分界线走向，从北折东南，经水政顶，然后沿粤桂界山六困顶、黑石顶、天堂顶至横水顶，再折向东北，经广东连山县的石钟顶、擒鸦顶一段，两者存在差异。可见：①说明和指称有讹误，目前的地图在连山英扬关以西、以南的地域属广西，六困顶、黑石顶、天堂顶和横水顶都不与广东省接界，它们只与湖南省接界。②分界线只就《地形图》和《驻军图》所描绘作说明，并非从秦代沿用下来的长沙、南海、桂林三郡的分界线。③从秦代沿用下来的分界线中，长沙郡与南海郡的界线西段应是目前广东省肇庆市怀集县与清远市连山壮族瑶族自治县、连南瑶族自治县和阳山县接壤的界线，这一线段尽管未经揭示，但在地图上一直存在，有历史依据。④目前怀集县与连山县、贺州市界线交汇之处，应是“封中”所要指示的目标。

（五）“封中”的意涵

“封中”表示地域界线交汇，近似当代称说的“金三角”，当时的关系方包括长沙和南越两国，长沙、南海、桂林三郡及若干属县，因而界线交汇包括三个层面的线段交汇。而限于历史条件，当时的关系方不大可能经协议而确定交汇的具体地点，加上“封中”的标示方式与同图的“帝舜”“深水源”相同，都不作准确的指定，只作示意、提示，因而有着模糊的成分。

---

① 怀集县地方志编纂委员会. 怀集县志（1979—2000）［M］. 广州：广东人民出版社，2012：1-2.

二、冠名的×封

《驻军图》上标出留封、满封、武封、昭山封、蛇封、居向封、×封，共七处，《马王堆汉墓出土驻军图整理简报》判断“有可能就是烽燧点，相当于现代军事上的前沿观察哨所”。同期詹立波先生在《马王堆汉墓出土的守备图探讨》中也指出，“封可能是经过人工构建起来的土石台。这些‘封’就是起通信联络和报警作用的”。两者的意见大致相同，也都接近原意。当时还没有合适的参照物对比，因而出言慎重。其后陆续有汉代烽燧遗址勘察和发掘报告发表，有秦汉时代军事设施的论述刊出，对烽燧及其相关设施的认识提高，使得学界对“封”的认知达到比较具体的程度，普遍认同那七处“封”是烽燧类的军事设施。

但是，既然是烽燧类军事设施，为什么另外称为“封”？敦煌马圈湾汉代烽燧遗址中，东西直线距离三四十公里上现存17座烽燧遗址，规模比较大。其中附设相连的堡。[①] 居延汉代遗址中的肩水金关、第四燧和甲渠侯官三处发掘点，有鄣、坞、楼橹和烽燧，组成高效率的警戒通信体系，[②] 但都没有称为“封”的。可见这“封”有着特殊性，有待解的地方。寻绎其音义，马王堆汉墓帛书整理小组已率先指出“‘封’通‘烽’”，尽管已得到普遍的认定，但是其中的义理和脉络，还需要梳理才能具体而微。

（1）从上述“封”的本义可知，堆土且以植树为界，经过衍生，有如下字义：①土堆或形状像坟的堆积物都称为“封”；②隆起的物体也称为“封”。后来作“峰”。《唐国史补·二崔俱捷事》，记崔元翰、崔敖同中进士，崔敖获悉崔元翰于事前求得考官试作《白云起封中》赋，因而向另一考官负气说：“若试白云起封中赋，敖请退。”[③] 这“封”，理应就是“峰”。可见在古代“封”不但作“烽”用，还可作“峰”用，其义理在于假借，同音通假。

（2）《广雅·释诂四》：“封，立也。”《说文解字》（以下简称《说文》）：“立，住也。”表示人立地而站，引申为竖立。竖立的物象就是称为封的依据。所以清王念孙《广雅疏证》卷一中有“封，坟语之转”，“冢谓之坟，亦谓之封”。

---

① 甘肃省博物馆，敦煌县文化馆．敦煌马圈湾汉代烽燧遗址发掘简报［J］．文物，1981（10）：1－5.

② 初仕宾，任步云．居延汉代遗址的发掘和新出土的简册文物［J］．文物，1978（1）：1－11.

③ 李肇．唐国史补［M］．上海：古典文学出版社，1957：57.

(3)《说文》:“烽燧,候表也。”候,指观察敌情;表,作标记、徽识的木柱。烽燧的基础功能在于观察敌情,发现敌情才能施放烟火。可见对于烽燧设施,观察与发送信号的功用同在,汉代大型的烽燧遗址上都有这两种设施,不需要施放烽火、发送信号的才独设哨所。居延汉代遗址中,在坞南50米处有一个方形夯土台,不在烽燧线上,“应属侯官的专职瞭望哨”。《驻军图》上那个位于西南方“徐军”旁大方框前方,不标封名的红色三角符号,靠近营区,距离其他封较远,可以认为它也不施放烟火,只是哨所或候望亭障。

(4)汉扬雄《方言》:“楚郢以南,蚁土谓之封。”[①] 蚁土本指蚂蚁营巢过程中旁边堆积起的小土堆,应用于人类社会就表示土堆或形状像坟的堆积物,或隆起或竖立的物体。两幅地图分别出现含义有别的封,又与《方言》同时代,因而可以认为,以封表示烽燧是楚地的习惯,属于“书楚语,作楚声,纪楚地,名楚物”的事例。

三、结论

以上考辨不但诠释了两幅西汉地图上的两个术语,而且揭示了相关的悬而未决的歧异节点,为重新认识其内涵,从历史文献、当代政区地图、古今边界走向和遗址研究成果等方面提供多种证据和证词。这两幅西汉地图同时使用“封”,但具体的指称并不相同。尽管这样,通过字源、词源考索可知:初始文字毕竟同一,形和音都相同;甲骨文的“封”,既象形又指事、会意;由“封”通假“烽”,又是假借;从土地界线衍生烽火台、军事哨所的含义,又属于转注。当中“六书”的机理全部体现。从文字学视角观察,提供了构字原理在社会高层次使用的不可多得的鲜活例子。可见其内涵丰富,具有潜在价值,有待深入发掘、研究。

---

① 李昉,等. 太平御览:卷九四七[M]. 北京:中华书局,1960.

“七月流火，九月授衣”辨

《诗经·豳风·七月》的“七月流火，九月授衣”，汉儒以来的解释都说“七月流火”就是大火星到七月便偏西下降。但是，把大火星和其他有关星宿出没中天的对应关系作比较，并同近年出土文物提供的资料进行对照，就可知道这个传统的解释不符合实际情况。弄清了这一点，也有助于厘清“授衣”的含义。

（1）根据星象实际观测结果，西周时期在七月由正南偏西而下的火星不是大火，而是鹑火。

“火”的甲骨文、金文仿火焰上腾的形状。据《说文》载：“火，毁也。南方之行炎而上，象形。”“行炎”源出于五行学说，而“火”也成了哲学概念。许慎把地上和天空联系起来，另把“炎”看成一体，等于把地上的火和天上某种明亮的星体看成同类。有关名称中含有“火”的星次的记述，先秦文献层见叠出，除了指大火以外，还指鹑火。而大火出没和南中星的时空点，文献的说法却是不一致的。清朝陈奂说：“考《尧典》日永星火以正仲夏。”据《夏小正》载：“五月初昏，大火中。与《诗》《月令》《左传》皆不合。”① 陈奂根据岁差的原理来阐述大火星时空点的变动是相当有见地的，只是不够准确。根据上引《尧典》《夏小正》和《左传·昭公十八年》的“夏五月，火始昏见”三处所载，殷末周初，大火星是在五月昏中，六月开始偏西下降。只有《礼记·月令》说六月昏中，七月“西流”。《左传》个别提及这件事的地方也含混不清。《月令》成书的年代比《夏小正》晚，所说的星象是春秋战国时期的②，自然比《七月》产生的年代也晚，不能以之来解释“七月流火”的原意。至于汉晋注家则属于后代推算历史，更不能作为定论。

从当代天文学的研究结果得知，在夏商时代，大火星的赤经是 13 时（目前是 16 时 15 分），一年中它“则见”“昏中”“则伏”“朝觌”“旦中”有间隔，存在着对应关系。在先秦时代，它昏见东方在春分所在的夏历二月前后；昏见南方在夏历五月前后；隐没西方在夏历十月至十一月。这样，它“西流”的时间

① 载于《诗毛氏传疏·七月》。

② 陈久金．历法的起源和先秦四分历［M］//中国天文学史整理小组．科技史文集：第 1 辑．上海：上海科技出版社，1978：5.

就在六月至八月，七月不是起始月份。

而鹑火（包括鹑心，即柳、星二宿），在殷末已成为观测标志。那时它在春分前后昏中。到了春秋时期，它在夏历九月十月之间旦中。[①] “鹑火，周也。”[②]如同大火是商和春秋时期的宋的族星一样，鹑火是周人崇尚的星次，作为观测授时的标准星。《左传·哀公十二年》记孔子对季孙说：“火伏而后蛰者毕，今火犹西流，司历过也。”集解说“火”指心星，“火伏”在当时的十月，“犹西流”，在当时的九月。这是勉强凑合的说法。从出没和南中星的时空点这个背景来考察，这里的“火”应是鹑火而不是大火。“七月流火”的“火”，如指星宿，则也应如此。

（2）先秦时期对用火实行严格的管理。“流火”就是在开禁的月份大举用火。

在先秦时期，火除了在日常生活中的各种用途以外，还广泛用于生产劳动，如耕作、狩猎、环境清理等方面。当时要经常保存火种，因而较易失火，加上消防手段简陋，一旦发生火灾，往往造成巨大损失。因此，要严加戒备，在一定月份、一定范围内实施火禁。起禁和解禁的办法各国不同。秦规定从七月起开放火禁。云梦秦简《田律》：“春二月，毋敢伐材木山林及雍（壅）堤水。毕夏月，毋敢夜草为灰，取生荔麛卵鷇，毋……毒鱼鳖，置阱罔，到七月而纵之。”[③] 秦在统一六国前后颁布了这项法律，禁止人们在夏季烧草取灰和猎取禽蛋、雏鸟、幼兽，毒杀鱼类，过了夏季到七月就解除禁令。《金布律》又规定官府使用的器具物件，在七月作一次清理，这意味着大举用火。对烧草为灰的禁止和开放月份，《礼记·月令》记述分别是五月和六月，与秦律略有不同。秦律规定的禁止和开放，与夏秋完全对应，合理利用生物资源的色彩更浓，应该是体现了秦的固有传统，反映了泾渭流域农事的合适时令。七月开放火禁，可以认为是周秦故地的旧习惯。

“流”的本义是水行，引申为“放也”。据《尔雅·释言》载：“干，流，求也。流，覃也。覃，延也。”“流火”可解释为放火延烧。“七月流火”是说七月到了放火季节，为了生产和生活的需要，适宜大举用火。

（3）“九月授衣”是社会性分发御寒衣料。关于社会上的授衣，文献缺乏记

---

① 郑文光. 中国天文学源流［M］. 北京：科学出版社，1979：31，60，100.

② 阮元. 十三经注疏［M］. 北京：中华书局，1980：819.

③ 睡虎地秦墓竹简整理小组. 睡虎地秦墓竹简［M］. 北京：文物出版社，1978：168－180.

载，郑玄、朱熹、赵岐等认为“授衣”是分发毛布和毛衣，但云梦秦简提供了很有价值的资料，证明他们的论断有误。据《金布律》载：“受衣者，夏衣以四月尽六月禀之，冬衣以九月尽十一月禀之。过时者勿禀。后计冬衣来年。囚有寒者为褐衣。为幏布一，用枲三斤。为褐以禀衣：大褐一，用枲十八斤，直六十钱；中褐一；用枲十四斤，直卅六钱；小褐一，用枲十一斤，直卅六钱。”关于衣的授受还有其他具体规定，可以概括成四点：①授者是官府，受者是没有家属供给衣着的刑徒、囚犯、奴隶和服徭役者。②接受的冬衣不是成品，只是供做褐的原材料粗麻。③申报受衣的期限，冬衣由九月至十一月（服徭役者由八月至九月）。授衣时间不明说，不会早于申报期限，因此九月应是适中的月份。④受者一般都要交付价款。据《说文》载：“褐，编枲韤。”“韤”，是“袜”的古字，用粗麻编成，褐也应如此。清朝段玉裁对“褐”所作的解释基本上是对的。受者每人领取粗麻十一斤以上，折合今重也在五至八市斤，用于御寒的褐一定是笨重的，由于粗麻的绒絮比较松软，一份寒衣原材料的价值不过几十钱，不经绩麻织布而自行编结，褐的质地必定十分粗糙、简陋，根本不是什么毛布、毛衣。

作为诗的语言，《七月》中“火”的含义大体类似五行中的“火”，既包括天上以火命名的星宿，也包括人间的炎火。如果就星宿而言，则从时代背景和星宿自身的出没、中天和西下的对应关系来判断，西周时期在七月由正南偏西而下的不是大火星，而是鹑火星。如果就人间的炎火而言，“七月流火”是说七月到了动火季节，为了生产、生活的需要，适宜大举用火。“九月授衣”是说九月寒冬将至，公家该对需要衣物御寒的人们供应冬衣，对丧失人身自由的人供应做褐的粗麻。“七月流火，九月授衣”是描写秋季特色的语句，突出了时令、农事、民政，由衣着而兴起对于种麻采桑、养蚕染绩、谋求衣着的咏唱，抒发了对全年农事的期望和祝愿。

高要南岸镇出土东汉铜镜铭文释读

1984年10月11日在南岸镇土地咀高要师范学校扩建校舍的工地上清理了一座东汉墓葬，出土了一批随葬器物，品种繁多，内容丰富。其中有铜镜一件，正面平滑，熠熠反光，至今还能使用。背面铸有规矩图案、鸟兽、花纹和文字，组成一幅布局严整的图画，这是一件一千七百年以上的历史艺术品。其背面外区双圆周之间所铸的二十八个文字，更是重要的历史资料。

这二十八字铭文，可标点四句：

年有善金出丹阳，
和已银锡青且明。
左辰右虎主四向，
八子九孙居中央。

笔画中虽有脱落、锈蚀，但仍可辨读出来。《广州汉墓》一书的铜镜中不见有类似的铭文，但在外省有关文物中则可见到。如1977年湖南省常德市东江公社的东汉墓中，曾出土四神规矩镜，上有铭文："年有善铜出丹阳，和已银锡青且明，左龙右虎主四向，八子九孙。"又有鸟兽纹带镜，铭文是："侯氏作镜大毋伤，巧工刻之为文章，左龙右虎辟不阳，七子九孙居中央。"[①] 对照起来，南岸土地咀铜镜和四神规矩镜十分接近。铭文的旨意相同，文句、图形也大同小异，只是字眼和字体稍有不同而已。

文中的"善金"即"善铜"。在我国古代，"金"有时指铜、铅或其他金属。"年"应有历法以外的含义。按《说文》，"年，谷熟也"。古代把五谷丰收说成"有年""大有年"。又汉晋经学家解释《周易》时，说"坤为年"[②]。年属坤，就有大地的意思。"丹阳"作为地名多处有出现，在这里可以其产铜丰富来理解。按《山海经》，"符禺之山，其阳多铜，其阴多铁"，"求山……其阳多金，其阴多铁"，我们的祖先很早就对金属矿产的共生关系有所认识，知道山向阳的

---

① 湖南省博物馆. 湖南常德东汉墓［M］//《考古》编辑部. 考古学集刊：第1集. 北京：中国社会科学出版社，1981：158.

② 参见阮元《经籍纂诂》"年"下引《周易·既济》中"三年克之"虞注。

一面（南面）和背阴的一面（北面），蕴藏着不同的矿产①。又道教崇尚丹药，葛洪的《抱朴子》提到多种丹都可以炼成黄金。道教还崇尚阳，惯冠以“丹”字、“阳”字，李慎儒曾作《丹阳考》。列举历史上出现的“丹阳”一名。“古楚始封之国曰丹阳”。秦始皇当年巡幸，经过丹阳。《史记》三家注引《括地志》，指秦时的丹阳郡在唐润州江宁县东南五里。又引苏轼《仇池笔记》，元丰中过古黄州，获一镜，铭曰：“汉有善铜出丹阳。”然后作结说：“大约皆在‘汉吴郡丹阳之区，而绝非今日之丹阳县’。”这样的断定是难得要领的。即使考证了秦始皇所到的丹阳属于汉吴郡和丹阳郡辖地，也不能确定汉代铸铜镜的“善铜”，全部出自丹阳郡。可见把丹阳作为实指的地名，而推断其故地所在，难有确论。这里的“丹阳”应是虚指出产良金、善铜的地方，而不是实指具体的地名丹阳。《抱朴子》金丹篇说，有一种“肘后丹法”，把丹“投丹阳铜中，火之成金”。又说，“天下诸水，有名丹者，有南阳丹水之属也”。这样，丹阳是指丹水之阳。“已”通“以”，是介词。铜、锡、银合金，会使镜体有“青且明”的效果，这又是科学技术史上的又一发现。成书于春秋战国时期的《考工记》说：“金有六齐（剂）。六分其金而锡居一，谓之钟鼎之齐。……金、锡半，谓之鉴燧之齐。”这里的金都是指铜，鉴燧是镜。“鉴燧之齐”含锡的比例高，是因为铜镜需要磨出光亮的表面和银白色的光泽。② 同时道教有“少阳之明”是青明的说法。《太平经》：“守一明法，明有正青。青而清明者，少阳之明也。”把青铜镜的光度和色泽描述成青明，反映了道教的观点。

“辰”指龙。在十二生肖中，至今亦如此归类。在星辰二十八宿中，苍龙是东方七宿，居左；白虎是西方七宿，居右。“左龙右虎主四向，八子九孙居中央”，让神兽把守四方，寄托着其能护卫子孙后代安居乐业的愿望。

综观全文，既有对大自然中有良金善铜造福人类的赞美，又为拥有青明的铜镜而快意抒情，也表达了对子孙们安居乐业的祝愿。不仅对全镜作了描述，还引申出哲学韵味。虽然带有一定的宗教迷信色彩，但仍充满生活气息和人情味。这比起一般铜镜铭文中枯燥乏味的吉祥语、祝祷语有较强的艺术性。在文字学、民俗学、科技史、宗教史上都有参考价值，值得珍视。

---

① 夏湘蓉，李仲均，王根元．先秦金属矿产共生关系史料试探［M］//自然科学史研究所．科技史文集：第3辑．上海：上海科技出版社，1980：93.

② 杜石然，范楚玉，陈美东，等．中国科学技术史稿：上册［M］．北京：科学出版社，1982：44－45.

唐以前儒学在岭南的传播和影响

有越来越多的事实表明，儒学是中国传统文化发展的必然产物，早已成为中国历史文化的主体和核心。从孔子创立学说，孟子继树旗帜以来，两千多年间新的思想和认识陆续衍生，形成了繁复的学派格局。民族的融合促使地域间的政治认同不断发生，儒学也向中原以外的四方传播、扩散，逐渐被吸纳，并且产生了各种不同的积极作用，从而推动中华文明向前发展。五十年前著名历史学家范文澜就指出，孔子的学说“影响了中国境内外非汉族的各族，在汉族与各族间起着精神联系的作用”[①]。这种历史趋势，在岭南也有独特鲜明的表现。

一、秦及以前岭南传扬礼乐和人伦声教

长期以来，讲论岭南学术源流，大都以清初屈大均《广东新语》的《学语》《文语》所说的“始则高固发其源，继则（陈）元父子疏其委”为起点。仅从旧有文字记载来说确是这样。但是随着考古文物成果的不断展现，特别是大批秦汉简帛的出土，我们都可以比过去更多地认识到儒学向湘楚以南传播的历史轨迹。

（1）既然儒学是中国传统文化的必然产物，而且孔子和儒学经典都是以祖述尧、舜和夏、商、周三代为传统的，那么在孔子之前，那些被以后儒家信奉的道统就已随军事、政治的影响而传播到了岭南。而《尚书·尧典》《史记·五帝本纪》等汉以前的典籍、史书都说尧、舜、禹巡视过岭南，《水经注》更记述遗迹多处。这些记载虽然不完全翔实，但其声教波及还是顺理成章的。

（2）孔子在世时各国都已盛传他为圣人。战国时期儒学已成为显学之首。孔子后代、孔子门人及其后的一大群人，对孔子学说的传播和他们各自的发挥、创造，都属于儒学的传承。儒学的传承是诸子传承中系统最明确[②]、分布最广的。孔子的七十二弟子中就有楚国人任不齐，另有公孙龙是楚人或卫人，还有后来归并于楚国的宋、陈、蔡等地的颛孙师、公良儒、漆雕开等十人。孔子的后代中孔鲋曾任陈涉的博士，孔腾曾任汉惠帝的博士、长沙太守。他们在湘楚之地

① 范文澜．中国通史简编［M］．北京：人民出版社，1953：129－138.

② 李零．简帛古书与学术源流［M］．北京：生活·读书·新知三联书店，2004.

传播儒学，对岭南有直接的影响。因为早在春秋时期，已有岭南臣服于楚的记载[①]。

（3）秦朝统一中国后，在岭南实施郡县制，推行一整套严密的法制、律令和官民守则、条例、规约，除了执行凌厉的严刑峻法之外，还在思想意识上灌输包括前代经邦、治国、勤政、恤民、自律以及传承的伦理、道德等的一套观念、信条。秦始皇在峄山刻石上的诏书有“孝道显明”，会稽刻石有“有子而嫁，背死不贞；防隔内外，禁止淫佚”等教训。1975 年出土的湖北省云梦秦简中，在《秦律十八种》之外，有《为吏之道》一书，申明“凡为吏之道，必精絜（洁）正直，慎谨坚固，审悉毋私，微密纤察，安静毋苛，审当赏罚”，“兹（慈）下勿陵，敬上勿犯，听间（谏）勿塞，审智（知）民能，善度民力”，“君鬼（怀）臣忠，父兹（慈）子孝，政之本殹（也）”，标举“吏有五善”，“吏有五失”。[②] 所提及的忠、信、孝、慈、善、直、正等观念的相关文句与《论语》《孟子》《大戴礼记》等儒学经典相近。联系此前学术界有人认为《大学》《中庸》是秦时书籍[③]，经此对比观察，可以作为佐证。近几十年在河南、湖北、湖南等地出土的秦汉简帛书籍中有大批儒家著作[④]，表明在湘楚之地，尽管秦始皇下令焚书坑儒，但儒学的传播是没有停止的。明焦竑《焦氏笔乘》续卷三《秦不绝儒学》谓“郑夹漈论秦不绝儒学”，举陆贾、叔孙通、郦食其等入汉为大臣者在秦时或为巨儒，或为儒生为例，得出“是则秦时未尝不用儒生与经学也”。这是真知灼见。而 2002 年 6 月湖南省龙山县里耶出土的秦简中，有秦始皇二十七年（前 220）洞庭郡输甲兵往苍梧郡的记载，其中记及“越人戍洞庭”“越人有赀钱”“越人以城邑反”，表明当时洞庭地区与南越已有直接交往。因而可以认为，随着秦军的推进，岭南已比较全面地接受了中原包括儒学在内的政治、文化、思想、伦理、道德的教育和影响。

二、南越“以诗礼化其民”

南越政权维持九十三年，为时不短。《史记》《汉书》所记汉高祖十一年（前 196）陆贾初使南越时，赵佗“椎结箕踞”而接谈，吕后对南越又“别异蛮

① 郭棐. 粤大记［M］. 北京：书目文献出版社，1990.

② 睡虎地秦墓竹简整理小组. 睡虎地秦墓竹简［M］. 北京：文物出版社，1978.

③ 马非百. 秦集史［M］. 北京：中华书局，1982.

④ 李零. 简帛古书与学术源流［M］. 北京：生活·读书·新知三联书店，2004.

夷”，赵佗也自称“蛮夷大长老夫”，似乎这是化外的蛮夷。其实只是表层的习俗仪表差异而已，并不能表明精神状态的实质也与中原相差十万八千里。而越来越多的事实表明，南越也是推行中原所奉行的以儒家学说为核心的主体文化的。

（1）政制、礼制和文化教育仿效中原。

南越国的政治制度，包括行政制度、军事制度、文化政策、民族政策等大部分仍为秦汉之制的沿袭，即以秦汉之制为主体架构，这在张荣芳教授的《南越国史》中已有详明的叙述。现在需要分析的是这些上层建筑与儒家学说的联系。

首先，赵佗本人有着浓厚的宗法礼制观念。严格区分帝与王、宗主与藩臣的名号及其所配置的整套礼节、仪制。他称帝时，佩“乘黄屋左纛，称制，与中国侔”。但“其使天子，称王朝命如诸侯”，“事天子期毋失礼”。他解释之所以称帝，是因为西瓯、闽粤、长沙都已称王，自己“外亡以自高异”，不得不妄窃帝号。“与中国侔”①，正是他仿效中原的心理动力。

其次，陆贾初使南越时所持诏书称：“南海尉佗居南方长治之，甚有文理，中县人以故不减耗，粤人相攻击之俗益止。”② 显然，这“文理”就是文治，而文治主要在于教育、劝导，潜移默化，不再只依恃严刑峻法那一套。由于实时记载资料缺乏，至今还没有南越国的简帛书籍面世，因而难以深入观察。但是已有学者作出判断。越南的史书就称赵佗“以诗书化国俗，以仁义团结人心”，“稍以诗礼化其民”，“学校渐弘”③。这种认识是有道理的。

（2）陆贾及其《新语》发挥关键性作用。

南越国作为封国与汉朝得以保持稳定的关系，关键在于陆贾两次成功出使，弥合了双方的主要矛盾。从理论层面分析，他将新著《新语》的思想观念、论点、方略积极宣示，赢得赵佗的认同，应是根本所在。

首先，陆贾初使时，逗留南越达数月，与赵佗过从甚密，以至赵佗说：“粤中无足语者，吾生来，令我日闻所不闻。”④ 与陆贾向汉高祖奏上《新语》时，汉高祖对每奏一篇，“未尝不称善，左右呼万岁”⑤，效应如出一辙。该书之所以用“新”冠名，就是因为创造性地发挥了儒家的基本观念，运用于经邦治国。

---

① 西南夷两粤朝鲜传［M］//班固．汉书．北京：中华书局，2007：951.

② 高帝记［M］//班固．汉书．北京：中华书局，2007：12.

③ 张荣芳，黄淼章．南越国史［M］．广州：广东省人民出版社，1995年：91－111；任延传［M］//范晔．后汉书．北京：中华书局，2007：719.

④ 郦生陆贾列传第三十七［M］//司马迁．史记．北京：中华书局，2006：574－579.

⑤ 郦生陆贾列传第三十七［M］//司马迁．史记．北京：中华书局，2006：574－579.

特别是着重揭示仁义这个核心，反复论述“仁义之所治”。“万世不乱，仁义之所治也。”① 即使在《无为》一篇中，结语也回归“未有上仁而下残，上义而下争者也”。申明“道”的根基就在于仁义。而陆贾第二次出使南越所持汉文帝的诏书也申明：“无一乘之使以通其道，是争也；争而不让，仁者不为也。”这就使得赵佗表示：“愿奉明诏，长为藩臣。”在回书中赵佗又赞赏汉惠帝即位“义不忍绝”。可以认为赵佗一直认同仁义及其治世的效用，如同《新语·道基》所说，“乃设辟雍庠序之教，以正上下之义，明父子之礼，君臣之义”。

其次，赵佗屡次表示之所以臣服汉朝，是因为“不敢背先人之故”。这“先人”究竟指谁呢？据史书所记，此前除了《逸周书》所述的不太明确的南方朝献以外，在岭南只有越裳氏于周成王十年“重三译而献白雉”。而《新语》两次指出“越裳奉贡，重译而臻”，“越裳之君，重译来朝”。因而可以认为，这“先人”就是岭南的前代首领，南越向汉朝奉贡，就是越裳氏模式。而对中华周边的其他方国、民族的奉贡，《新语》却不提及，这又可看出陆贾是审时度势、有的放矢的。

由于陆贾和赵佗对岭南社会文化的发展都做出了重大的贡献，所以一直得到岭南地方史和地方文献的称道，陆贾还得到岭南人民的特别纪念，如广州原有的陆大夫祠、德庆县的锦石山、封开县的濯锦石。《粤大记》称赵佗有“大易明哲之识”，“南徼中豪杰”；《广东新语》称“南越文章，以尉佗为始。所上汉文帝书，辞甚醇雅”。这醇雅不但体现在文辞风格上，而且理应包括其深厚的儒学涵养。

三、两汉三国时期岭南古文经学推动儒学高潮

陈钦、陈元父子以《春秋》和《左传》名家的身份，卓有建树，发挥了重大作用。士燮以“学问优博，又达于从政”，吸引四方硕儒和其他学者到岭南，掀起学术高潮。牟子又以儒者身份介绍佛教，显出包容、兼采众长的风范。这些史实在学术界中已受到重视，其中有一些歧异仍需要加以分析和讨论。

（1）陈钦认定“孔子作《春秋》有立言”。

西汉后期苍梧（今广东封开县）籍的陈钦在中国经学史上有两大作用。第一，作为古文经学传承系统中的重要经师，他专通《左氏春秋》，并教授王莽，

---

① 陆贾. 新语［M］. 上海：商务印书馆，1937.

与王莽推行古文经有直接的关系。第二，他著《陈氏春秋》，阐释、解说《春秋》。虽然此书早佚，体例和内容不太清楚，无法具体了解其中的观点，但仅从现见的孑遗就可看出他的见解是独到的，是神学色彩较少而不掺杂谶纬的。

鲁哀公十四年，《春秋》经载："春，西狩获麟。"孔颖达在《春秋左传正义》（以下简称《正义》）中说："奉德侯陈钦说，麟西方毛虫，金精也。孔子作《春秋》，有立言。西方兑为口，故麟来。"

对此的解说，在《左传》诸家中，除了陈钦之外，还有两种意见。一种是刘向、尹更始等认为麟是应孔子而来。另一种是贾逵、服虔、颖容等认为是"修母致子"，麟感应而来。到东汉时，博学的郑玄认为"修母致子"说不如"立言之说密"。郑玄肯定了陈钦的解说较优，这是值得注意的。因为在杜预的注解和孔颖达的《正义》中，不但《公羊》《谷梁》两传一律被"贱其虚诬，鄙其妖妄"，而且对包括陈钦在内的《左传》各家解说也指斥为"既妖且妄"。实际上陈钦的意见有着合理的成分：

①狩获这个兽时，众人都不知是何物，只当作不祥的怪兽，是孔子判定是麟，然后加以记载。显然，孔子确"有立言"。而《公羊》《谷梁》两传对应部分并无孔子的出现。杜预的注解和孔颖达的《正义》也避而不谈。

②陈钦只认定《春秋》及其撰作者孔子的主体地位，摆脱秦汉兴亡更迭的束缚，回归历史，有着进步意义。

③陈钦并没有运用谶纬。当代有些学者论述此事时，将陈钦的说法视为《公羊》《谷梁》两传运用谶纬那一套。实际上陈钦并未运用谶纬，因为"西方兑为口"，出自《周易·说卦》："兑……为口舌。"疏："兑，西方之卦。"而"毛虫之精曰麟"是《大戴礼记·曾子天圆》的原文。西方含八卦的兑，又含五行的金，而五行属于《尚书·洪范》。可见都本自儒家核心经典，并非杜撰的谶纬。而杜预自己的解释"麟者仁兽，圣王之嘉瑞也"原是《公羊传》和《京房易》的说法，而他却指斥陈钦所说为妖妄，实为有失公允。

（2）陈元"最明《左传》"，争得立于学官设博士。

陈元是陈钦之了，"少传父业，为之训诂，锐精覃思，至不与乡里通"①。时陈元最明《左传》②，同时精通《费氏易》。

陈元最突出的事迹是在建武年间争先与今文经学派进行激烈的辩论，争取到

① 范晔．后汉书［M］．北京：中华书局，2007：365．

② 长孙无忌．隋书经籍志［M］．北京：中华书局，1985．

明定《左传》立于学官，设置《左传》博士[①]，在《左传》这一重要史书的传播史上具有里程碑意义。

他著有《左氏同异》（有异名），通过校勘来整饬文本，训诂解说，从而为《左传》的流传创造条件。即使失传了，但书中有用的部分会融入历代的注释中。在著述和教授过程中，陈元保持《左传》本色，不附谶纬，对此的辨证，另文再述。

陈元长期在首都任职、授业，因病告退，老死家中。与其父归葬于广信故里，葬地被称为“将军博士墓”，历代受景仰。他的儿子陈坚卿也能传祖父之业。北宋嘉祐年间知封州田开在《临封十咏》中称赞：“我爱临封好，从来礼仪乡。……业儒忻比屋，子弟满封庠。”显然是在追念陈钦、陈元父子所开创的礼义乡里的传统。

此外，东汉时期岭南人董正、罗威、顿琦、丁密等传授儒学，也产生了积极的效应。

（3）士燮以“学问优博”带动儒学高潮。

士燮的学术历程因其家境优渥，一直比较顺遂。其祖先本是鲁地汶阳人，王莽弄权时避难来广信县。五世至其父士赐，在汉桓帝时任日南太守。士燮少时到洛阳求学，师事著名经师刘陶攻读《左传》。学业优秀加上操行卓异，先后被察举为孝廉和茂才，表明他与广信一直保持着关系。他亦儒亦官直到九十岁，“官事小阕，辄玩书传，《春秋左氏传》尤简练精微”，“又兼通《尚书》，古今大义详备”[②]。著有《〈春秋经〉注》，又有《左氏尚书长义》书稿，实在是一个硕儒经邦济国的典型。郝经在《续后汉书》中评说士燮“蔼然以著述自娱，有窦融之义，无尉佗之僭，贤矣哉”是有道理的。

士燮在学术文化上最大的贡献在于利用他的权力、影响力，吸引大批儒学名家到交州地区从事教学、研究和著述工作，使“五经”、《孝经》《论语》《孟子》以及小学、子学、杂著都以岭南地区前所未有的规模和数量、质量涌现，形成儒学高潮。其中虞翻和刘熙两人居留长久，学问渊博，学术专精，从事面广，教学、讲学和著述的成果丰富。特别是虞翻，五十多岁南下，到七十岁终老。他的《周易》研究自成一家，著有《周易注》十卷，另有《论语》《孝经》《老子》《春秋外传》《国语》等的注释和其他撰述。刘熙“博览多识，名重一时”。

---

① 谭元亨. 封开：广信岭南文化古都论［M］. 广州：广东高等教育出版社，2004：195－197.

② 郝经. 续后汉书［M］. 北京：商务印书馆，1958.

"往来苍梧南海，客授生徒"，多至数百人。著有《孝经注》《列女传》《释名》等[①]，其中《释名》体例创新，以同声相谐、以声求义的原理，辨物称名，与《尔雅》《说文》等成为训诂要典[②]。书中记载了其在岭南得到的认识，值得珍视。如《释饮食》："犹酒言宜成醪，苍梧清之属也。"由此苍梧竹叶青这一当时全国闻名的美酒得以记录传世。

这时期出现牟子以儒者身份介绍佛教的先例。其所著的《牟子理惑》虽然设问作答的是佛教义理，但"含玄妙为酒浆，玩《五经》为琴簧，……略引圣贤之言证解之"，对孔子学说、儒学经典并不排斥。他本来是儒者，最终也不出家。《牟子理惑》在历代的图书分类中一般都不归属佛教。《隋书·经籍志》把它归属"子部儒家"。唐初法琳的佛学《破邪论》也只称"子书《牟子》二卷，盛论佛法"，没有正式列入佛学系统。而从儒学的视角观照，儒者从该书的出现得到了包容性、开放性的感悟。

当时在岭南地区活动的硕儒名家，随着三国分立形势的推移，除虞翻和陆绩亡故之外，陆续转移至各地。其中许靖、许慈入蜀，程秉、薛综入吴，分别在两地发挥重要作用，在学术上产生重大影响。可见这一时期的岭南儒学，在中华儒学发展史上占据了相当重要的一页。

四、南朝至隋唐儒学泛化深化

在南朝玄学、佛教、道教挑战礼法制度，冲击经学的社会文化背景之下，岭南对儒学权威和传统礼法的抵触却较小，排难的程度也较低。而由于政治和社会的变动较大，"时穷节乃见"，伦理道德观念显现更强烈。

（1）家塾家学势头不减，孝悌教育受到重视。

六朝时期江南地区世家大族盛行家塾家学，岭南地区世代出任郡县长官的"豪酋""渠帅"和社会上层也普遍设有家塾家学，开展文化教育、门第教育、家庭伦理教育，且特别重视孝悌义理的灌输，将其看成齐家治国的最高标准[③]。岭南地区这方面的记载缺乏，但行事上突出的事例不少。如泷州（开阳郡，今罗定市）陈法念一家五代从梁至唐，郭棐《粤大记》将他们编入《献征类·精忠大节》，称其子陈佛智联合王仲宣抗隋时，与冯盎力战，奋戈厉声曰："战阵无

① 刘汝霖. 汉晋学术编年［M］. 上海：上海书店出版社，1990.

② 王先谦. 释名疏证补［M］. 上海：上海古籍出版社，1983.

③ 萧放. 六朝民间著述的兴起［J］. 中国典籍与文化，2000（2）：61－65.

勇非孝也。遂为冯盎所杀，时称其忠。”陈佛智之孙陈集原也以勇节著闻，被《旧唐书》《新唐书》编入孝友传。高凉冯氏更是家教严谨，文武兼习。改姓名为高力士的冯元一与生母麦氏二十多年悲欢离合，团聚后“孝子展白华之勤，慈母欣彩衣之贵。精诚所感，振古难俦”[①]，“德均圣善，孝感神明”[②]。从孝的事实来说，并不纯粹是溢美之词。

（2）这个时期岭南在注重信念义理、淡化礼节仪式方面也有特色。

由于把女子也纳入家庭教育，因而涌现出许多在大是大非上求仁取义的女杰，与江南王谢世家谢道蕴等名媛的才华横溢、旷达机敏各领风骚。高凉冼夫人每岁时大会，教训子孙，“宜尽赤心向天子”，“行忠孝之极”，事迹已彰显。康州烈女潘夫人于“开皇十年，岭甭行军总管王绩南征，夫人躬至军所，贡米七十斛，马五十匹，杖四十具”[③]，体现出其见义勇为、当仁不让的巾帼豪气。

唐初，那个创作《转轮钩枝八花鉴铭》盘鉴的南海才女，博得王勃激赏[④]，又是女子教育的另一类杰出成果。

---

① 张说．赠广州大都督冯府君神道碑［M］//李昉，等．文苑英华：第6册．北京：中华书局，1966：4807.

② 参见潘炎《大唐故开府仪同三司兼内侍监上柱国齐国公赠扬州大都督高公墓志铭并序》。

③ 黄佐．广东通志［M］．香港：大东图书公司，1997；屠英，江藩，等．道光肇庆府志［M］．上海：上海书店出版社，2003.

④ 马绪传．全唐文：卷十八［M］．北京：中华书局，1983.

高力士最初上京起程于泷州考述

高力士在历史上声名远播，10岁左右便作为“阉儿”，与慈母诀别，千里迢迢被送进唐朝皇宫，演绎他曲折起伏的人生。他是潘州人，进京30年后接母上京的起程点，《旧唐书》说在潘州，《新唐书》和《高力士外传》说在泷州。尽管潘州是其籍贯、祖居地，但是在他上京之前，家庭横遭“籍没”严惩，寡居的母亲和兄弟三人、姐或妹一人星散求生，均已离开潘州。因而从寓居地泷州起程是符合史实的，本文试作举证考述。由于举证过程涉及众人众事，需先将其家族世系和有关成员列出。

一、家世和成员

高力士本名冯元一，是南朝（宋、齐、梁、陈）经隋至中唐初期，雄盛岭南300年的高凉冯氏家族中人。最兴盛的时候，冯氏家族“岭峤为雄，颐指万家，手握千里”，“富贵极矣”。冯元一是冯宝及其妻冼夫人的六代孙。直系是冯宝子冯仆，仆子魂、喧、盎；盎子智戣、智戴、智玳；智玳子君衡；君衡子元琎、元珪、元一。元一进宫后被武则天认定素质“强悟”，安排他修文练武，其后他进修武才，能百发百中，受到武则天赏识，让太监高延福收为养子，改名为高力士，后来聚集京城的两个兄长元琎、元珪也一同改姓高。他们累世雄豪，又与著名将相高官互通婚姻，是岭南最显赫的豪族。冯元一的祖母许氏是唐太宗、唐高宗时期的宰相许敬宗的女儿；生母麦氏，又是隋朝大将军麦铁杖的曾孙女，她“诞嫣勋门，作嫔杰室”，血统高贵。他们家门显耀，身世显达，如果不是变故突发，本来不至破落。武则天先称制、后称帝，引致唐朝宗室、权贵和在政治上失意的政客以及对武则天严酷专断不满者的反对，以至发动武装反叛。光宅元年（684），徐敬业、骆宾王等首先以拥戴唐中宗为号召，在扬州起兵声讨。四年后唐宗室的几个藩王又在博州、豫州等地起兵，社会震动。面对这种紧张的局势，武则天部署了强力镇压。一方面把京中和外地捕获的皇族犯人处以流刑远放至岭南、安南、黔中、剑南、巫山等地；另一方面奖励告密，任用酷吏周兴、来俊臣、万国俊、丘神勣等，委以按察使、监察御史等专衔，刑讯逼供，罗织罪状，就地斩决犯人。同时派出游击将军、讨击使、招抚使、安辑使等率军向不靖的地方征剿、镇压、绥靖。在这种严酷的形势下，岭南豪族就成为打击镇压的对象之一。

二、高力士家横遭“诛灭豪族”和“籍没”之祸

潘炎的《大唐故开府仪同三司兼内侍监上柱国齐国公赠扬州大都督高公墓志铭并序》（以下简称《墓志》）称：“圣历中，潘州府君（智玳）捐馆舍，子君衡袭其位焉。父没子继，南州故事。且持棨戟，方俟丝纶。按察使摧折高标，摘抉瑕衅，祸心潜构，飞语上闻，帝阍难叩，家遂籍没。”高力士墓《神道碑》也称：“使有輶轩按察者，不知承式，高下在心。因以矫诬罪成，于乎！裂冠毁冕，籍没其家。”

同时，高力士二兄高元珪的墓志铭又称：“垂拱中，武太后临朝，公时尚幼，属奸臣擅权，诛灭豪族。”

籍没和诛灭豪族是冯家所遭横祸的一体两面。籍没也称“籍门”，这种刑罚就是用籍册登记犯人的家口、财产、物资，并加以没收。这种刑罚的执行有弹性。首先，家口、家产肯定全部登记，但家产可能不会全部没收。如南朝《梁武帝开恩诏》就认定“其田宅车牛是其生生之具，不得悉以没入，皆优量分留，使得自止”。至于家口，一般不会全部收管。武则天对叛逆、谋反这类罪犯的籍没刑罚有把犯人的男童没入宫廷役使的。如《资治通鉴》载唐长寿元年（692），乐思晦被执行死刑后，他不足 10 岁的儿子没入司农部门役使。高力士被作为阉儿送上宫廷，就有着“没入掖廷”的色彩。其次，“诛灭豪族”的说法不见得实际已经执行。骆宾王的《为徐敬业讨武曌檄》确实宣称：“爰举义旗，以清妖孽。南连百越，北尽山河。”而且在扬州起兵的时候，徐敬业还谎报岭南豪酋冯子猷已举兵讨伐。这个冯子猷与冯智玳同辈。因此，高凉冯氏很可能被锁定为谋反疑犯。但是诛灭高凉全体豪族并没有发生，至少还没有实例足以佐证。上述高力士墓志记述冯智玳死去，冯君衡按“父没子继”的“南州”成例，暂时起用其父佩用的刺史棨戟仪仗，迎候朝廷发送任职刺史的文书。不料前来的专使却“摘抉瑕衅”“矫诬罪成”，横祸空降。这宗案的具体罪状不见记载，但从“且持棨戟”来看，症结就在“且持”上。就是诏书还未到就已先行，专使当然可以夸大其词，加罪为僭越、不轨之类来危言耸听。尽管没有被处死的凶讯，但冯君衡死时，“子幼家艰，丧礼盖阙”。直到 30 年后的开元十七年（729）其夫人麦氏逝世，才招魂夫妇合葬，可能当年只是草草掩埋，无以为礼。由此可见其“家艰”的境况。

三、慈母与三子一女星散

惨遭横祸后，慈母与幼子相依为命。其余两子一女从流寓地进京团聚时，《为将军高力士祭父文》说是“妹兄自拔于泥滓”。泥滓比喻恶劣、卑下的地方和境遇。又说“兄等雁行，自闽僥而就养王城”。《赠潘州刺史冯君墓志铭》说“拔友于荒徼”。两子一女的流寓地是“泥滓”，是“荒徼”，都是僻远、恶劣的地方，只是没有标出地名。“自闽僥而就养王城”就标出“闽僥”，也就是闽地边境的意思。这里的“僥”通“徼”，指边境。唐代的闽分设漳、泉等4个州，即今福建省。有人取“僥”义项中的“行”作解，认为其不表示地名，这是不太准确的。因为实际上他们远流至福建边境。而且如果解作“行”，与含有行动意思的“就养”连用，就显得重复，不符合修辞习惯。

这两兄一妹远离故土自力更生，总算盼到全家团聚之日。而慈母与幼子高力士在短暂的相依为命的日子后，迎来诀别的悲凉时刻。这位幼子临出发时，慈母憧憬着将来重逢，因而认为必须有标志作约定，辨识才容易，才清楚。幼子胸上有7点黑子，“他人云必贵”；慈母双臂各有一个金环，于是约定：“验七星于子心，认双环于母臂。”从而慈母叮咛，幼子默记，母子相拥而泣，凄楚诀别。

高力士母子别离

四、冯家遭祸和“阉儿”进京的时间辨疑

上引《墓志》记述冯智玳、冯君衡相继逝世，“家遂籍没”；高力士未满10岁，入于宫闱；都标示在“圣历中”。新旧《唐书》中的《高力士传》把传主被带进宫时的圣历都记“元年”或“初”。而圣历只有3年，这几件事应是连年分别发生的，因而可以概括为圣历中、圣历间，现存碑所作的表示是明确的。但是近30年，在学术界另有人持“长寿二年”的说法。对《资治通鉴》卷二〇五“万国俊按岭南流人”条载，在广州斩杀300多个服流刑的“流人”，推断出连及打击岭南豪族。这样的推断和结论与事实不太相符。第一，上述碑志是实时记述，其中潘炎的高力士墓志是奉敕的撰作，具有准确性的坚实基础，而且与墓主相关的其他碑志的记时一致，因而不能把它们认定为误记。第二，“长寿二年”说推算的基点是《高力士外传》标示高力士死时79岁，据以为准，提前6年记时，因而把“籍没”和高力士离母进宫也记在长寿二年（693），与新旧《唐书》本传的圣历年间记时相悖。如果高力士确实享年73岁，就应生于载初元年（690），到长寿二年只有3岁，到圣历元年（698）就有8岁。如果按79岁计，生于弘道元年（683），高力士到圣历元年就已11岁了，已经超过阉割的合适年龄。第三，武则天处决岭南“流人”与镇压岭南“僚反”不一定同时进行。《资治通鉴》记载长寿三年（694），“岭南僚反，以容州都督张玄遇为桂永等州经略使以讨之”。容州与潘州和泷州都相连，理应都受影响，但不见记载冯氏家族的反状，无法推断冯氏家族有无牵连。

五、麦氏被寻获之地即高力士出发进宫之地

高力士墓志称墓主“年未十岁入于宫闱”。他当时还不满10岁，而两兄一姐或妹又外出求生路，如果别无依靠，显然不能存活，因而上京进宫之前，高力士理应与母亲共同生活。上京30年后，他事业有成，了解到母亲的住址，又征得当局的同意，于是派人迎接母亲与兄弟姐妹来京，终于全家团圆。麦氏同子女进京前的住址，《旧唐书》说是潘州，《新唐书》说是泷州，与《高力士外传》相同。“泷州说”的出处比“潘州说”多一个。清康熙十二年（1673）《肇庆府志·杂志》记高力士的身世，也称“本冯盎曾孙，居泷州”。《高力士外传》记述其接母的酝酿过程中有句话：“向三十年后，知母在泷州。”指称“在泷州”，就已有在外地的意味。因为如果在本州本城，一般不会再使用具体的州城名称，

而径称本州、本城，或者故里、故家之类。正如《冯君衡神道碑》那样，称“葬于本城”（一作本州）。因而“在泷州”意味着已在本贯之外。而且《高力士外传》的作者郭湜是大历年间的大理司直登封县令，与高力士是“同病者”，一同就黔中道贬往巫州。此人熟知高力士的生平细节，所记述的相关内容被后世史家所采录。《新唐书》所记高力士“始与母别时，年十岁”和“知母在泷州”这两点，当代有研究者已指出应来自《高力士外传》。

从这样的分析可知，高力士生母被接进京与高力士出发进京的地点同在泷州。

六、结语

“籍没”的严惩导致家无以为家，家人四散，幼子紧依慈母流寓泷州。不久幼子冯元一被作为“阉儿”没入宫闱，与慈母麦氏痛哭诀别，凄然就道走向京都。因而把泷州定为高力士的寓居地和走向长安、洛阳的始发地更为合适。

尽管只是寓居地、走向大唐宫廷的出发点，但是主人公从此开启了伴随唐帝国命运而阅历的恢弘历程，跨越的时间、空间悠长辽阔，涉及的历史事实丰富，具有很高的研究价值。他个人的身体和智力素质上乘，很快受到了宫内良好的教育，使得这些能力在他一生中发挥得淋漓尽致。他的阅历聚合成的整体潜在价值，实在值得后人开发利用。

参考文献

[1] 张鷟．朝野佥载［M］．北京：商务印书馆，1936.
[2] 郭湜．高力士外传［M］//王汝涛．全唐小说：第一卷．济南：山东文艺出版社，1993.
[3] 邢福来，李明．唐高力士墓发掘简报［J］．考古与文物，2002（6）.
[4] 张说．内侍高君神道碑［M］//李昉，等．文苑英华：卷九三一．北京：中华书局，1966：4896－4897.
[5] 张说．赠潘州刺史冯君墓志铭［M］//李昉，等．文苑英华：卷九五〇．北京：中华书局，1966：4986－4987.
[6] 张说．赠广州大都督冯府君神道碑［M］//李昉，等．文苑英华：卷九一三．北京：中华书局，1966：4807－4808.
[7] 杜文玉．唐代宫廷史上册［M］．天津：百花文艺出版社，2010.
[8] 杜文玉．高力士家族及其源流［J］．唐研究，1997（4）.

端砚在唐以前已面世辨

至今广受欢迎的端砚不但质地优异、艺术品位高雅、内涵丰富，而且历史悠久，在长江以南的砚品中面世最早。清代中期以后，个别砚书引述的“东坡云，端溪石始出于唐武德之世”①，让人们一度认为那就是关于端砚面世时间的定论。事实上，苏轼的著作中并没有这样的说法，相反，他以重金向文物和艺术品收藏家购得王羲之遗下的古凤池紫石端砚。这一事例印证了为《西清砚谱》作说明的四库全书馆的论断：“端溪岩石虽自唐著名，晋魏以前必已有取为砚材者。”为了厘清讹传，正本端源，明了真相，有必要对有关事项和砚品的实况进行辨证。笔者在此抛砖引玉，期望专家匡正，深入论析。

一、苏轼议论端砚并无“始出于唐武德之世”一语

端砚“始出于唐武德之世”这一成说的影响力，与以作为苏轼的引语出现有直接的关系，其来源常见的有两处。一是清计楠的《石隐砚谈·溯源》：“东坡云，端溪石始出于唐武德之世。”二是清黄钦阿的《端溪砚史汇参·唐前端溪未出》：“按隋唐以来，砚多以石，然犹未闻用端溪也。观《东坡集》所云，则端溪始于武德之世。”②

上述两书所说的“东坡云”和“《东坡集》所云”，并没有标出具体篇目。新近出版的《苏轼全集》③ 中涉及端砚的铭有四篇，分别为《端砚铭》同题两篇、《端砚石铭并引》和《故人王颐有自然端砚砚之成于片石上稍稍加磨治而已铭曰》，都没有涉及武德这个时间因素的说法。涉及武德年代的只有《书许敬宗砚》一题两文。其二称：“砚，端溪紫石也，而滑润如玉，杀墨如风，其磨墨处微洼，真四百余年物也。”④ 这段文字只不过表明：第一，所指的砚，仅就这方许敬宗原有的砚，并没有推及其他的端砚。第二，计、黄两书所说的“武德之

① 计楠．石隐丛谈［M］//桑行之．说砚．上海：上海科技教育出版社，1994.

② 黄钦阿．端溪砚史汇参［M］//桑行之．说砚．上海：上海科技教育出版社，1994.

③ 傅成，穆俦．苏轼全集［M］．上海：上海古籍出版社，2005.

④ 傅成，穆俦．苏轼全集［M］．上海：上海古籍出版社，2005：2210.

世”，在苏轼的原文中并没有出现，是计、黄两人就“四百余年物”上推的年限，这并不能断定端砚面世就只有四百余年。况且这方砚可能在归许敬宗所有之前已经面世。许敬宗家从曾祖懋算起，祖亨、父善心，历南朝梁、陈至他本人也经历的隋、唐，在任高官之外，也都擅长文史和书法，拥有文房佳品是自然的事。如果那方紫端珍品到许敬宗铸铁盒记下自己的名字时已经过一段岁月，那也不止四百余年，而应早于武德之世。

二、苏轼以重金购得王羲之原有的古凤池紫石砚

宋代米芾《书史》称：“有右军古凤池紫石砚，苏子瞻以四十千置往矣。古砚心凹，所谓砚瓦如铜瓦。笔至水即圆，古书笔圆，有助于器也。”① 后出的南宋高似孙《砚笺》也有相似的记述，只是不够具体。两相对照，可知文中的“有”是说为石夷庚所拥有，苏轼以四十贯钱买到。对此当代有研究者认定是苏轼在元祐年间以重金“购置大书法家王羲之的古端砚”②。这一结论是可信的。尽管米芾并不明说就是端砚，但是，北宋时期社会公认端砚最明显的特征就是紫石，加上以四十贯的高价成交，符合端砚的身价。这实际上是苏轼与其家族的世交进行的一宗交易。因为《书史》又说：“得于石夷庚，昌言故物也。”昌言是石扬休的字，他进士及第，眉州人，官至中书舍人，知制诰，曾充赴辽使臣。石夷庚是石康伯之子、石扬休之孙③。石家和苏家是同乡、世交。苏轼曾为石康伯作《石氏画苑记》，称其爱好“书法、名画、古器、异物”，收藏颇丰。这次成交名人原有的端砚珍品，如果没有那样亲密的世交背景，能否实现还是未知数，即使实现，价位也不会止于这个数。米芾和苏轼身处同一时代，又曾自况所著述“皆曾目击经用者，非此则不录”，因而所记苏轼获得王羲之的古端砚一事是真实可信的。

三、晋王廞璧水暖砚制自端石

这方砚列在《西清砚谱·石之属》第一位。“砚圆如璧，外环以渠。径五寸八分，厚一寸五分。”上镌王廞的原铭，特别是镌了乾隆皇帝的题诗：“琅琊贻

① 米芾. 书史［M］. 北京：中华书局，1985：20.
② 马斗成. 苏东坡与砚［J］. 中国典籍与文化，2002（1）：105.
③ 博成，穆俦. 苏轼全集［M］. 上海：上海古籍出版社，2005：884－885.

朴制，雍国勒鸿篇。承燧宜冬日，含华悦意田。文房欣璧合，美质得天全。尤喜唐庚语，静为用永年。”乾隆皇帝还在砚体、砚匣钤印五处，其中两处同是“几暇怡情”，足见他兴趣浓烈，十分醉心。还镌有唐“会昌五年赐中书德裕”九个字，是李德裕为宰相、领爵魏国公期间受唐武宗赏赐的。更有两宋之交抗金名臣虞允文铭词：“自晋历唐，传及宋圣。常侍密勿，永作国镇。”概述了这方砚的传承历程。初始主人王廞是与王羲之同属东晋王氏望族的兄弟辈，曾任太子中庶子、司徒左长史，也工书法，有《告诱静媛帖》入载宋《淳化阁帖》。何时流入宫廷不得而知，且以唐朝起计，经历不下十朝八代，传承长久，仅这一点已体现其珍稀性。

这方砚传承至清朝，向来藏于宫廷内府，陈列在乾清宫西暖阁。四库全书馆臣为这方砚作说明时，称道其“坚致古朴”，“质理紫润，绝类端石”，并判定：“窃意端溪岩石虽自唐著名，晋魏以前必已有取为砚材者。”具体到这方砚的石材，则委婉地表示应取自端溪。现在进行分析，可以认为这个判断是准确的。因为石质既坚硬又细密，纹理品色既显紫又手感润滑，这已经具备端溪砚石典型的特征、性状了。而且馆臣敢于以“必”作断，表明对其理由和证据具有充分的信心。今天再来看，也理应认定为端砚。

四、其他唐以前的端砚疑似品

散见于历代文献，还有一些晋以后、唐以前的砚品疑似端砚，现在选取特征较明显、证据较充分的进行讨论。

（一）晋玉兰堂砚

在《西清砚谱·石之属》列为第二砚，紧接璧水暖砚。它比前者略小，“似端石而有芒，中多黄点如漱金。受墨处微凹”。这些品色和造型特征，具有端砚的属性。四库全书馆臣只说“似端石”，究竟是不是真正的端砚，还有待进一步鉴定。

（二）风字晋砚

载于宋何薳《春渚纪闻》卷九。“石色正青紫相参”，“研心磨已洼下”，“与墨为入，光艳如漆”。当时，这方砚就已被一个收藏几百方砚品的贵人取走，成为这个人的藏品中的头名①。所举出的几项明显特征，表明其适宜归属为端砚。

① 何薳．春渚纪闻［M］．北京：中华书局，1997：138.

（三）会稽老叟风字砚

《古今图书集成·字学典》引陈眉公《珍珠船》称："会稽有老叟云，右军之后持一风字砚，大尺余，色正赤，用之不减端石。云是右军所用者。石扬休以钱三万得之村舍。"① 这方砚在流传过程中有关的当事人与上述那方王羲之的古凤池紫石砚接近或相同。风字与凤池，造型相近。原是王羲之的用品，由石扬休收购，砚主是同一个人。上述王廞璧水暖砚的馆臣说明与宋李之彦《砚谱》所载略同。这方砚的效用与一般端砚大体相同，只是色泽正赤，与端砚以紫为基调的典型色泽有别。不过端石中也有以赤为基色的，而且这种矿石分布较广。历代记载烂柯山古塔岩，端溪的蚌坑、西坑，北岭山东岗坑等处都先后开采过这种石材。因此那方砚尽管色泽正赤，仍有可能是端砚。

五、结论

"端砚始出于唐武德之世"的成说并不确切，与历史事实不符。《四库全书》馆臣又断定端溪岩石在"晋魏以前必已有取为砚材者"。苏轼拥有王羲之原用的古凤池紫石砚有确实记载，又经当代研究者考定是端砚。据此，可以得出结论，应该把端砚的历史从唐初提前三百年，上溯至东晋，以拓展历史研究的空间，追寻更多尚未被认知、有待解决的问题。这不但增加了端砚的历史文化价值，而且对岭南的历史文化与社会经济的发展史迹也起到了充实个案的作用。

---

① 陈梦雷．古今图书集成：第18卷［M］．北京：中华书局，1988：95.

怀集丹山岩唐宋摩崖刻文探析[①]

近年在怀集县著名景观“花石洞天”的丹山岩东口发现了唐宋时期的题记十多则，都未经任何记载。其中军政官员题名作记，标明唐长庆四年（824）的有1则；不标明时间，但可推定为唐至南汉的有2则；其他标明宋绍圣年间的有2则。这些官员题刻涉及唐代岭南节度使区和游弈使、“摄”县官以及乡贡明经的措置，提供了难得的历史资料，对唐宋时期岭南社会的研究起到实证的作用。现在列举刻文试作考究。

一、节度西南道考

唐长庆四年仲春月七日，奉使巡界至此。节度西南道游弈使弓恒记。

这则题刻文字不长，除朝代年号时间外出现多个生僻名号，其中“节度西南道”更为罕见。这些名号、术语的内涵涉及当时的军政动态，折射出当时岭南地区特别是广州辖区的军政大局和社会情势。在时间上又与名人李绅在肇庆七星岩刻下“自户部侍郎贬官至此”同月，也与史志的一些记载关联，因此可以与其他相关的石刻文字进行比对，并互为参照。

节度西南道。据《新唐书》《旧唐书》《元和郡县志》《通典·州郡》和《怀集县志》记载，今怀集县境在唐代除了本县外，还先后设有永固县和洊水县，当时这三县都归属广州，也就是在岭南节度使、广州刺史治理区之内。洊水县在唐至德二年（757）由洊安县改名而来，城址在丹山岩东南4公里处，西距广西境约25公里，西北和北分别与广西和湖南接界，这个地方也就是广州辖区和岭南节度使区的外界线，是广州与桂州分界线的一段。“节道西南道”理应就是节度区的西南道。《新唐书·兵志》称：“唐初，兵之戍边者，大曰军，小曰守捉，曰城，曰镇，总之者曰道。”这是唐代前期驻军编列的概括。随着时移世变，编组和部署必然有所改变。到元和中期，柳宗元在《岭南飨军堂记》中提

① 本文作者还有邓志强、陈伟雄。

到，“唐制，岭南为五府，府部州以十数。其大小之戎，号令之用，听于节度使焉。其外大海多蛮夷”，“环水而国者以百数，则统于押蕃舶使焉。内之幅员万里”，“外之羁属万里”，“合二使之重，以治于广州”。节度使、押蕃舶使、五府讨击使、本管经略使，广州刺史一人五重任，威权盛大，因而同其他节度使比较，“宾军之事，宜无与校大”。飨军堂的建筑也就必须“厚栋大梁，夷庭高门”，非同小可。这样一个岭南道显然不是“西南道”所能同列的。而且刻文在“西南道”之前冠上“节度”二字，表明“西南道”只是道中之道，是西南军分区而已。可能为了避免重叠，特冠上二字以作区分。这样的军分区，与上述“总之者曰道”的“道”大致吻合，与表示行军路线如交河道、陇右道的“道”有别。当时其他节度区有没有细划军分区？是否因为直到当时，岭南节度区一直由唐朝中央直接掌控，所辖广州、安南、邕州、容州、桂州五府（或称五管）也一直由岭南节度使所掌控而不分离，还没有出现藩镇割据，才得以细划军分区？可见“节度西南道”这一名称的出现可以引起人们对历史的思考。

游弈使巡界，游弈使即游弋使，是率军执行巡逻任务的军官。他有时与其他专职、专责合衔，如游弈兵马使、招讨游弈使之类，从复合衔中“兵马使”“招讨（使）”看来，应该同属将校，由节度使的下属军官出任。弓恒这次率军队在西南道巡逻所循的路线，依据刻文所在的丹山岩的方位和当时岭南的军情来推断，应该包括岭南道与江南道，岭南道内广州与桂州、容州的边界区。至于巡界的动因，肯定有着需要戒备的背景。此时尽管安史之乱已被平息，但藩镇割据接连，战火未息。岭南虽然相对稳定，但局部动乱仍不时发生。特别是元和、长庆前后，安南、邕州、容州祸乱频发。在弓恒作题记的上月，“黄洞蛮寇钦州，杀将吏”，形势非常紧张。弓恒此次巡界所体现的戒备，可与文献记载相互印证。而他可以乘闲进入景观留题，又反映出所经地区的局势已恢复平静，折射出广州管治区内有备无患的态势。

奉使这一标示包含两层意思。一层是奉命担任西南道游弈使一职，另一层是奉命率队出发。至于任命、指令的发出者，按照中唐以后朝廷权力逐渐下移的实情来看，刺史也可以辟置属官，节度使的属官更可由其决定，最多循例上报而已。可见指令是节度使作出的。至于节度使是哪一位，阮元《广东通志·前事略》只记元和十五年（820）和长庆四年十月分别由崔能和崔植接任岭南节度使，中间有无另外的人，据《新唐书·郑权传》和清吴廷燮《唐方镇年表》、阮元《广东通志·职官表》，郑权于长庆三年（823）四月接替崔能，至第二年十月病逝于广州，由崔植接充。弓恒标示“奉使”一语，起到导入追寻岭南节度使更替过程的作用，弓恒应该是奉郑权之命巡界的。

二、乡贡明经与“摄”县官

涉及这一课题而文字清晰或大致可辨的石刻有4则：

①摄□水县令卢徽之。
②摄□水县主簿、乡贡明经张载行。
③摄怀集县主簿□□□。
④摄□□县尉□□行。

题名的4个县官包括令、主簿、尉，只有丞不出现。4人任职都冠“摄”，属于“假摄”而非正员，印证了岭南州县官“一例差摄”的说法。其中具乡贡明经身份的张载行摄湞水县主簿，兼有先得乡贡后出仕而“差摄”的南选标志。县令是一县的“正堂”，任职向来郑重其事，但卢徽之任湞水县令也只是“假摄”的，也显示出南选“差摄”的烙印。其余两例由于题刻相连，而且其中一例又是相邻的怀集县的主簿，因而都可以置于南选的视野内进行考量。

唐代在岭南、黔中、闽中实行南选，只是实行的区域、制度、办法随时而变。到天宝十三年（754），称：“如闻岭南州县，近来颇习文儒，自今以后，其岭南五府管内自身有词藻可称者，每至选补时，任令应诸色乡贡举。仍委选使准式考试，有堪及第者，具状奏闻。如有情愿赴京者亦听，其前资官并常选人等，有词理兼通，才堪理务者，亦任北选及受北官。”这是出自盛唐，关于岭南士子参加南选和北选的最明确的宣示。但是在实行的过程中，一些具体问题随着社会情况的变动而涌现了出来，到开成五年（840），岭南节度使卢钧上奏却称：“海峤择吏与江淮不同，若非谙熟土风，即难搜求人瘼。且岭中往年弊是南选，今之弊是北选。臣当管一十五州，唯韶广两州僚每年吏部选授，道途遥远，瘴疠交侵，选人若家事任持，身名真实，孰不自负，无由肯来。更以俸入单微，每岁号为北远。”本来是照顾岭南士人的南选兼北选，却出现不太受欢迎的倾向。对此卢钧转达潮州官吏的要求，依照旧例，“不令吏部注拟，且委本道求官。若摄官廉慎有闻”，即转入正常供职。结果唐朝在岭南统治的南汉“开贡举，设诠选，一依唐制”。虽然不会再分南选、北选，但考选办法必然按照唐制。进入宋代，广南东西两路的“二广”稍加改变，以摄官作科目，统合贡举和出仕两门。周去非《岭外代答·摄官》作了具体而明确的叙述：“二广两得解士人，许赴漕司试摄，以缺员为额。”“摄官有三等，一待次摄官，二正额摄官，三解发摄官。

待次历两任无过，漕司再给公据印纸为正额；又两任无过，漕司解发吏部补迪功郎。自是通行仕路矣。”据此大体上可以解释上述“摄”县官的由来，即使后来2例是宋刻，仍然符合。

三、启发和认识

中晚唐时期岭南节度使辖区的架构和动作，及其持续至南汉、北宋的南选的具体实施，乡贡的办法和成效，“摄”官的盛行等论题的原存文献短缺，近年发表的有关论著也很少有岭南的事例。上述刻文在这方面是一种补充。其中的“摄”官虽然在安史之乱以后，于西北、华北等地区也逐渐盛行，石刻文字中屡有反映，但其运作与岭南纳入南选范畴有所不同，也不像那样具有普遍性。

参考文献

[1] 赖瑞和．论唐代的州县“摄”官［J］．唐史论丛，2007（1）．
[2] 杜文玉．唐史论丛：第九辑［M］．西安：三秦出版社，2007．
[3] 张泽咸．唐代“南选”及其产生的社会前提［M］//文史：第23辑．北京：中华书局，1984．
[4] 王溥．唐会要［M］．北京：中华书局，1955．
[5] 梁廷楠．南汉书［M］．广州：广东人民出版社，1981．
[6] 阮元．广东通志·前事略［M］．广州：广东人民出版社，1981．
[7] 柳宗元．柳河东集［M］．北京：中国书店，1991．

张九龄为其撰墓志的毕某与李邕石室记的毕公为同一人考述

在肇庆星湖风景名胜区庞大的摩崖石刻群中，石室岩洞口外壁上镌刻着唐开元十五年（727），由著名书法家李邕撰写的《端州石室记》，至今脍炙人口。文中发端设想古代占卜择日定辰的日者运作秘诀，乃寄托于图箓符书，从通感中专注灵异，从溟海中搜寻秘藏，向遥渺的远方探寻大地的尽头。幻觉中敞开着金造的宫阙，布置着玉砌的厅堂。只是对着银河却看不到它的源头，古今的境界变化不过曾经听到便说说而已。

端州石室记

接着以“曷若”领起，用反诘的方式表示秘藏怎比得上现实中石室岩的环境和岩体洞内的“妙有特起，灵表秀开”，那里“延袤中堂，蹙怪形以万殊，研地势以千变。伏虎奔象，浮梁抗柱”“飞动逼人，屹耸惊视”“窦乳炼于玉颜，石床列于仙座。隔阂尘境，娇集福庭”，置身其间，不禁使人“营魄九升，嗜欲双遣。体若振羽翼，志若摩云天”。自我体验到纯真的自由自在，无拘无束。因为当时引致向往名誉、追求身外之物、求助道术、怀揣书籍的那些人，在认识和心理上分别相应已在此文中得到改善或优化。

于是照应前述“曷若”，又以“有若”揭示一位邦伯的事迹作为具体的例证。

有若邦伯毕公守恭，广孝闻家，至忠观国。政门尤迹，谈者不容于口；义心厚行，游者每藉于名。故能吏修其方，人乐其业；流冗归止；介特乂安。于是命友僚，挟琴酌，一歌一咏，以遨以游。莫不解榻于斯，张乐于斯。腾驾五龙，遗士驷马。岂惟避暑窟室，缔赏林峦，击石如钟，酌泉如醴；固亦转丹灶，掇紫芝，迹参寥之远心，惟习隐之幽致者也乎？

“有若”也就是“又若”“又如”，相当于“又像”。《孟子·公孙丑上》：“凡有四端于我者，知皆扩而充之矣，若火之始然，泉之始达。”这“若”都是表示比喻，这表明下列呈现的事迹不局限于句子，而是展开一个段落，构成一件事，如同先秦诸子著作的体例一样，常常举出一件事作例，然后表明所揭示或阐述的事理。不同的是《端州石室记》在铺叙这位邦伯事迹的过程中，并没有表明其中蕴含的观点或认识，而按照文体本身的特点，通过叙事方式的变化、语言感情色彩的呈现，表达作者所感。至于“邦伯”，在典籍上最早见载于《尚书·召诰》：“周公乃朝用书，命庶殷侯甸男邦伯。”孔安国传：“邦伯，方伯，即州牧也。”当时与州牧并称，后来便称刺史、知州等一州的长官为邦伯。在唐代，州长官正式名称是刺史，别称邦伯或邦牧。杜甫《同元使君舂陵行并序》：“落落然参错天下为邦伯。”就是称说元结升任道州刺史。《端州石室记》称说本地的邦伯，自然就是表示毕守恭是端州刺史。

而同在开元年间张九龄所撰的《故安南副都护毕公墓志铭并序》中，这个毕姓墓主在晚年升至端州刺史，因政绩卓著，再升任安南副都护，不久即辞世。文中名字脱落，以“某”表示，尽管“某”与守恭难以认同，但由于两者同年代、同地、同职，而能查考的同年代的且处于相当职级的毕姓官员很少，两者弥合点有蛛丝马迹可寻的，只有毕某与毕守恭。

所见最早作此探索的是《（崇祯）肇庆府志》，既收载张九龄《曲江集》中的《故安南副都护毕公墓志铭并序》，又收录李邕的《端州石室记》和不记名的

《石室记》，只是与肇庆七星岩石室摩崖原刻文字出入很大。"端江"是"端州"之讹，"毕公"又讹作"旱公"。不记名的《石室记》的前半部与现存于石室岩洞西壁的唐宝历元年（825）题记的《游石室新记》全同。此后乾隆和道光时期的《肇庆府志》也分别在相关篇章收录，道光府志在职官表中还列名唐刺史毕某。这些收录和记载已反映了认为两文中的毕公有可能弥合的意识。而道光《阳江县志》也据上述墓志铭并序列出毕某而记恩州刺史。道光《英德县志》更称上述墓志铭为毕某的传，据以记任唐浈阳县令。可见指认墓志铭主人当时曾有共识。

正式表态认为两者弥合的是清康熙年间著名金石学家潘耒（1646—1708），他在《金石文字记补遗》中，对《端州石室记》录文中"有若邦伯旱公"作出辩解，说"开元时，有毕刺史者，为宋璟所称，'旱'当为'毕'，是摹之误"。"旱"是"毕"之讹，核对石室岩现存原处的确如此，判断准确。至于毕刺史为宋璟所称赏一节，潘文中没有具体述说，不出示依据。到八十年后的乾隆年间，著名金石学家、文学家翁方纲在其著作《粤东金石略》中，引张九龄所撰的那篇毕公墓志铭并序作说，可知两人依据相同，但翁文引述较为具体，并且断定《端州石室记》是李邕任陈州刺史期间被贬赴钦州任遵化县尉时撰作。潘、翁两家参考张九龄那篇毕公墓志铭，在资料匮乏的情况下，本来不失为适当的考证方向，却遭到道光《广东通志·金石略》的质诘，分别呈现在所作的按语中。

针对潘的说法：引毕公墓志铭，说他任端州刺史是在宋璟任广州都督期间，开元四年（716）宋璟回朝任尚书，而《端州石室记》作于开元十五年（727），这时毕公离开端州已久，怎能知道墓志铭中的毕某必定是《端州石室记》中的毕公？

实际上毕公被广州都督宋璟赏识、器重而升任端州刺史，不会随宋璟回朝任职而离开端州。即使就在回朝的当年开元四年（716）上任，假设是连任，持续六年时间就到开元十年（722），加上当中交接、逗留或延宕等因素，就会到开元十年之后。这样与开元十五年的间隔就不见得很久。即使间隔有三四年，把当事人的事迹概括作记并不困难。历代的遗爱碑、德政碑、去思碑都是碑主离任或逝世后才面世。张说为宋璟撰的《广州都督岭南按察五府经略使宋公遗爱碑颂》就是在宋璟回朝后不久面世，何况李邕在多年间来往岭南多次，经过端州，熟悉情况，凭其涵养与能力足以在短时内成文。

针对翁的说法：《粤东金石略》说《端州石室记》是李邕赴钦州时作。按语根据《新唐书·玄宗纪》和《李邕传》，认定李邕经端州前往钦州任遵化县尉在开元十四年（726），这与《端州石室记》的记时不合。

所说都以年为量，而不顾年有头尾、有四季。其实原记落款是“正月二十五日”。至于开元十四年被贬的起因和过程所经历的波折而耗费的一大段时间，也必须考虑在内。可知前往遵化的起程时间最早也要入冬之后，到达端州就已将近年底，这样在下年正月二十五日作记，就没有什么不合情理。至于道光《肇庆府志·金石略》于“谨案”之末，又别引杨思勖，开元十四年统兵讨邕州叛贼，说李邕以讨贼功徙澧，明年至端州，因而已到十五年。贬澧州司马只见于《新唐书·李邕传》，《旧唐书》不载，就不能论定。可见以上仅依据不太准确的时间数据，完全不顾其他因素，就作推断，起而质诘，是经不起辩驳、难以成立的。而且道光《广东通志·金石略》无视《端州石室记》的“毕”就是《曲江集》的“毕”，与其同书职官表唐朝部分据《曲江集》已列毕某为端州刺史自相矛盾。

为了探求事实的真相，笔者试从正面举证。

据《新唐书·李邕传》记载，唐玄宗从泰山封禅返程，经过汴州时，任陈州刺史的李邕应诏献辞赋，得到赞赏后放肆自诩为宰相之材，引起妒忌，被仇人告发贪赃枉法，被判入狱待死。幸而得到孔璋上书陈情免死而贬为遵化尉。李邕妻子又上书为其夫请求戍边以自赎。

首先要说明的是，《端州石室记》的录文底本长期驳杂，真相处于模糊状态，导致解说纷纭，莫衷一是。甚至李邕《李北海集》和文渊阁《四库全书》中，《石室记》的文字，竟是同岩室另一篇唐人题记所有，与现存原刻的《端州石室记》完全不同。经过近几十年的改进，加大力度，以前不辨的一些文字得以陆续识读，特别是“邦伯毕公守恭”六个字清晰分明，为开拓保护和发掘、利用历史资料提供了确证。

举证就从张九龄《故安南副都护毕公墓志铭并序》和李邕《端州石室记》两文焦点对照开始。文本前者取四库唐人文集丛刊中的《曲江集》，上海古籍出版社 1992 年版；后者取广东省肇庆市星湖管理局文物管理所拓印本。笔者据此进行对比、分析，从而举证。

一、两文记述焦点对照

左 《故安南副都护毕公墓志铭并序》	右 《端州石室记》
（毕）公讳某字某	邦伯毕公守恭
是生孝友。 存没之际，忠孝之间。 仁于其亲，友于兄弟。 丁内忧，公有至性，几于毁灭。庐墓展哀，泣血扶病。	广孝闻家。
其忠有世，善有源。 为政之方，所从来远矣。 亦既从政，厥闻载荣。 （任浈阳令）人用稳便，莫不咨嗟，未始见也。 （任端州刺史）居必致理，莫匪嘉绩。	至忠观国。 政门尤迹，谈者不容于口。
邑能讼息，郡用礼成。 恩州酋帅日寻干戈，将有式遏，实资明允。 临之兵威，而开以恩信，俾忿鸷狼戾，化枭为人。 蛮夷慕教，鸱枭变声。 夷落大宁。	吏修其方，人乐其业。流冗归止，介特乂安。于是命友僚，挟琴酌，一歌一咏，以遨以游。

二、焦点分析

上述对照，焦点可定在三处。

（一）孝友

左：是生孝友。

存没之际，忠孝之间。

仁于其亲，友于兄弟。

丁内忧，公有至性，几于毁灭。庐墓展哀，泣血扶病。

孝友的程度很深、很高，属于至孝。其父就是贡举出的孝廉，有孝友家风。墓志铭指出，荐举升迁他的广州都督萧璿也是孝悌之士，与他同类，是《诗经·大雅·既醉》所称道的“孝子不匮，永锡尔类”，具有以孝行广以教导天下的作用。

右：广孝闻家。

不见具体表现。但从“广”来探究，可以涵括大、阔、深、多之义。而“孝”的内涵也丰富，“孝以事亲，顺以听命。错诸天下，无所不行”，属于“礼之始”，“所以事君”，是从政的基础。而“广孝”又“闻家”，也有家传的统绪，也包括“仁于其亲，友于兄弟”。可见尽管着墨单一，话语极其简括，但内涵并不单薄，超越其自身。

（二）政绩卓著

左：为政之方，所从来远矣。

亦既从政，厥闻载荣。

居必致理，莫匪嘉绩。

其中“居”本身就表示治理，“理”表示平治，即治得圆满。“必致理”就表明所经历的仕履都治理得圆满。这从墓志铭所开列从梧州录事参军开始，升任溳阳令，调韶州司马补广州都督府按察判官，升新州刺史，调广州都督府内五府（广州、安南、桂、容、邕）兵马总管，再调恩州刺史，加朝散大夫衔升端州刺史。一路都是“致理”，然后升安南副都护。特别是还在恩州平息暴乱。

右：至忠观国。

政门尤迹，谈者不容于口。

观国即从政。典出《周易·观卦》：“观国之光。”原意来自从政者最接近朝廷，得以将行政的宗旨贯彻施行。获致“政门尤迹”，与“居必致理”内涵相同。“政门”如同“政地”，都是借代修辞，以政令、政务执行和处理的所在处代指其主管的官员。“尤迹”是卓异的政绩。“谈者不容于口”，与任溳阳令期间，对政绩“莫不咨嗟，未始见也”类似，都是深情称道、感叹墓志铭中“居必致理，莫匪嘉绩”置于最后一任的端州刺史之下，不但表明他于其间出现，而且表明贯彻仕履的全程。

（三）政风和社会效果

左：邑能讼息，郡用礼成。

蛮夷慕教，鸱枭变声。

夷落大宁。

“邑”指县，“郡”指州。“蛮夷”是当时对少数民族的蔑称。“鸱枭”更近于丑化。“慕教”和“变声”表示少数民族受到中国汉族传统文化的教化，改变了一些落后的习惯。

“夷落”，指少数民族聚居的聚落。“大宁”在这里就是指程度很高的安宁。《诗经·小雅·棠棣》：“丧乱既平，既安且宁。”应是就动乱平息而说。

右：吏修其方，人乐其业。流冗归止，介特乂安。

“方”指工作方式方法和相关的技术，吏员按传统的制度和法律，以得应用。在这样稳定和有序的依法施政之下，流亡和滞留在外地的人都返回原籍。“流冗”一般解释为流离失所，但按开元中期岭南的社会背景，与称为僚的部族群体起事或骚乱有关。从开元十年（722）至开元十六年（728），由内侍骠骑大将军杨思勖统兵平定的动乱就有多次。墓志铭记载的新州恩州“酋帅日寻干戈”，规模更大的泷州刺史陈行范联合冯仁智（冯璘）和何游鲁叛乱，地域都与端州接近或连接。因而对“流冗”的阐释应该注入这些因素，是因战乱而流亡逃难。“乂安”的政治意涵是在治，《尚书》的典谟训诰中常用，其中《立政》有“克由绎之，兹乃俾乂”。“俾乂”，孔颖达正义：“使天下大治。”“大治”的范围包括周边的部族、部落东夷、淮夷和臣服于周的鬼方、猃狁人群，包括原来由匈奴统治的地区和控制的东胡鲜卑、乌桓，西南的羌、巴蜀、滇、夜郎，东南岭南的闽、南越。“乂安”又见于《史记·孝武本纪》：“汉兴已六十余岁矣，天下乂安。”表示全局性的稳定、平静。而记中的“介特乂安”表示的是社会安定之下的孤独的弱势个体的安生。与墓志铭中记述了毕公任五府总管、新州刺史、恩州刺史，实现“夷落大宁”，也有接近的反映。

上述焦点对比及分析表明，在孝友上两者高度一致。在政绩卓著上，“居必致理，莫匪嘉绩”置于端州刺史之下，概括了端州刺史和之前的仕履，特别是“莫不咨嗟，未始见也”与“谈者不容于口”可谓殊途同归。只是《端州石室记》没有清晰地提到毕某平息暴乱，但在政风和社会效益上毕竟大体相同，特别是“夷落大宁”与“流冗归止”同实异辞，不谋而合。

从上述清代以来对毕某和毕公认知歧异的辨正、记述焦点的对比及分析，可以认为两者为同一人。

从砖文对照文献观察肇庆宋城建筑的过程

2015年冬，肇庆西门北侧城墙一段抢修施工作业后，一批刻有文字的用砖被清理出来，当中能够辨认出的信息有记时、州县名、人名、数目、号码、用途等。标示的工具、方式、方法多种多样，显示的信息和含义足以作为指引进行寻绎，若再与有关文献记载相互参照，可以作为研究北宋中期肇庆城池建设的一系列过程的物证资料。

一、砖文及其阐释

（一）砖文选录

崇宁元年十月□□造1 壬午2 奉圣旨善3 康州砖4 康州泷水县5 江字号6 洗三7 先三8 定村□造9 五十10 某11 李□12 陈恢□13 英州真阳14 新州15 高要县填16

其中江字号2块、洗三2块、先三2块。从笔画痕迹看，成字工具多为尖硬物件。1、3、4、14、15、16为无框模印楷体，5为有框模印工整楷体。此外还有多年前露出的“大宋国”刻文砖。

对照《海康县发现南宋纪年修城》一文的报道，1985年6月10日海康县（今雷州市）在古城墙旧址修路时，清理出古砖100多块，砖中刻有“绍兴修城官砖”“水陆巡检监造”“鼓角楼砖”等标示，类比可知，1的“造”也应是官造。3属于严肃用语，也应是官方模印。5严正端庄，官式显然。14、15、16都是州县监造，9的“□造”中“造”笔画不足，但部首清晰。

（二）阐释

造 制陶坯的术语。西汉元狩二年（前121）八月大司空督造未央宫万岁殿的陶制件已刻，东汉的陶制件也惯刻。“崇宁元年十月□□造”应是依式作记，与当代粤语“打砖”“制坯”不同。

填 《说文·土部》：“填，塞也。”表示填塞、充满，以砖填塞，就是修理、填补缺口。因而刻上“填”，就表明用于修缮，“高要县填”也就表明这是由高要县用来修缮城墙的砖材。高要县是端州和肇庆府的附郭，治所就在城内，负责修缮理所当然。

善 商代金文的字形像羊头，后来演变，《说文》按小篆改为从言，从羊，吉也，与义、美同义。清朱骏声《说文通训定声·乾部》将其定为上声铣和去声霰，与缮、膳通假，就是相互通用和假借。善借作缮，就有补、治的意义。又“凡治故造新，皆谓之缮也”。治故，必然对原有的缺陷加以修复补足，这样善借作缮，就与填塞的“塞”近义。《管子·度地》有“当冬三月”，“利以填塞空隙，缮边城”。“填塞”与“缮”都有填补空缺、修缮使得完善、“治故造新”的含义。按照北宋城池建筑工程一般都经过多年、多次施工才告竣的情况，《宋会要辑稿》所载关于城池工程的开展，普遍以“修筑”表示，如“诏诸路城池据冲要者即修筑之”，“朝廷累令修筑外城”，因而不能机械地理解为刻有“善”“填”的砖，只作修缮使用，不作新建砌筑。端州及其后身肇庆府的城池建设属于“展修”“展拓”，包括扩大、延长、加厚、加固、添建在已有的土墙体外砌砖等工程，既治故，又造新。相对于已有的工程来说是加以修缮，对整体规划来说是增加新建。

大宋国 宋代的碑刻记年尊宋者一般称圣宋、皇宋、大宋，甚至巨宋，不冠“国”。冠“国”者一般为与金、辽、西夏邻近或他们的旗号曾经出现的地方。如《大宋国怀州河内县利仁乡坦掌村重修尧圣庙记》，立于绍圣二年（1095）。此大宋国是针对侬智高军的旗号“大南国”而说，显示国家民族意识，用在侬军过境后不久。

二、城池兴建背景和进程

肇庆城池的兴建，最早的比较具体明确的记载是《（万历）肇庆府志·建置》：“肇庆府城自宋皇祐中，侬智高乃筑子城，仅容廨宇。政和癸巳，郡守郑敦义始筑石城。”又记：“国朝洪武元年，江西行省郎中黄本初来掌府事，请加修筑。”接着逐次记述明代的修建节点。文中“皇祐中侬智高”一节理应是脱落“叛乱平息之后”之类的表示。癸巳是政和三年（1113），郡守在这里指知军州。石城也要辨析。据《宋会要辑稿》熙宁元年吕居简奏报广州修筑外城，“于街衢见砌石段，仰权借修砌城脚”，可知广州也只是移街道石条砌筑城墙基部，不能砌筑整个城墙，受限于当时的条件，肇庆也不能全部石砌，“石”是“砖”之讹。万历这段府志记述，长期以来形成宋城在政和三年由郑敦义始建的成说。但对照上述崇宁元年（1102）之前已有城墙，可知政和三年始建的成说不准确，北宋肇庆的城池建设，事实上前后经历了数十年，可结合当时的政治和社会背景进行了解。

（一）侬智高叛军长驱直入，城防危机毕现

皇祐四年（1052）四月，广南西路邕州特磨道土著贵族侬智高举兵反宋，第二个月即攻占邕州，然后四出攻掠，向东攻占横、贵等八州，转向广南东路，顺西江而下。首先攻击封州治所，治所既无城垣，知州曹觐仅带守兵一百人，又无作战经验，在大敌面前无异于大门洞开。有人劝曹觐脱身，曹觐慷慨声言："吾守臣也，有死而已，敢言避贼者斩！"寡不敌众被俘，绝食两日，誓死不降，在不绝于耳的骂声中被杀而抛尸西江，时年才三十五岁，表现出崇高的气节。其夫人刘氏知丈夫殉国而自缢于林洞，其妹也投井而死。事平后曹觐获赠太常少卿，建忠烈祠奉祀。官至三司使、参知政事的元绛，时任广南东路转运使，供军饷有功，又作《挽赠太常少卿封川曹使君觐》诗："仓卒蛮鼙上水滨，使君忠愤独忘身。……志士一门长许国，……香骨千年合有神。"沉痛哀悼曹觐的忠烈和他以身报国的悲壮。不多日至五月十七日，侬军犯康州。赵师旦以太子赞善知康州未满月，毅然应战。部下也不满百人（一说三百人），但他身先士卒，开门杀敌至日暮，歼其数十。第二天再战至日暮，后退回州衙，侬智高上前胁迫，赵师旦严词申斥，侬智高进迫。在赵师旦的率领下，全体力战，"矢尽城破，无一逃脱者"。对这样壮烈的事迹，元绛也作《悯忠诗赠赵公师旦》："转战谯门日再晡，空拳犹自冒戈殳。身垂虎口方坚坐，命弃鸿毛更疾呼。柱下杲卿余断节，袴间杵臼得遗孤。吁嗟天下英雄气，不愧西山士大夫。"英勇壮烈，赵师旦与曹觐均名垂青史。赵更以身作则，激励部下追随抗敌而无一生还，惨烈悲壮。获朝廷赠光禄少卿，州人为他建忠景祠，刻本诗在州内三洲岩壁上。幸而其夫人怀孕避难藏在山谷中，产下一子，随弃在草丛中以便脱身，侬军离开三日后婴儿被发现仍然存活，寻回得以哺育。情节与春秋时发生在晋国的戏剧传奇性故事《赵氏孤儿》大体相同，但性质和意义有所不同。当年晋国世卿赵盾的妻子机智地在袴中藏婴，所避过的刀是权奸的屠刀，最后还要牺牲作替身的婴儿，又要程婴长期隐藏真孤儿，孤儿才得以顺利长大。而宋代这个赵氏孤儿，由知州夫人在逃难途中于山中诞下，情急之中弃于草丛，三日后竟仍然幸存，其绝处逢生，不但侥幸，更属庆幸，且具道义。而赵师旦大骂侬智高不绝口，类比唐代安史之乱期间，常山太守颜杲卿被安禄山捆绑在洛阳天津桥柱残忍肢解，骂不绝口而逝，二人均赤胆忠心，死而后已，令人叹服。

同月十九日，侬军攻占端州，知州丁宝臣弃守，被革职。与曹、赵两知州为守城壮烈献身相比，反差鲜明。

随后侬军迅速围攻广州，因广州子城是砖筑，强度较大，守备兵力比较坚固，加上番禺县令萧注所招募由土丁和海勇组成的部队擅长水战，把侬军的战舰陆续焚毁；北方援兵不多日便赶到广州加入战争，五十多天后侬军不得不向广南

西路撤退。途中又攻掠贺、昭、宾等州，其中昭州民众逃难到山谷中时，侬军竟纵火将其全部烧死。

孤城弱兵，鲜血哀号，折射出沉痛的历史记忆。包拯从知端州入朝任职，在奏议《请选人知虔州》中明确指出，“广南州郡并无城壁及攻守之具，加之兵力绵薄无堪用者”，请求下令“于逐州界首可控拒之处，相度置寨栅屯兵防拒，以警备之”，但并没有引起朝廷应有的重视。经过血的教训，余靖、孙沔等撰写的《大宋平蛮碑》，终于总结侬智高之所以能攻掠十二州，沿西江长驱而下，“焚掠剽钞，无所畏惮”的原因，正是“所过郡县素无壁垒”，“国家于岭南不宿重兵”，这是城防危机的理性总结。

（二）“潜藩”的府城重金建设

宋徽宗继位不到半年，即于元符三年（1100）十月和十一两月连颁《端州升为节镇诏》《端州境内德音》两道诏书，推恩至其“潜藩”。前者声称：“惟高要之奥区，乃南国之旧壤，土风淳厚，民物夥繁。朕诞受多方，绍承大统。顾启封于兹土，实赐履于先朝。茅社之荣，是为基命。节旄之重，宜赐隆名。端州升为节镇，仍以兴庆军为额。”后者称“德音”，标明是施恩宽恤的恩诏，专门向端州境内实施。再一次回顾：“膺神器之重，推原基命，肇自先朝。以高要之奥区，为真□之赐履。粤承大统，实始旧封。相彼山川，已应舂陵之气。”

两道诏书都追溯其得以继承帝位的缘由：“启封于兹土”，“实始旧封”，“诞受多方”，有“茅社之荣”。“多方”出自《尚书》，指众邦国，汉以后的王国、侯国或王、侯的封地。“茅社”指古代天子分封王、侯时，按封地所在方向，分取其天坛五色土中的一色土，用白茅包裹前往立社，以作有国建社的表征。尽管宋代封王一般并没有实封，即不驻与王的名称相同的州，只称为潜藩、潜邸，更没有茅社的仪式。但是端王继承帝位后，对端州及其原地高要深情眷顾，盛情赞赏“惟高要之奥区”，视高要为腹地，土风淳厚，民物夥繁，是民丰物阜之地。他尤其感受到“高要之奥区，乃南国之旧壤”，“相彼山川，已应舂陵之气”，把端州所在的广南，与东汉光武帝祖先舂陵侯勾联作“南国之旧壤”，把端州视为同有舂陵侯子孙登基作皇帝的感应。原来汉光武帝刘秀的高祖刘买的舂陵侯封地在长沙郡，即马王堆汉墓出土的地图上绘出的舂陵县，到其祖刘仁时把驻地迁往今湖北枣阳地区。刘秀就在那里成长，直至登上帝位。宋徽宗又由舂陵之气，粘连“代邸之恩”。原来汉高祖儿子刘恒被封为代王，在代地建立王府。吕后死后，外戚吕氏拥立少帝。原来的功臣陈平、周勃等诛杀吕氏骨干，迎立代王继位为汉文帝。这是由藩王继帝位的先例，因而宋徽宗把“潜藩”端州作为得以登基的源头。

在这种浓厚的源头情结触动之下，“肆节镇之雄，诞霈州闾之惠”，雄伟高壮。作为节镇即节度使镇守的城池，除了体现为“建牙立纛”，即建筑气度威严、军旗足够宽大之外，还要对城内居民给予实惠，这就意味着城内拥有典礼、祈禳、祭祀、管理、教育、治安、生活、公共应用等的建筑物和设施。至于对民生福利的推恩，“眷兹倪髦”和“宽罪施仁”的简括意向，在“应端州管”之下又注“云云”，表示已经空缺，对少年儿童和老人的优惠与宽赦刑罚以及减免税粮的具体措施不得而知。尽管这样，肇庆城池的建设确实拨下重金，交由广南东路转运司按最后的规划设计完成。

《宋会要辑稿》载：“政和八年十月二十一日，朝奉郎、广南东路转运司判官燕瑛奏：‘臣伏睹兴庆府元系端州，夤缘陛下潜邸旧封，荐蒙赐以军额，申锡府号。臣近巡历到彼，窃见府城规摹未至宏壮，欲望亲洒宸翰，特改见今军府额，赐以美名。’诏令转运司选（官）计度，量行展修，可将邻近便于输纳移两县，仍赐肇庆府，仍为肇庆军节度。”

这是关键性的决策，过去论者提及这一奏事，只说御书肇庆府名，并没有注意到另一件更为重要的修建城池的大事。实际上这是北宋肇庆城池工程最后阶段的强力冲刺。政和八年（1118）十一月改为重和元年，只一年又改为宣和，进入徽宗朝登峰造极的时代。七星岩石室现存高要县令吴展在宣和三年（1121）十月二十六日的题刻：“因暇检视水利，兼监揭府座亭额，拉梁元龄乔年，严诗雅言，煮茶小酌。”记下当日“肇庆府”的御书名，在府衙专建的楼阁上亭额揭牌。表明燕瑛所奏报得旨施行的工程陆续竣工。此后宋徽宗余日只有四年，如果还没有完成就只能不了了之。

三、施工、时间、经费和主管

皇祐五年（1053）一月，狄青、孙沔和石全彬三将率大军追剿侬智高军，越过昆仑关，直指邕州，在归仁铺击溃其主力，追击十五里，斩首两千余级、生擒五百人，其主谋者黄师宓、侬建侯、侬志忠相继被歼，侬智高亡命至大理国，邕州恢复。狄青班师回桂州，余靖后续节制清剿军事，绥靖地方。

同年五月二十三日，“诏诸路城池据冲要者即修筑之，其余以渐兴工，毋或劳民”。《宋会要辑稿》所记这一诏书，应是广南东路包括广州在内沿西江各州县兴建城池的法定依据。考证肇庆城池的建设时间，可以据此划线。

肇庆的志书有相关的记载。最早作记的《（万历）肇庆府志·建置》称“皇祐中”始筑子城，但不记具体的年月和主管者。“皇祐五年（乱）事平，知州江柬之始筑土城。”按上述皇祐五年五月二十三日才有诏令即行修筑，兴工需要准备，不大可能在下半年就开工，应该只是开始筹备。上述府志记郑敦义仁宗时知端州，尝筑石城。清彭泰来《高要金石略》卷二加以辩驳："癸巳为政和三年，使郑敦义五十服官，仁宗时尚未生。其龃龉姑置勿论，即政和筑城事亦不确。"石室岩又有崇宁四年（1105）知军张渐题名及诗，则郑敦义已于四年前受代而去，安得政和癸巳尚在端州？因此郑敦义这一年根本不在端州，更无从筑城。

可见记载虽有，但分析起来，记录多有矛盾之处，难以成立，要找出始筑者则更为困难。因为任职有期限，而筑城过程绵长。按《宋会要辑稿》记述，广州城池的修建时间从景祐四年（1037）到绍兴元年（1131），长达近百年。上述《海康县发现南宋纪年修城》文中，就记载有绍兴十五年（1145）、二十二年（1152）、二十四年（1154）十年间的三次修筑。

至于经费，肇庆的志书不但没有总数记载，甚至根本没有提及。《宋会要辑稿》录有绍兴元年十一月十八日康州上奏，据该州籍、任封州知州致仕的伍士阶（増）等状，肇庆府原系"道君皇帝即位推恩，展拓城壁，朝廷降钱二十四万贯"。这是不菲的数目。康州也因为是宋高宗的"潜藩"，被升格为府，"应副建双门座，以揭府牌，量修城壁等"，乞支度牒四十道，而只获批三十道，相差悬殊。度牒是发给僧道的凭证，起源于唐代，持有者可免丁役和赋税，宋代官府出售度牒以供军政费用。据赵彦卫《云麓漫钞》第四、王栐《燕翼诒谋录》卷五，北宋末年度牒价格波动区间为每道二十贯至一百贯。即使每道度牒值一百贯，三十道也就是三千贯，与二十四万贯也相差悬殊。熙宁元年（1068）四月和七月，广南东路转运使王靖分两次申请广州修筑城池之用的度牒，各只批下五百道。熙宁九年（1076）为该司辖下军州修完城壕，拨钱也不过五万贯。到宣和年间，形势发生重大变化。宣和三年至宣和四年（1121—1122），方腊、宋江的起义军被镇压之后，朝廷因以极大的代价从金人手中赎回燕京及其附近的六州失地，把大量摊派交由居民负担，激起反抗高潮，阶级矛盾激化。宣和七年（1125）金军乘机分两路南下，民族矛盾上升为主要矛盾，宋朝政府内外交困，财政危机凸显。因而上溯到政和八年，这十年间，二十四万贯之数能否全部兑现存在疑问，尽管这样，绍兴元年康州仍然据此作事由，显然已有所兑现，即使是一部分，也已经很可观。

四、结语

上述城墙用砖文显示的城池工程有关信息，与文献记述通观寻绎后，可知北宋中后期，肇庆的城池建设是在侬智高起事平息后，汲取空城弱兵、无以为守、造成重大损失的教训，经颁下诏令推动，然后逐步开展的。中间宋徽宗继承帝位，眷顾“潜藩”端州，应允禀奏，拨大笔钱贯，拓展加大城池规模，加固、加长城墙。整个过程经历过规划设计的改变、材料的调整、人事的变动、时间的延续，前后有几十年。对原有记载与砖文进行核对，可以得出以下结论：

（1）侬智高起事平息，西江冲要各州依朝旨可以建筑城墙。但原有记载称皇祐五年，知州江柬之始筑土城，初始所筑是土城，有现存城墙内层是土质作证，是事实。但称皇祐五年江柬之始筑在时间上就不大吻合。皇祐五年五月二十五日才颁诏令，即使决定开工，但未经准备，下半年无法开工。

（2）“政和癸巳，郡守郑敦义始筑石城”的说法不准确。政和癸巳是政和三年，上述砖文在这之前的崇宁元年即壬午已在砖坯上刻下“造”，用于修缮城墙。又“始筑石城”不准确，“石”应是“砖”之讹。郑敦义在七星岩石室有题记：“辛巳夏末到官，壬午暮春暇日携家来游。”当时壬午是崇宁元年，在“政和癸巳”之前12年。因而崇宁元年用砖的主管者还不清楚。

（3）“崇宁元年十月□□造”砖，下迄政和八年十月二十一日广南东路转运判官燕瑛上奏“申锡府号”，又报“府城规摹未至宏壮”，得旨由“转运司选（官）计度，量行展修”，历时已有16年。期间修筑情况的记载还存在空缺，有待进一步研究、发掘。至于“展修”与之前的施工有什么不同，探索的难度可能更大，这都值得注意。

（4）从设计调整为以“宏壮”为准则，在原有的施工基础之上加以“展修”，又有一二十万贯作经费，工程的最后冲刺就要历时十年，可见这一城池的规模之大，有深入研究的必要。

参考文献

［1］邓杰昌．海康县发现南宋纪年修城［J］．广东文博，1985（1）．
［2］王恩田．陶文图录：第六册［M］．济南：齐鲁书社，2006．
［3］黄振平，邓志强，韦相伍：肇庆宋代钩沉［M］．肇庆：肇庆市地方志编纂委员会，2006．
［4］赵彦卫．云麓漫钞［M］．上海：古典文学出版社，1957．
［5］翦伯赞．中国史纲要：第三册［M］．北京：人民出版社，1979．
［6］王栐：燕翼诒谋录［M］．北京：中华书局，1981．

石室宋吴展题记府座亭额探析

在肇庆七星岩石室东壁与唐李绅题记相邻处有吴展的题记，称其乘闲暇巡视水利，兼监揭府座亭额。全文如下：

宣和三祀，孟冬念六日，县令吴展彦成因暇检视水利，兼监揭府座亭额。拉梁元龄乔年，严诗雅言，煮茶小酌，男舜举、舜陟侍行，谨志。

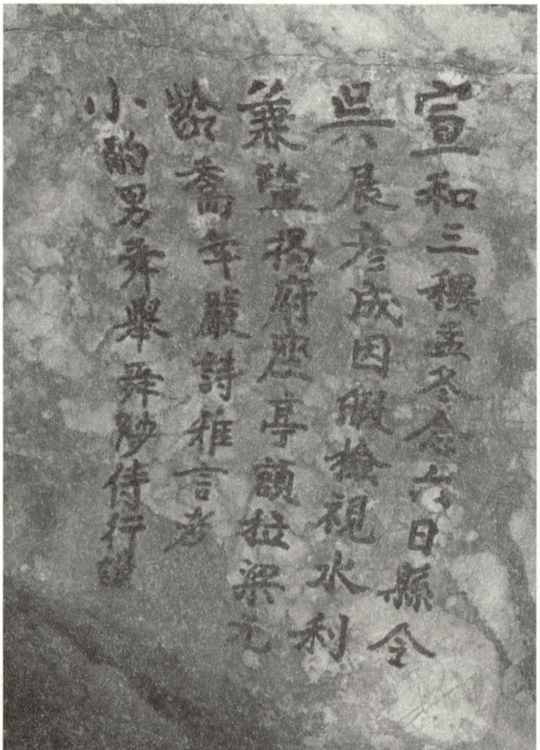

肇庆石室岩石刻图

当中的“祀”即年。《尔雅·释天》：“夏曰岁，商曰祀，周曰年。”额指匾额，“府座亭额”指府座上的亭安放的府名匾牌。这四个字组词生僻隐晦，不易说清，试作寻绎，加以探析。

一、释义

1. 府

（1）《宋会要辑稿》载：“政和八年十月二十一日，朝奉郎、广南东路转运判官燕瑛奏：‘臣伏睹兴庆府元系端州，夤缘陛下潜邸旧封，荐蒙赐以军额，申锡府号。臣近巡历到彼，窃见府城规摹未至宏壮，欲望亲洒宸翰，特改见今军府额，赐以美名。’诏令转运司选（官）计度，量行展修，可将邻近便于输纳移两县，仍赐肇庆府，仍为肇庆军节度。”据此可知，三年后的“府座亭额”即肇庆府的额，也就是匾牌。又可知当时确有兴庆府一名，这可与古革在前两月同于石室东壁作题记对照得知。“政和丁酉暮春”即政和七年（1117）三月从知新州来任知兴庆军，当年仲夏冯齐荀来任副职，“相与咨询，有请于朝。次年春，乃被旨升作大藩”。“大藩”即府，是当时地方行政的最高层级，其下依次为军、州、县。这“大藩”就是兴庆府。但是“兴庆”这命名引起反弹，古革作题记后仅两个月，转运司判官燕瑛迅速奏报，请求皇上另书“美名”为额。一年之内一波三折，这是需要厘清的。

（2）同时期相关的石刻题记出现的“府”，另有作衙署通称使用，也必须分清。如上述古革的题记称冯齐荀“来贰府政”的“府政”，是指兴庆军署（或府）的政务。郑敦义在石室东壁的题记“上自端王即位，升潜藩为节镇，开府之初”中的“开府”，也是指兴庆军署设立，因为当时还没有升为府。据此而称郑敦义为肇庆府第一任知府就不准确，只有宣和元年（1119）起他任知府，才是首任。

上述端州至肇庆府的递变过程如下：

端州元符元年（1098）十一月诏升→兴庆军（节度镇守）政和七年盛夏知兴庆军古革和副职冯齐荀等申报升格→政和八年（1118）三月获准升为兴庆府→同年广南东路转运司判官燕瑛上奏改现军额，赐美府名，获帝书“肇庆府”额→宣和三年（1121）十月二十六日肇庆府座亭额揭牌。

2. 座

汉代已使用，南朝顾野王《玉篇·广部》：“座，床座也。”表示坐具、座位。引申为器物的基础部分或托底的部件，如钟座、瓶座。宋李诫《营造法式·总释》不列“座”，但列“平座”，指建筑物的一种构件。在高台或楼层，用斗栱、枋子、铺板等制作有利于登临眺望的结构层。基本条件是依赖于高台或楼层，因而得名与高台或楼层有关，表示凭借高台或楼层，从平面展开结构层，有登高望远的功能。“筑土成方形，既高且平者谓之台。”这是我国古代具有独特风格的宫苑、园林建筑之一。它的建筑外形特点是有较高的高度，平面方形平整。作为宫苑园林建筑，它常与楼、亭连称为楼台、亭台；作为军事通信和警备设施，又常以城台、烽火台、烽燧等形式出现；作为门户建筑，又与门连称为台门、观阙等。一般都需要配建高大的乌头门，即棂星门。据《营造法式》卷二十《小木作功限一》乌头门的造作功，从方八尺起计，逐级增加一尺，最后为方二丈二尺。把这样的建筑物包起来，必须建高台。而这些混合建筑物往往以座作量词，如烽火台、烽燧设施的计量就以座为单位。宋代《清明上河图》上那座街市城门，当代的研究者指称楼以下的建筑体为“座”，这是有道理的。肇庆这一“府座亭额”与十年后的绍兴元年（1131）十一月十八日康州上奏称，康州升格为德庆府，“应副建双门座，以揭府牌”齐观。同是府座，只是后者除了“双门”和“府牌”以外，没有其他配套建筑，有所不同，但拥有“座”的建筑体是可以肯定的。因为同是“潜藩”，同升格为府，同样具有建台门的资格。按《营造法式》，乌头门与双扇门同属又高又大的门，在建筑过程中，一般都适宜建成“座”来容纳这样的大门。《宋史·舆服志》：“六品以上许为乌头大门。”这一规定直指官宦的家宅，而北宋的广南东路，从侬智高军袭扰期间，知封州曹觐、知康州赵师旦都在州署内安家可知，端州的长官也一样依此制。《礼记·礼器》：“诸侯以龟为宝，以圭为瑞。家不宝龟、不藏圭、不台门，言有称也。”孔颖达疏：“家，卿大夫也。大夫卑轻，不得宝龟。”“不得执玉，故不得藏圭。”“不台门者，两边筑阇为基，基上起居曰台门。诸侯有保捍之重，故得为台门，而大夫轻，故不得也。”是说按礼制，诸侯可建台门，卿、大夫不可以。汉代以后的州府长官依此类比被称为侯，被封王者更类比为诸侯，因而潜意识中，“潜藩”应配建台门。燕瑛的奏书称“府城规摹未至宏壮”的“宏壮”，理应包括台门。而当中的门也应按惯例配建，从称为座来推敲，已具有台门的格局。

3. 亭

亭是中国传统的建筑物，历史悠久，其构造、样式、功能以及附着的历史文化积淀丰富多彩。秦汉时期已由原来的边境侦候的设施，演进至乡村每十里置一亭，设亭长。湖北新野汉画像砖的亭就是两层楼。楼下地面立着一人，表示亭长。他执掌治安、民事，兼管行客停留。在都城内，城厢也设都亭，城门设门亭，亦设亭长。其构造和形式，除明清以后通常采用的攒尖顶、无墙壁，规模较小，设在路口、路边、水滨、公园，供休息、停留的亭之外，前代还有出于礼制、宗教、风俗、社会生活等需要而与相关的建筑物并合形成合称、互名、泛称、通称的亭。有时原来称作楼的后又别称作亭。如坐落在江苏省镇江市北固山的北固亭，晋蔡谟建，谢安加以修葺，后来崩塌。南朝梁时改称北顾楼。固变换作顾，亭变换作楼。宋辛弃疾《南乡子·登京口北固亭有怀》：“何处望神州？满眼风光北固楼。”“亭”在内文变成“楼”。但其《永遇乐·京口北固亭怀古》：“元嘉草草，封狼居胥，赢得仓皇北顾。”出于题旨的需要，尽管题目保持“北固亭”，但当年的宋文帝因封狼居胥山而使北伐以失败告终，赢得的只能是“北顾涕交流”，作者现身说法，“四十三年，望中犹记，烽火扬州路”。对于沦陷区的土地和人民，自己一直在北顾。可见中国古代对建筑物类型的界定有时比较宽泛，不但亭楼变换，而且亭观、亭榭连称，这是今天需要注意的一些现象。又如，亭的顶部明清以来通称攒尖顶，但宋代《清明上河图》中出现的门楼和亭，不但可作重檐结构，而且都有作庑殿顶的，街市城门座上的建筑就作庑殿顶。因而今天在复原“府座亭额”时不可不注意这些现象。

二、府座亭与汴京皇宫内两阙亭同标举

记述北宋汴京繁荣景象的孟元老《东京梦华录》卷一的6个条目中，有两条记到“东西两阙，楼观对耸”，“两阙亭相对”。特别是凸现“阙亭”一名，与“府座亭”有类同之处，特提出讨论。

《清明上河图》（局部）勾勒出一座五开间进深三间五铺作庑殿顶的门楼

首先在该书《河道》一章中，记汴京穿城河道4条。其中汴河上架桥13座，正对大内御街的这座叫州桥。它与之前沿河的相国寺桥都比较低平，不通舟船，近桥两岸都砌石壁，“雕镌海马水兽飞云之状”。过州桥北就是通向大内的御路，可看到大内之前“东西两阙，楼观对耸”。接着在《大内》中，“大内正门宣德楼列五门，门皆金钉朱漆，壁皆砖石间甃，镌镂龙凤飞云之状，莫非雕甍画栋，峻桷层榱，覆以琉璃瓦，曲尺朵楼，朱栏彩槛，下列两阙亭相对”。大内指皇宫，其正门楼称宣德楼，所在的门也就正对其前方的双阙，后方又是大庆殿。其“庭设两楼，如寺院钟楼”，或称“有两楼对峙，谓之‘钟鼓楼’”。这座大庆殿，“十一月冬至。京师最重此节，虽至贫者，一年之间，积累假借，至此日更易新衣，备办饮食，享祀先祖。官放关扑，庆贺往来，一如年节”。而宋徽宗提前三日“车驾宿大庆殿”，庭院广阔，可容纳几万人。当夜禁卫军、仪仗队、武术队、礼乐队、司仪人员全体出动，表演、出操、演奏、打鼓、吹角。皇宫周围都十分热闹，与年中随令逢节庆热闹庆祝的场面各有千秋，还有“驾幸临水殿观争标锡宴”“驾幸宝津楼诸军呈百戏”的百戏绝技表演，惊心动魄，欢声雷动，体现“太平丰盛之象”。《大内》中的“曲尺朵楼，朱栏彩

槛，下列两阙亭相对”与《河道》的“州桥之北岸御路，东西两阙，楼观对耸”似乎有矛盾之处，后经历代指出，尽管记述详备，有重要价值，但《东京梦华录》确有疏漏不当之处。其实这两处歧异，只是由于视角不同，因而表述有异而已。《大内》所作的是静态记述，按宣德楼、门、阙的关系叙述，将钟鼓楼视为大庆殿的配套设施来叙述，层次不同。而《河道》所作的是在州桥循御路远观，将双阙及其上的建筑物与宣德楼、大庆殿及钟鼓楼统称“楼观对耸”。由于阙上的建筑物习惯上称为观或楼，合称“楼阙”“阙观”等，致使这一区域存在多层次的楼。标出阙亭，应是出于分辨的谨慎行文。而肇庆“府座亭额”因袭自单阙的台门，又经转运司奏报规模，获颁帝书美名，这座“亭”理应也是中央允准的名称，源自宣德门的阙亭。

三、额上“美名”寻绎

编入《十三经》的《尔雅》，把“肇”列入第一释第一目：“初、哉、首、基、肇、祖、元、胎、俶、落、权舆，始也。”阮元《十三经注疏》中的《尔雅》在“权舆”中间也加顿号，但清郝懿行《尔雅义疏》指出《诗经·秦风》已有《权舆》篇，两字连文，在先秦文献中还有例子。作合成词才有始的意思，因而不能分成两个词。这一点涉及识读和解释，必须分清。这一词群中基、肇、祖三词作“始”用时，可以互相假借，涉及自然现象、人伦和事业的传承、代谢，因而在经典中进行关于帝业、国政、命运等高层次的命题言说时比同词群的其他词使用更多，这是“肇”被看重的源头。

“肇”勾连“基命”。《诗经·周颂·昊天有成命》：“昊天有成命，二后受之。成王不敢康，夙夜基命宥密。”《毛传》：“二后，文（王）武（王）也。基，始。命，信。宥，宽。密，宁也。”《郑笺》：“昊天，天大号也。有成命者，言周自后稷之生而已有王命也。文王、武王受其业，施行道德，成此王功，不敢自安逸，早夜始顺天命，不敢懈倦，行宽仁安静之政，以定天下。宽仁，所以止苛刻也。安静，所以息暴乱也。”这是儒家经典宣扬的周祖先后稷得奉天命，敬天保民，布德行仁政，得民心而经营顺利，化成天下，逐代传承。特别是由太王、文王、武王积聚实力、一举灭殷的史话，概括而成的“基命”，也就是始命，说的是人主初受天命而就位，然后开展基业，即作为本系统的根基事业，世代传承，在整个进程中“肇”都在发挥维系的作用。这一机理，儒家经典曾经通过孔子与弟子的问答，展开富有情味的演绎。

“民之父母”，引出“五至”“三无”。

《诗经·大雅·泂酌》:“岂弟君子,民之父母。”“岂弟”本作“恺悌”,或作“凯弟”,和乐平易的意思。《毛传》:“《泂酌》,召康公戒成王也。”说是周武王辞世,周成王年轻继位,召康公引这诗作告诫。《礼记·孔子闲居》记述子夏引这首诗向孔子提问:“何如斯可谓民之父母?”孔子答:“夫民之父母,必达于礼乐之原,以致五至而行三无,以横于天下。四方有败,必先知之,此之谓民之父母。”子夏进一步问何谓五至,孔子曰:“志之所至,诗亦至焉;诗之所至,礼亦至焉;礼之所至,乐亦至焉;乐之所至,哀亦至焉。”子夏又问:“敢问何谓三无?”孔子曰:“无声之乐,无体之礼,无服之丧,此之谓三无。”子夏又问:“敢问三无何诗近之?”孔子指出《诗经·周颂·昊天有成命》的“夙夜基命宥密”,是“无声之乐也”;《诗经·邶风》的《柏舟》中“威仪棣棣,不可选也”,是“无体之礼也”;另一首《谷风》中的“凡民有丧,匍匐救之”,是“无服之丧也”。子夏听后感叹:“言则大矣,美矣,盛矣!”“盛”与“美”在古代相通。从上述已知“夙夜基命宥密”是周基命、基业所系,传承至三代政绩已灼然。而从《诗经·邶风》两篇可知“无体之礼”“无服之丧”都不是现实,只是设想的情状,因而子夏的感叹应是“夙夜基命宥密”衍生的“民之父母”而引起的效应。这是就“肇”寻绎美名从经典中看到的轨迹。

而且“肇”又通“兆”,与征兆、预兆粘连。《端州境内德音》诏书宣告:“朕膺神器之重,推原基命,肇自先朝。”“肇自先朝”指在哲宗朝被封为端王,端州成为“潜藩”,他的帝业的“基命”从此开启。这就表明,这一“基命”既具有经典上凝固了的美内涵,又保有自身天赋的灵动的美意识,同时透露这些措辞和命名的思路:他即帝位之初的元符三年(1100)十一月发布“德音”,声称“肇自先朝”时已将“基命”与“肇”配伍,十八年后的政和八年(1118)再重新确定命名其“潜藩”为肇庆府,当中有着珍视的意味。十八年前的“推原基命”,也就是十八年后肇庆命名的先兆。宋徽宗迷信道教,宠信神霄派道士林灵素,自称“教主道君皇帝”。又笃信祥瑞,热衷于把玩祥瑞,陶醉于“太平丰盛之象”。在权臣蔡京、王黼等吹嘘的“丰亨豫大”口号的鼓动下,把铺张扬厉甚至奢侈浪费也视为美,把这些美也视为祥瑞。在《端州境内德音》中,“粤承大统,实始旧封。相彼山川,已应舂陵之气”认为其“潜藩”端州与汉光武帝的祖先任舂陵侯时驻地所在的零陵郡同属南国地方,因而同有由南国王侯登基的命脉。这些祥瑞、气数、运程的说法,今天要注意加以分析。

四、结语

经过以上阐释和分析可知，吴展题记尽管言辞简括，但所标示的名物和时间，经与相关文献联系对照，大体上可以勘合，从而得出以下认知。

（1）吴展的题刻记有“监揭府座亭额”，透露有“府座亭”这一建筑物，填补了记载的空白。经与有关文献统合寻绎，可知其实就是肇庆府门楼竣工揭牌。又经初步考查，高大门楼的基座之上的楼房标名为“亭”的，有汴京大内宣德楼正门内大庆殿的前方双阙，称为“双阙亭”，可见“府座亭”与“双阙亭”二者名称有联系，从而拓展了进一步研究的空间。

（2）吴展题记篇后的地点和日期，为端州“兴庆军—兴庆府—肇庆府”的演进提供最后的衔接时间，得以与元符三年十月乙卯《端州升为节镇诏》呼应，为梳理以前不同记载的模糊和歧异提供校定的准确时间和具体的行事。同刻于石室东壁的郑敦义于崇宁元年（1102）三月的题记：“上自端王即位，升潜藩为节镇。”阮元主修的《广东通志·金石略》加按语：“《文献通考》：元符三年升兴庆军节度，徽宗即位以潜藩升为肇庆府。”其实《端州升为节镇诏》明说“仍以兴庆军为额”，并无“升为肇庆府”一语。彭泰来《高要金石略》对此纠谬：肇庆赐名在重和元年，徽宗之立已十九年，不得因此牵合为一。重和元年（1118）即燕瑛奏请赐美名、规模改进府城建设的政和八年。三年后的宣和三年肇庆府额揭牌，上溯至元符三年更已有二十一年，端州径直升为肇庆府的说法，更显得时差太大。因而吴展这一实时实地的题记，可纠谬彭泰来作佐证，具有重要的文献价值。

（3）“肇庆”因时人追求美名而成为府名，其美内涵的应用可上溯至西周。所寄托的“民之父母”“五至三无”的治理社会理念，在孔子的循循善诱下，引起子夏的赞叹。宋徽宗以它取代“兴庆”，手书颁下作府额，这一来显出他迷信道教神霄派，陶醉于祥瑞，二来又寄托他对传统的理想社会的向往，显出相互矛盾的多面性。

（4）作为“潜藩”的端州，依次升格为兴庆军、兴庆府、肇庆府，大力进行府城建设、府门建筑，当中的决策、规划、设计以至命名，都与宋徽宗有直接关系，涉及北宋后期政治、军事、经济、文化多个层面，因而不但应当作为地域历史文化的一道研究课题，还应作为个案，纳入宋史研究领域。

参考文献

[1] 李诚.《营造法式》译解 [M]. 武汉：华中科技大学出版社，2011.

[2] 刘敦桢. 中国古代建筑史 [M]. 2 版. 北京：中国建筑工业出版社，1984.

[3] 笠原仲二. 古代中国人的美意识 [M]. 魏常海，译. 北京：北京大学出版社，1987.

[4] 久保田和男. 北宋徽宗时代与张择端《清明上河图》[M] //邓小南，杨果，罗家祥. 宋史研究论文集（2010）. 武汉：湖北人民出版社，2011.

《龙龛道场铭并序》校释

龙龛道场[一]铭并序

冠军大将军、行左豹韬卫将军、上柱国、颍川郡开国公[二]陈集原撰。

盖闻中天[三]显迹，千劫[四]诚希遇之因[五]；月相[六]腾晖，三界标[七]独尊之称。悟其指[八]，则直心是[九]道场；契其源，则净身为佛土[一〇]。可以神事，象绝于筌蹄；难以名言，理归于冥寂[一一]。故八十种好[一二]，不可以色睹真容；十二部经[一三]，不可以词诠至理。然而烦恼障重，贪爱河深[一四]。六趣[一五]轮回，剑叶与刀山竞起[一六]；四生堙没[一七]，毒蛇将[一八]恶兽交驰。由是法雨[一九]横流，慈云普覆[二〇]。弘化城于险路[二一]，朗惠炬于迷津[二二]。大乘小乘[二三]，随浅深而悟道；中华中叶，逐性分以含慈[二四]。皆所以[二五]安乐群生，提孩[二六]众品，施殷忧以无畏，息多难以夷途[二七]。大矣哉！不得而名也。此龙龛者，受形于浑沌之初，擢秀于开辟之日。孤峰峻峙，罩素[二八]月而出云霞；危壁削成，排日晨而躏霓汉[二九]。峭崿秀丽，为众岩之钦挹[三〇]；花药奇卉[三一]，实仙圣之安憩。是故龙出龙入，每脱骨于岩中；仙隐仙栖，屡承空于香气。因得龙骨，故曰龙龛[三二]。去武德四年，有摩诃大檀越、永宁县令陈普光[三三]，因此经行，遂迴心口，愿立道场。即有僧惠积，宿缘善业，响应相从。惠积情慕纯陀[三四]，巧自天性，即于龛之北壁，画当阳[三五]像；左右两厢，飞仙宝塔，罗汉[三六]圣僧。虽年代久远，丹臒如初[三七]；粉色微沉，彩影由[三八]在。洪钟一扣，声彻卅三天；石磬再鸣，还闻十八地狱[三九]。虹幡[四〇]外飏，彩影彻于云霓；香烟内腾，素气通于迴巘[四一]。故得法流荒俗[四二]，释教被于无垠，玄化遐覃[四三]，振锡穷于有截[四四]。岂如白马驮经[四五]，翟泉创于方丈[四六]；缁衣阐教[四七]，庐山顿其威仪者[四八]哉！既而年代浸[四九]远，石龛无毁坏之期；岁序奄延[五〇]，粉黛[五一]有沉堙之理。昔之惠积，早随劫[五二]而为灰，宝亮[五三]亦投身于饿虎[五四]。两僧勇猛，志贯白云，虽学不出境，而精情[五五]自溢。上元年[五六]，光男[五七]叔琼不弃前踪，龛中造立当阳连地尊像一躯[五八]。近有交趾郡[五九]僧宝聪，弱岁[六〇]出家，即诣江左，寻师问道[六一]，不感图南[六二]。闻有此龛，振杖顶礼[六三]。睹佛事之摧残，心目悲泫[六四]，共成胜因[六五]。又檀越主，善劳县[六六]令陈叔珪、陈叔玮、陈叔琢，痛先君[六七]之肇建，悲象教之陵迟[六八]，敦劝门宗，更于道场之南造释迦尊像一座。遂得不日而成，功德[六九]圆满，为七代之父母[七〇]，修六道[七一]之缘。属[七二]圣神皇帝御绀殿[七三]以抚十方[七四]，动金轮以光八表[七五]，弘护大乘[七六]，绍隆正教[七七]。覆载[七八]之恩，均黔黎于赤子[七九]；云雨[八〇]之施，等润译于苍旻[八一]。地平天成，河溓海晏[八二]，虽复道被区中[八三]，而凝怀俗表[八四]。将使比屋之化[八五]，契法俗以证菩提[八六]，垂拱之风，叶至真而成正觉[八七]。就日与慧日[八八]俱明，油云共法云[八九]同覆，远矣大矣，无得言焉。

是知观夫禀气含灵[九〇]，有生之类，七识[九一]已具，六精[九二]斯起，攀缘[九三]于虚妄之境，驰骛于名色[九四]之间，犹彼腾猿，犹兹狂象[九五]，栖托于爱河[九六]之内，傲游于火宅[九七]之中。方石[九八]几销，冰炭[九九]之群不息；须弥[一〇〇]屡尽，鼎镬[一〇一]之报无穷。轮回长夜，终焉莫晓，同亡异术[一〇二]，岂不哀哉！大矣能仁[一〇三]，随机诱喻，或宣四谛[一〇四]，或导一乘[一〇五]。润小枝[一〇六]而弗遗，净满月以圆烛[一〇七]，系想于方寸[一〇八]之间，而神超于析尘[一〇九]之表。喻起生死，归乎寂灭。其惟净室禅龛者也。志求镌勒，以希[一一〇]不朽。爰命解钔[一一一]之夫，运兹不斌[一一二]之笔。庶海变桑田，终无毁日。敬题年纪，不文而质。其词曰：

岩岩[一一三]石室，郁郁禅枝[一一四]。五门[一一五]清净，八解连漪[一一六]。神高习海[一一七]，道溢须弥。欲求蝉税[一一八]，良津[一一九]在斯。(其一)

龛自天工，室惟地络[一二〇]。石磬长悬，洪钟不著[一二一]。无假[一二二]梁栋，自然花药。掩室杜口[一二三]，何忧何乐？(其二)

爰饰金绳[一二四]，于兹胜境。图象[一二五]毕备，雕砻咸整[一二六]。云起山窗，花开莲井。萧尔闲旷，悠然[一二七]虚静。(其三)

笃矣清信[一二八]，共弘[一二九]利益，或舍衣资，或倾银帛。讵劳斤斫[一三〇]，无烦匠石[一三一]。湛然真相[一三二]，嶷尔无斁[一三三]。(其四)

卅二相，八十种好。佛日[一三四]之日，天琉[一三五]之宝。猛虎夜宿，波旬降旱[一三六]。阐六度[一三七]于迷津，践三乘[一三八]之悟道。

圣历二年，岁次己亥，二[一三九]月二十三日镌。

大檀越主孙：登仕郎、守窦州[一四〇]录事参军事、上骑都尉臣[一四一]感、云感、万感。

劝率主从孙前检校[一四二]梧州孟陵县令灵托，玄孙童生。

都检主从孙前担陵州卫焉律县[一四三]令罗积。

道场主僧承务。

校释

以新近的现场拓片为底本，与《全唐文》卷二〇二，清陆增祥《八琼室金石补正》卷四十四（文物出版社出版，以下简称《金石补正》）；李棪改编的《广东文征》第一册（香港中文大学出版，以下称《广东文征》）所载录文以及其他录文参考互校，注释侧重疑难词语、名物、典故。

［一］道场，佛教术语。音译作菩提曼陀罗，意译作坛，意为佛修成圣道的地方，本指当年摩揭陀国菩提树下的金刚宝座。《大唐西域记》卷八中的《菩提树垣》："证圣道所，亦曰道场。"在中国作为佛教术语，含义有多项，这里的取意似兼有多项。但作为处所的名称应指供佛祭礼的地方。

［二］冠军大将军句：冠军大将军，属唐朝武散官，正三品。唐朝中央诸卫中有左右威卫将军，属武职事官，正三品。武则天光宅元年（684）改名左右豹韬卫（一作豹卫）将军，唐中宗神龙年间恢复旧称。《金石补正》《广东文征》均作"左豹韬卫"，与原刻相符，与《旧唐书》本传、《全唐文》本文提要的"右豹卫"也大致相同。这样，录作"左龙韬卫"则不准确。上柱国在唐朝是勋官的第一等，正二品。按古制，散官阶高于职事官阶的职位称为"行"。陈集原的职散两阶都是三品，但依勋阶称说。其法见《旧唐书》卷四二职官志。郡开国公又称开国郡公，唐朝爵位的第三等，正二品。颍川是郡公的具体名号。

［三］中天，泛指上天。

［四］劫，梵文音译"劫波"的省略，意为极为久远的时日。佛教认为世界经历若干万年便会毁灭一次，然后重新开始。这样一个周期叫一劫。千劫，极言久远。

［五］因，有录作烟的，误。原刻实为因，诸家录文都是这样。因是佛教名词，指能产生结果的原因。

［六］月相，月球明亮部分的各种不同形象。

［七］三界，佛教术语。佛教把世界划分为欲界、色界、无色界，都处在生死轮回的过程中，是"有情众生"存在的三种境界。标，原刻如此。《全唐文》作表，误。以上四句与隋代贺德仁撰《河东郡首山栖岩道场舍利塔碑》（以下简称《栖岩道场舍利塔碑》）开头的"盖闻在天成象，玉卫齐于七政；在地成形，金简开于四渎"（见《金石补正》卷二六）近似。

［八］指，意思与作"意也，志也"（见《玉篇》）用的"旨"同。录文或作旨，这是取意而改动。

［九］直心是：直心，佛教术语。指对佛道正直、诚实、不谄曲的心。《维摩诘经·佛国品》："直心是菩萨净土。"同经《菩萨品》："直心是道场。"但"其指"是指"中天显迹""月相腾晖"。因此，这"是"似也作指示代词用，双关。

［一〇］契，意志相合。是说人的想法与神的意志相合。佛土，所谓佛化的领土。有净土、秽土、法性土等区别。上下两句的意思是：领会了这个旨意，就要为这个道场而正直、诚实地用心；探明这个因由，就要为这个佛地而洁身。

［一一］这两句录文有歧异。"神"后"绝"前《金石补正》无"象"，《全唐文》空缺，《广东文征》则有"象"。《罗定县志》诸版本中或有或无。按原刻，"事绝"之间右侧加刻一小字"象"。作骈偶句以有"象"为合理。筌，捕鱼的竹器。蹄，捕兔器。二者比喻达到目的的手段。冥，幽深晦暗。寂，没有声音。事象，《栖岩道场舍利塔碑》："功格二仪，事绝三界。"功与事对举。《大唐西域记·敬播序》："然事绝于曩代，壤隔于中土。"事与壤对举。《道德经》第十四章："是谓无状之状，无物之象，是谓恍惚。"从这个角度看，象既是物的表现形态，也应是事的表现形态。因而宜在"事""言"后分别点断，《广东文征》便是。两句的大意是：可以把事情神化，它的形象却是恍惚得不到印证的；可以用概念来表达，其中的道理却是隐晦趋于寂灭，难以具体寻名责实的。《金石补正》则在"神""名"后点断，"难以名，言理归于冥寂"。不但意义晦涩，而且与"可以神，事象绝于筌蹄"也构不成整齐的骈偶句。

［一二］八十种好，佛教术语。谓释迦牟尼生来容貌超越凡俗，特殊美妙的形象细微隐秘难以见到，泛称八十种好，即容貌有八十种特征，显著之点称为三十二相。

［一三］十二部经，指佛经体例上的十二种类别。

［一四］烦恼障句：《全唐文》将"障"误为"郭"。烦恼、障、贪爱都是佛教术语。中国佛教用语"烦恼"是梵语"古隶舍"的意译。烦为忧，恼为乱，"忧乱有情故名烦恼"，具体是指所谓贪、欲、愚、痴、嫉妒、忌恨等不良心理。障是烦恼的异名。烦恼能妨碍佛道，所以称为障。烦恼障是佛道诸障之一，指由于烦恼而妨碍成就佛道的条件。重是说这种障碍厚重。贪爱，特指贪爱财物、贪恋异性。二句的大意是：影响成就佛果的有由浓重烦恼造成的障碍，贪求财物、贪恋异性如同河海那样深广，众多的罪恶都会汇集进去。

［一五］六趣：趣，趋向，六趣又称六道。六道是天道、人道、地狱道、畜生道、饿鬼道、阿修罗道。认为众生根据生前行为有这六种轮回转生的趋向。

［一六］剑叶句：佛教所说的地狱酷刑之一。又作"刀林剑树""刀树剑山"。

［一七］四生，佛教术语。指胎、卵、湿、化四种生育。堙通湮，沉没。

［一八］将，用如动词，带领的意思。

［一九］法雨，是用雨比喻佛法的说法。意思是佛法无边，可以润泽众生。用自然现象和动物、植物来比喻佛理是佛教惯用的做法。下述“慈云、法流、慧日、慧炬”类此。

［二〇］覆，原刻上部作“雨”，据意改正。

［二一］化城，有录作“化域”的，误。化城是佛经的比喻词。特指所谓一时由佛变幻而出没的城邑，是用来通向佛宝之所，但由于道路遥远险恶，感到疲乏时众生休息的地方。高睿《定国寺塔铭碑》：“化城变险，抨酪求苏。”（见《金石补正》卷一九）王维《登辨觉寺》：“竹径从初地，莲峰出化城。”

［二二］惠炬句：朗，用如动词，光照的意思。惠炬，即慧炬，意为智慧的明灯。《栖岩道场舍利塔碑》：“慧炬韬光，慈灯掩色。”津，渡口。迷津，佛教术语，意为对过渡到彼岸的迷惘，具体是指三界、六道的障疑。

［二三］乘，佛教术语，用车乘运载比喻佛法引导众生到达涅槃境界。大乘指佛理广大，求众生的解脱。小乘指佛理较浅，求信佛者自身的解脱。

［二四］中华句：中华，中国。佛教界讲述传播的历史时习惯引此来与印度对举。唐太宗贞观十一年（637）诏：“至如佛教之兴，基于西域。爰自东汉，方被中华。”（见汤用彤《隋唐佛教》）唐高宗《述圣记》：“以中华之无质，寻印度之真文。”（见慧立、彦琮《大慈恩寺三藏法师传》）中叶：叶，世代。《诗经·商颂·长发》：“昔在中叶，有震且业。”《毛传》：“中叶中世。”班固《幽通赋》：“系高项之玄胄兮，氏中叶之炳灵。”《文选》卷一四李善注引应劭曰：“中叶，谓命尹子文也。”谓班氏的祖先可追高阳氏颛顼，中间经楚令尹子文而振兴。可见中叶意味着中兴。逐，追随。性分：佛教所说的诸法界的差别。《止观》：“界名界别，亦名性分。”含慈，原刻慈作滋或兹，因而所录无义。丁福保编纂的《佛学大辞典》解慈悲为“与乐为慈，拔苦为悲”，解慈心为“与人以乐之心”。则含慈为怀着助人快乐的心。全句意为：佛教传到中国及其中兴的世代，人们都随着各自的本性而怀着助人快乐的心。

［二五］所以，在此处相当于“可以”。

［二六］提孩，抚育。

［二七］殷忧句：殷忧，深忧。《诗经·邶风·柏舟》：“耿耿不寐，如有隐忧。”隐，《齐诗》《韩诗》作殷。隐或殷，诸家注本都释为深、幽、大。但朱起凤编的《辞通》上尤引《说文·心部》和《广雅》，说殷是慇的省文，而“慇，痛也”。夷，平。夷途，平坦的道路。两句意为：以无畏的精神排除深忧，克服

困难，使前进的道路变得平坦。

［二八］素，有录作元或索的，误。素，洁白。与上文“月相腾晖”照应。

［二九］躏，车辗，这里作践踏用，用如辚或蹸。

［三〇］钦挹，钦敬，推重。挹，有录作礼的，讹。

［三一］卉，草木植物。花树芳草在佛教常用以衬托圣洁的物品，这里就当地草木而加以圣洁化。

［三二］龙龛句：龛作为佛教术语，指安置佛像的橱柜。龙龛指装殓修得佛道者的遗体的棺材。古代诗文使用这一词语时曾有龙出龙入，并且脱骨于岩中的说法，这是现实中的“龙”。佛教又把修得佛道的圣贤比喻为龙，意义往往双关。唐朝许浑《送黄隐居归南海》：“深洞有云龙蜕骨，半岩无草象生牙。”（见《全唐诗》卷五三三）所指理应包括这处龙龛在内。而且从诗中可推知岩中有称为龙骨、象牙的化石或钟乳，龙龛闻名于岭南和岭北。近几十年在附近的岩洞中先后发现有多种化石和古代遗物，“龙龛脱骨”曾是罗定八景之一，可作比勘参考。空，佛教术语，即虚、寂。

［三三］武德四年句：去，《全唐文》和《金石补正》云归属上句。核原刻，“云”上一竖明显，则“去”理应归属下句。去，过去的。冠于纪年前以表示追忆。摩诃，梵语音译，义为大、多、胜。中国佛教界在称呼中将其作为套语使用，与“大”连称是同义复词。檀越，义为施主。指向寺院施舍财物、饮食的世俗信徒。永宁，据新旧唐书《地理志》载，武德四年（621）新置南建州［贞观八年（634）改名药州，十八年（644）州废，辖地并入泷州］时是该州的属县，天宝初年更名建水。又据《元和郡县图志》卷三四记载，建水县治所在晋康县治所东五十步。《新唐书·地理志》注明，永宁之所以改名建水，是由于建水在西。它的辖区在现在的罗定、郁南、云浮三地交界连片处，龙龛岩在内。永宁和建水的关系以及泷州当时的属县名称，诸书所记不尽相同，理应以敦煌石室天宝初年《公廨本钱簿》所记“永宁后改为建水”，两名不并立为实。在隋末农民大起义中，岭南也和北方、长江流域一样，各路豪强拥兵据地。武德四年唐朝平定萧铣以后的短短时间内，冯盎拥有从番禺到苍梧、朱崖的粤中、粤西连片土地，连同岭南的其余势力到第二年才归顺唐朝。在其未归顺之前，全国还没有统一，唐朝的政令不会直达泷州。因此，这永宁县理应是原有的隋朝命名，后来由唐朝留用下来。或者在平定萧铣以后，唐朝廷对岭南的政区及其主官进行重新规划，后确认下来。

［三四］纯陀，佛经人名。又音译作准陀、淳陀，意译为妙义，是拘尸那城一个工匠的儿子。释迦牟尼逝世前身患重病，纯陀给予他最后的供养，其行为常

被佛教界所宣扬。王勃《释迦如来成道记》："受纯陀之妙供，纳毗夜之真言。"（见《全唐文》卷一八二、《金石补正》卷二二）情慕纯陀，仰慕纯陀那种供佛的虔诚。

［三五］当阳，释迦牟尼的别称。顾学颉、王学奇《元曲释词》一："当阳，指佛。佛是圣中之圣，王中之王，坐北朝南，故称当阳。"元代郑廷玉《布袋和尚忍字记》杂剧第三折「七兄弟」："正末（刘均佐）唱：'便是释迦佛恼下莲台上。'"「梅花酒」："你不忙我须忙，我从来可烧香，他着我礼当阳，我平生爱经商。"特指释迦牟尼。又河南省登封县北齐董洪达造像铭碑上有石永兴造当阳像的题记，与其他人造药师佛像、弥勒佛像的题记分开（见《金石补正》卷二二），也可知当阳是释迦牟尼的别称。

［三六］罗汉，梵文音译阿罗汉的简称。佛教称断绝嗜欲、解脱烦恼并受人敬仰崇拜的人为罗汉。在小乘佛教里，地位仅次于菩萨。

［三七］丹雘句：雘，《金石补正》径改，是异体字或简体字，虽不见载于一般字书、字典，但会出现于碑刻。《说文》第五篇下："雘，善丹也。"段玉裁注："凡彩色之善者皆称。"唐武宗会昌五年（845）《陈释教之弊》诏书："驱游惰不业之徒，已逾千万；废丹雘无用之室，何啻亿千！"（见郭朋《隋唐佛教》）丹雘与丹青近义，借代绘画。在唐朝惯用于佛教寺院。初，有录作旧的，不正确。据当代研究得知，武则天新字无"旧"。

［三八］由，通犹。王引之《经传释词》卷一释由或作犹。犹，相当于现代汉语副词"还"。

［三九］十八地狱，东汉安世高译有《十八泥犁经》，述说因六尘、六根、六识不得其所，而有十八重地狱。

［四〇］虹幡，指佛教供具之一的彩色旌旗。

［四一］迥巘：迥，远。巘原是山岭名（见宋本《广韵》有部），这里泛指山。

［四二］法，指佛教义理。佛、法、僧是所谓"三宝"。流，流行，传播。荒俗，偏僻地方的世俗人。

［四三］玄化句：玄，道理幽远深奥。中国道教和佛教都以玄来标榜本教的义理。玄化，指佛教的感染、影响。覃，延、及。遐覃，远播。武则天《三藏圣教序》："宏济覃于百亿，迁拔被于恒沙。"（见《全唐文》卷一五）

［四四］振锡，振动锡杖。佛教惯用语。锡杖属于僧人外出携带的十八物之一。振锡指僧人出行传道。穷，尽。有截，统治所及的地方。《诗经·商颂·长发》："相土烈烈，海外有截。"朱熹注："截。整齐。"

［四五］白马驮经，指东汉明帝时佛教由“白马负经而来”，传入中国。

［四六］翟泉，古时洛阳的一处水面。《洛阳伽蓝记》卷一：“建春门内……太仓南有翟泉，周回三里，即《春秋》所谓王子虎、晋狐偃盟于翟泉也。水犹澄清，洞底明净，鳞甲潜藏，辨其鱼鳖。”方丈，佛教寺院的住持。翟泉古代已有，所谓创于方丈，是指翟泉附近的白马寺的创建。

［四七］缁衣，借代僧人。缁，黑色。僧人惯穿黑色的衣服。阐，开启，引申为说明、表明。

［四八］东晋时庐山僧人慧远集名士僧徒一百二十余人，在东林寺结社念佛，号白莲社。其连同白马寺的事迹都是前代僧人宣教的先进者。

［四九］浸，原刻字在其左加竖“人”，不见载于字书、字典，似为今体浸当时的俗写。浸，义为逐渐。有录作侵的，无义。

［五〇］奄延，不见专用，“延”“冉”音近，疑为“奄冉”的异写。奄冉，联绵词，通常写成荏苒，表示时间渐渐过去。《全唐文》录作奄迁，不得其义。

［五一］粉黛，本是妇女化妆品，引申为美女，这里泛指美色。

［五二］劫，见［四］，这里指逝世。

［五三］宝亮，上文失提，当是惠积之后的另一位住持。

［五四］投身于饿虎：佛教有以身喂饿虎的故事。“萨捶王子时，舍身千遍，悉济其饿虎。”（见敦煌变文《悉达太子修道因缘》）这里也指逝世。

［五五］精情，精深的感情，指对佛教的虔诚。

［五六］上元，唐高宗年号（674—676），距武德四年已有五十多年。

［五七］光男，指陈普光的儿子。原刻光字至今清晰，《全唐文》、《金石补正》、《广东文征》（改编本）都这样录。只是阮元主编的《广东通志》录作先，并解“先男”为集原死去的儿子，不正确。《金石补正》已指出其“误之又误”。

［五八］躯，佛教造像表数的量词，或另写作区。又另以座、铺表示。有录作圣的，讹。连地指坐像或立像。

［五九］交趾郡在汉武帝时始设，到隋时仍存，入唐后称安南都护府（或都督府）。这里沿用旧名。

［六〇］弱岁：弱，年少。弱岁指二十岁左右。

［六一］江左句：诣，到。江左即江东，指长江下游芜湖、南京一线以东的地区。寻师问道，寻觅可资师法的僧人来求学。隋炀帝大兴佛教，即位前后长期驻守江都，在江都大兴建筑，甚至将其定为陪都，与东都洛阳一样建有慧日道场，因而是南方僧人北游停驻的地方（见汤用彤《隋唐佛教史稿》第一章第一节）。这个宝聪理应是到那里的。

［六二］不感，“不感得”的省略。《季布骂阵词文》：“周氏夫妻飧馔次，须臾敢得动精神。”注：“敢得又作感得。表示有使而然，即‘由于……致使……’的意思。”（见《敦煌文学作品选》）图南，图谋前往南方。（见《庄子·逍遥游》）不感图南，即不得前往南方。

［六三］振杖句：振杖即振锡。顶礼，佛教徒拜佛最尊敬的礼节。

［六四］事，《全唐文》作“寺”，讹。泫，涕泪。

［六五］共成胜因：佛门就因果报应而言，意谓共同做成一项会有好结果的义举。

［六六］善劳县，当时属党州，故地在今广西玉林市辖区内。

［六七］先君，对别人死去的父亲的尊称，指陈普光。

［六八］象教，指佛教。唐朝时佛门惯用语。

［六九］功德，佛教以念佛、诵经、布施、造像等修福的事为功德。由此所产生的“福果”也称为功德。

［七〇］七代之父母：佛教用语。指己身之前所谓先后转生的七代男女。丁福保《佛学大辞典》引《心地观经》二：“一切众生轮转五道，经百千劫，于多生中互为父母。以互为父母故，一切男子即是慈父，一切女人即是慈母。”在作功德时常作为修福的对象而加以题记。如敦煌写本《金刚般若波罗蜜多经》题记：“圣历三年五月二十三日，大斗拔谷副使上柱国南阳县开国公阴仁协写经，为金轮圣神皇帝及七世父母合家大小……”（见商务印书馆编《敦煌遗书总目索引》）天授二年（691）《蔡大娘生存愿题记》：“蔡大娘生存日，愿造像一龛，为七代父母、法界众生，感同其福。”（见《金石补正》）

［七一］六道，即六趣。

［七二］缘，佛教术语。指使意识攀缘向境界的作用。又作介词相当于因、由、藉。缘属连称，其义不详。这样在“属”后标点，尽管与上句骈偶，但下句圣神皇帝之前全无冠词，变成率直称呼，且其在文中又不是主体，因而显得突兀。今“属”归下句，作适值解。

［七三］武则天称帝后加尊号，一度称“慈氏越古金轮圣神皇帝”，简称圣神皇帝。绀殿，佛殿的别称。武则天信佛，官民也就用佛家语来称道她。

［七四］十方，佛教称东、西、南、北、东南、西南、东北、西北、上、下为十方。

［七五］金轮，佛教所称的器物，意义有多项。这里指所谓金轮皇帝（又称金轮圣王、金轮王）所掌握的法轮，能巧妙运转，施放光明，感化一切，隋唐佛教界常用以称颂信奉佛教的皇帝的威德。八表，四方四维为八方，八方之外为

八表。

［七六］意谓大大地护卫大乘派佛教。

［七七］绍隆，继续振兴。正教，指佛教。玄奘《重为佛普光王受三皈表》："绍隆像化，阐播玄风。"（见《中国佛教思想资料选编》）唐高宗《喻普光寺僧众令》："绍隆正觉，洪钟扣而弗喧。"（见《全唐文》卷一一）

［七八］覆载，"天覆地载"的缩写。

［七九］黔黎，庶民、黎民、老百姓。赤子，原指初生的婴儿，引申为老百姓。全句意谓对广大老百姓同等看作爱抚的对象。

［八〇］云雨，佛教常用来比喻佛道的滋润救济。王勃《释迦成道记》："为云为雨，使枯槁以还滋。"（见《全唐文》卷一八二）

［八一］旻，即天。

［八二］河溓海晏：意同河清海晏。武则天《大周新译大方广佛华严经序》："遂得地平天成，河清海晏。"溓，水清。《宋书·礼志》三："诸侯轨道，河溓海夷。"唐高宗《享太庙乐章崇德舞》："尘清九服，河溓星晖。"

［八三］复，再。区中，人世间。

［八四］凝怀，精力专注或意志力集中。佛教惯以此来称道僧佛的思维。或作凝心、凝思，同义。俗表，世俗之外。

［八五］比屋之化：比屋，紧密排列的房屋，比喻连续不断的人家。比屋之化是指比屋可封的教化。比屋可封（或作比屋而封）是成语，意思是家家都可受封爵，人人都可以旌表。汉代陆贾《新语·无为》："尧舜之民，可比屋而封；桀纣之民，可比屋而诛者，教化使然也。"

［八六］法、俗、证、菩提都是佛教术语。法，梵语达摩、昙无的意译，通指本体的、现象的、精神的、物质的一切事物。佛教的教义也是宝物之一，所以也叫法，是所谓三宝之一。俗，世俗。证，智慧契合于所缘的佛理。菩提，梵语音译，意译为觉悟，指对佛的"真理"的觉悟，意思是明辨善恶，觉悟真理。

［八七］垂拱句：垂拱，形容不费气力。常用来颂扬帝王的无为而治。叶，合，和。真，本源、本性。正觉，佛教所谓洞明宇宙、人生的本源、真谛，达到大彻大悟的境界。

［八八］"就日"据《史记·五帝本纪》："帝尧者……就之如日，望之如云。"《索隐》："如月之照临，人咸依就之，若葵藿倾心以向日也。"后因称接近皇帝为就日。《栖岩道场舍利塔碑》："赫矣高祖，勃为革命，就日合明。"慧日或作惠日，佛教用语。说慧日放光明，可以破除一切黑暗。《法华经》："无垢清净光，慧日破诸暗。""就日与慧日俱明"，把武则天与佛日等量齐观。

［八九］油云：油，油脂。佛教认为胡麻籽油、蔓菁籽油、木蜜等是经过澄滤的，比喻佛法的澄澈油润。法云，把佛法比喻为云，意谓佛法涵盖一切。《栖岩道场舍利塔碑》："重荫法云，更垂甘露。"

［九〇］禀气含灵句：夫，指示代词。禀气，承受天地、自然之气。气，指天地二气。含灵，佛教术语，含灵魂者的省略，同于含识、含生、有情等。唐长孙无忌《唐律疏议·名例》："禀气含灵，人为称首。"疏议："《书·泰誓》曰：'惟天地万物父母，惟人万物之灵。'"

［九一］七识，佛教术语，谓眼、耳、鼻、舌、身、意六根所有的见、闻、嗅、味、触、思虑作用，产生眼识、耳识、鼻识、舌识、身识、意识，其中第六识对其他识有增上作用，所以称为七识。

［九二］六精，《佛学大辞典》不载，而载有精进、二精进、三精进。精进是六波罗蜜，即六度之一。六精似是六精进的略称。佛教称炼心于法，精纯无恶习为精。

［九三］攀缘，佛教术语。指意识对外界的凭借引导。

［九四］名色，名目、称号。

［九五］腾猿、狂象，佛教对所谓世俗作恶者的隐喻。

［九六］栖托，止息、依靠。爱河，爱欲以河所作的比喻词。

［九七］火宅，佛教术语。把人世间比喻为起火的房屋，以说明人生痛苦的情状。

［九八］方石，《佛学大辞典》不载。石是佛教杂名，方似是方便的略称。

［九九］冰炭，冰冷炭热，比喻性质相反，互不相容。

［一〇〇］须弥，印度神话中的山名。佛教也采用来说教。说山高八万四千由旬，山顶上为帝释天的住地。佛经把它说成三千大千世界的中心，是人类所住世界的中心。

［一〇一］鼎镬，佛教所说的地狱酷刑之一。说人们作了恶，死后就要受报应，在地狱中要被投入鼎镬烹煮。

［一〇二］同亡异术，其义不详。《金石补正》陆增祥跋谓"亡"是"匚"的讹误。匚，古方字。同方，其义项之一是志向相同。《礼记·儒行》："儒有合志同方，营道同术。"这里的同方指上述禀气含灵，众生固有，只因遨游火宅之中，异术而已。

［一〇三］能仁：仁，《金石补正》《广东文征》均作知，不似原刻。从意义衡量，应为仁。能仁是释迦牟尼的别译。

［一〇四］随机，乘机。《新太令张文珪造像碑铭》："用能随机诱喻，虽异

术而同归。”（见《金石补正》卷四〇）四谛：指苦谛、集谛、灭谛、道谛。

［一〇五］一乘，就“乘”而泛指。《法华经》专说一乘的义理。

［一〇六］小枝，佛教惯用植物的枝叶，比喻佛理的分支衍生。

［一〇七］圆烛，意义同圆照。圆照是佛教术语。《圆觉经》：“一切如来本起因地，皆依圆照清净觉相，永断无明，方成佛道。”

［一〇八］方寸，心。

［一〇九］析尘：析，《金石补正》《广东文征》作折，《全唐文》空缺。原刻左旁“、”不明，但从意义衡量，理应为析。析尘应是佛教术语“析微尘”的略写，意为“分析微尘至实空也”。就是把微尘分析至最小以至空无。

［一一〇］希，求。

［一一一］釖，同刀。解刀，操刀。

［一一二］斌，同彬。文采。

［一一三］岩岩，《诗经·小雅·节南山》：“节彼南山，维石岩岩。”《毛传》：“岩岩，积石貌。”以后历代都有用以描写山岩的。西晋张载《剑阁铭》：“岩岩梁山，积石峨峨。”北齐郑述祖《天柱山铭》：“岩岩岱宗，鲁邦仍其致祀。”（见《金石补正》卷二二）

［一一四］郁郁，草木茂盛的样子。禅枝，禅的分支，禅，梵文音译禅那的略写，意为静虑。禅枝泛指静心修炼系统的一个分支。

［一一五］五门：门，佛教术语。意为入出之处。有五念门，是净土论所说念阿弥陀佛五种之门。又有五门禅、五功德门等名目，具体是哪五种门各说不相同。

［一一六］八解连漪：八解，佛教术语。是八解脱的省略，又名八背舍，是所谓解脱烦恼束缚的八种禅定。王勃《广州宝壮严寺舍利塔碑》“照果业于三明，拂尘劳于八解”，常以水体以及其现象潭、井、池、波来比喻，此处连漪同。《维摩诘经·佛道品》：“八解之浴池，定水湛然满。”《唯识述记序》：“澄八解之真波，辽净玉井。”连漪又作涟漪。涟，水面的微波。

［一一七］习，佛教术语。习气的省略。习气是大乘派所谓的妄惑之一，有习因、习果、习减等说法。习海以海喻习气。

［一一八］税，借为蜕。《全唐文》径录作蜕。

［一一九］良津，好渡口。

［一二〇］络，包罗、网罗。地络，大地所包罗。王勃《广州宝壮严寺舍利塔碑》：“国惟瓯络，郡实番禺。”又《益州绵竹县武都山净慧寺碑铭》：“檐分石窦，地络金沙。”（见《全唐文》卷一八四）

［一二一］著，同着。附着，设置。

［一二二］假，借，冯藉。

［一二三］掩室句：僧肇《无名论》："释迦掩室于摩竭，净名杜口于毘尼。"口：《全唐文》《广东文征》录文相同。有录作门的。原刻字体较小，有横封，"口"显然。杜口，闭口，就禅定静虑而言。

［一二四］金绳，佛教名词。传说离垢国以黄金为绳，拉在路旁作界。常用以作佛门的装饰或标志。王勃《梓州飞鸟县白鹤寺碑》："更超招提之院，金绳夕布。"（见《全唐文》卷一八四）《栖岩道场舍利塔碑》："道界金绳，庭悬珠网。"

［一二五］图象，原刻二字已漫漶不清。《全唐文》作自象，阮元《广东通志》作图写。今暂录作图象，就绘画而言。

［一二六］雕砻咸整：雕，刻镂，研磨。咸整，都工整。

［一二七］云起句：井，藻井，绘有纹彩的像井字形的天花板。莲井，绘有莲荷图案的藻井。萧尔同萧然，寂寞的样子。悠然，自得的样子。

［一二八］笃矣清信：笃原刻作俗写。清信，清信士和清信女的简称。梵语优婆塞意译信士或清信士、清信男；优婆夷意译信女或清信女。

［一二九］弘，通宏。这里用为动词，扩大的意思。

［一三〇］斤斫，《庄子·徐无鬼》："匠石运斤成风，听而斫之。"《汉书》卷八七下扬雄传录其《解难》词："匠石辍斤而不敢妄斫。"斤，斧；斫，削。

［一三一］匠石，原指木工，后来扩大为一般技工。上引庄、扬两说均指木工。清王先谦《庄子集解》："石，匠人名。"一说石是这个匠人的姓。本处显然是说石工，既是庄、扬所说的意义的移植，又是出于押韵的需要。

［一三二］湛然，澄澈的样子。真相，佛家语，意为本相、实相。

［一三三］嶷，《诗经·大雅·生民》："诞实匍匐，克岐克嶷。"唐陆德明《释文》："嶷，《说文》作啜。"《说文》："小儿有知也"。清王先谦《诗三家义集疏》注："鲁（诗）嶷作啜。"则知嶷借为啜，是领悟、识别的意思。斁，厌。

［一三四］佛日，佛教以日比喻佛力的说法。所谓人们存在着痴、情、愚、暗，佛能施放光明，加以破除。

［一三五］珤，宝的异体字。多家录文作此。拓片似武则天新字"人"，但于意义欠妥，待考。

［一三六］猛虎夜宿，虎在佛经中常被称引作逞凶的恶兽。夜宿表示躲在窟中不四出为害。旬（xiàn）：《全唐文》《金石补正》作自，又有作鱼的，均讹，波旬为佛教中的恶魔名，音译波卑椽。《说文·目部》："旬，目摇也。"与旬笔

画稍异误为旬而沿用下来。在佛教故事中，波旬是欲界第六天的天主，常常率领徒众进行妨碍佛道的活动，是有名的魔王。其所阻挠释迦牟尼的行动见敦煌写本《破摩变文》。降早是早降（xiáng）的倒装，这是要押韵的缘故。

［一三七］六度：度，梵语波罗蜜或波罗蜜多的意译。度即渡。六度是佛教所谓修行到达彼岸的六类方法：布施、持戒、忍辱、精进、禅定、智慧。

［一三八］三乘，佛教以乘为词根的又一术语。意思是三种到达佛果的途径。具体的名号各个宗派所说不同。

［一三九］二，《金石补正》作一。原刻“一”上漫漶，间距上下均等，有待确定。圣历，武则天年号。

［一四〇］窦，《广东文征》录作卖。但《旧唐书·地理志》《新唐书·地理志》《通典》《元和郡县图志》都不载有卖州，而且笔画明显增多，不大可能为卖。阮元《广东通志》释为宝，洪颐煊《平津读碑记》释为宾，都差别明显，不似。以窦为近。

［一四一］登仕郎，唐朝文散官，正九品。守，散官阶低于职事官阶的任职。州录事参军，职事官，七品至八品。上骑都尉，勋官，正五品。

［一四二］劝率句：率，文内原字的俗写，通律。劝率，动员、劝导办佛事。《昨和拔祖等一百二十八人造像记》：“得信士都邑主……共发积道场迭相劝导。”（见《金石补正》卷二三）劝率、劝导义近。从孙，兄弟的孙。检校，正员之外增加的任职。玄孙，泛指远孙。

［一四三］都检主句：都，总、共。都检主，检查、监督的总其成者，见前“都邑主”。焉，原刻字迹可辨。《广东文征》录作乌，不似。《新唐书·地理志》安南都护府羁縻州下有儋陵州，不载焉律县。

校释后记

七年前曾试作小注，因学识和见闻尚浅，不及诸本，且多数未注，而所注又有不确定的。这次重新校释，反复细读，逐字逐句探求，除个别外，大体上都有了着处，笔者对全文也有进一步的认识。得知文中词语大都通行而有所本，略见于中国的佛教书籍，儒家、道家经典和其他文献，表明该文作者不但熟悉佛教义理、人物、故事、词语，而且了解中国的传统文化，熟习隋唐时文和前代文选。间有生僻字，也大都属于异体书写，可从他处取证，并非盲目取用。《金石补正》编者陆增祥说“此碑误字繁多，盖非文人所书者”，实不确当。该文作者署衔确属武官，但武官并非定无文化。初唐时武官善文的大有人在。统观全文，作者实是文化素养相当高的人。至于字例、词例值得语言文字研究者重视，史事如州县建置、政令行用、官职名号等值得历史学特别是地方史研究人员进行研究，更有待于进一步挖掘。随着阐释的深入，广东这一最早的摩崖石刻长文，必定传之久远。

（1991 年春）

苏轼肇庆游举证辨析

苏轼写出了许多脍炙人口的作品。曾经为端州珍品端砚刻铭、题识、赋诗、撰辞，从惠州转移到海南昌化军，又从廉州北返中原，一直沿西江往返。在端州也曾有关于他的石刻题记、题书和行踪的记载或传闻，只是并不像其他明知、翔实的行事和行踪那样张扬，因而直到当代还不见有明确定论。有人对此感到困惑，觉得好像存在谜团。其中缘由除了清晰、明确、征信充足的文献较少以外，还与原有的题刻、题书被湮没、销蚀、自然掩盖，或者受到轻率否定有关。前三者属于客观因素，可能难以解决；后者则多属人为因素或依靠人力可以避免的损毁。

一、石刻题记不容否定

元符改元端午日，眉山苏轼挈家来游。

现在所见的收载最早的方志《（万历）肇庆府志·地理一》在“古今题名”一小目中，并列有唐代李绅、宋代周敦颐和苏轼、明代王守仁四人的题记①。前二则至今仍见，后二则佚失。但苏轼这则出现在《四库全书总目》中。史部地理类存目五载《七星岩志》，从其提要中可知收录此石刻，其前身《定山石室志》和曹学佺《舆地名胜志》也都将其收录。只是当中表示质疑：“又载‘元符改元端午日，眉山苏轼挈家来游’。不思元符元年，苏轼正在儋州，安得有挈家至七星岩之事？盖据曹学佺《名胜志》所载，而不知为传讹之文也。”② 事实上，万历府志中“古今题名”一目之前已标《星岩志》和《郡志》，而明初高要高士梁致育已指出宋知府张宋卿曾修《崧台志》，可见载苏轼来游并非始自《石室志》。所疑不难破解。

事实上苏轼从海南来游端州并非不可能，此前已有从安置地外出的先例。苏

① 郑一麟，叶春及．万历肇庆府志［M］//广东省地方史志办公室．广东历代方志集成：肇庆府部（一）．广州：岭南美术出版社，2009：134.

② 永瑢．四库全书总目：上册［M］．北京：中华书局，1983：664.

轼从惠州再被远谪至海南的昌化军（原儋州），诰命上的指令是“琼州别驾，昌化军安置”。“安置”比秦观等人受到的“编管”禁制宽松。在惠州三年，与广南东路、广州府、惠州和邻近的州县、机关的主官及吏员大都有往来，转移至廉州，也差不多。他们中不少人是苏轼的亲戚、旧交，是苏轼当时的“粉丝”。在惠州期间他应邀到循州、博罗、英州交游。在海南昌化军前后三年，与知昌化军张中更亲密无间，曾经对床夜语。苏轼被勒令从驿站房舍搬出，自建房舍，张中亲自到工地，和志愿帮工者一道“躬泥水之役”。这种特点在观察苏轼昌化军安置期间的行动上，不能不考虑。在诗文中确实可见苏轼出没端州。

二、苏轼诗篇中的肇庆烙印

举《端砚诗》[①] 为例。以清王文诰集注、孔凡礼点校的《苏轼诗集》作底本，引合注进行议论，并参考孔凡礼《苏轼年谱》的记述，下文分别简称诗集与孔谱。

“披云离北岩，度岭入中夏”。合注：王融诗“萝径若披云”。并没有解释。原诗题是“移席琴室应司徒教诗”，此句意思是长满藤萝的小径，像被云雾笼罩着一样。这样的取意和用法不适合“披云离北岩”。合注已三次引《周易》，现在也就运用《离卦》进行阐释。《说卦》解释：“离为火，为日，为电……”《十三经注疏》正义：“离为火，取南方之行也。”[②] 因而称为南离、火离、炎离。同时“离，丽也”，又有附着的意思。苏轼自著的《苏氏易传》对这处的“丽”作解，“日月丽乎天，百谷草木丽乎土”，“万物各以其类丽也”。[③] 因而“离北岩”也就属于同类相附着、相依存。清潘耒《端石砚赋》：“南离炳辉，蒸为紫云。”清陈龄《端石拟》：“含灵吸秀，故产名璞，南离文明之德，咸毕萃于斯。”[④] 都“离”化了端砚石核心区，“离”所禀赋的灵异、珍贵的功能和效应，都附着在以北岩为标志的端石之上。这北岩与在七星岩北的北岩，同名而所指不同。

“重藉剪楚茅”。这与苏易简《文房四谱》的“其溪水中出一草，纤纤可爱，匠斫讫，乃用其草裹之”大不相同。合注引《周易·大过》：藉用白茅。也没有

---

① 王文诰，孔凡礼．苏轼诗集：第八册［M］．北京：中华书局，1982：2635．

② 阮元．十三经注疏［M］．北京：中华书局，1980：43，93．

③ 苏轼．苏氏易传［M］．上海：商务印书馆，1936：71，67．

④ 陈龄．端石拟［M］//江苏广陵古籍刻印社．端溪砚考集成．南京：江苏古籍出版社，1999：12．

确指楚茅。《汉语大辞典》“楚茅”条并不以此作解，而举本诗引《左传》文作说。《左传·僖公四年》记召陵之战，齐楚交锋的阵前，管仲责备楚国失贡，楚方在质问中责备齐方：“君处北海，寡人处南海，唯是风马牛不相及也。”把南海地区也算入楚国版图。苏轼之所以标出楚茅，除了用典的需要外，还因为知道羚羊峡区域盛长茅科植物，包括各种茅、芒、芦苇，而且他认为茅有灵性。《苏氏易传·大过》：“茅之为物，贱而不足收也。然吾有所甚爱之器，必以藉之，非爱茅也，爱吾器也。”归根结底在于钟爱端砚。

“方函斫英檟”。这也有实地实物的烙印。檟与楸、梓同属紫葳科。《左传·襄公二年》：“初，穆姜使择美檟，以自为榇与颂琴。”古代楸檟、梓檟、楸梓连称。榇是棺椁中贴尸的那一层。春秋战国时期齐鲁贵族习惯自植檟树，以备造榇送终。岭南也产梓材。北宋熙宁元年（1068），英州（今广东英德）因雷震，一山梓树全枯①。明清时肇庆仍然出产梓、楸和椅。“椅木梓属，可作琵琶面，亦名云楸。”这椅木是古老树种，《诗经·鄘风·定之方中》：“树之榛栗，椅桐梓漆，爰伐琴瑟。”楚茅英檟两件事既出自经典，又有端州珍异的烙印。

“索索模羊觟”。《合注》只说见《周易》，只引《说文》“觟，牝羊生角者也”，不太明晰。其实“牂羊”早见于《诗经·小雅·苕之华》中的“牂羊坟首”。牂是雌羊，其中多数无角，如果生角，就称为觟。这种情况只适合描述羚羊以外的羊类种属。羚羊不论雌雄，都生角，而且角的造型和表面的纹理、结构，比其他羊角有更明显的特色。宋郑樵《通志略·昆虫草木略》引南朝陶弘景的说法：“其角多节，蹙蹙员绕为真。”蹙蹙，皱缩的样子。羚羊角的特点就在于：第一，角的表面有多个环轮节。第二，环轮节分布于整根羚羊角，而山羊角的节只在一边出现。可见羚羊角具有较强的审美特质。而端砚石材的核心产区就位于西江羚羊峡内。羚羊峡一名早在南朝宋沈怀远的《南越志》② 就入载。其得名，历代相传峡中有神羊出没，神羊就指羚羊。标举以羚羊角作模型进行砚雕，这是砚雕工艺的创见，在之前的制砚工艺文献中还不曾出现。可见寻绎本源，理应实地进行具体的考察，与文献记载和本地的掌故互为对照，奠定认识的基础。仅凭远距离的想象和推测，势必无法达到研究目的。

---

① 阮元. 广东通志·前事略［M］. 广州：广东人民出版社，1981：107.

② 沈怀远. 南越志［M］//骆伟，骆廷. 岭南古代方志辑佚. 广州：广东人民出版社，2002：161.

三、《端砚诗》链接《端砚联句》

《端砚诗》作为书法而流传的那一部分，到清康熙年间才在查慎行编撰《苏诗补注》时录入书中，还声明“真赝未可知也，姑存，备考”。其实所据的《汪氏珊瑚网古今法书题跋》，源自元代唐棣收藏的《东坡行草〈端砚诗〉墨迹》小横卷，颇具权威性。其对至今所见的苏轼的各种版本的全集，都照录不疑。小横卷上有“轼（赵郡苏氏）朱文印章”，并注明“《端砚联句》既成，莫（暮）归，复拾余韵，另赋一首，附录卷后”①。根据这样的来历和流传状况，以及诗的内容和构思线索可以推断：联句结束之后、暮归之前苏轼应该是到端砚石材和砚品制作现场参观访问了，傍晚归来，乘兴挥毫赋诗。

四、参访高州冼夫人庙留诗形成链接

苏轼曾到电白县浮山霞洞坡，参访冼夫人庙，并赋诗一首，收录在《和陶拟古九首》中，全诗十八句。高州多部志书和《大明一统志》等以“冼夫人庙”或近似的题目收录前八句，不收后十句：“庙貌空复存，碑版漫无辞。我欲作铭志，慰此父老思。遗民不可问，偻句莫予欺。犦牲菌鸡卜，我当一访之。铜鼓壶卢笙，歌此送迎诗。”只有光绪《高州府志》全文收录。但收录处并没有标示日期与到访的来由和路径，各部《苏轼年谱》也普遍不提这首诗，各部集书即使选录，也少作提示，只有诗集着力宣示。孔谱记绍圣四年（1097）五月十一日苏轼、苏辙兄弟俩在西江航道上相会于藤州，前行经容州后，标出“经高州，过冼夫人庙”，出示全诗并加简要注说，提示“似此诗即作于高州”。其时为五月。把高州视为前往海南的必经之地，在容州前方的路线站点还没有确定年月的情况下，就已确定途径高州的时间。其实高州并不在藤州—容州—北流桂门关路段之上。

（1）苏轼在《到昌化军谢表》称：“并鬼门而东骛。”贺铸赋诗也称：“人烟寂绝鬼门关，更指儋州杳莽间。”② 鬼门指鬼门关，是桂门关的恶称，位于北流县治西十里宝圭驿附近。桂门关是唐宋时期广州通高州、雷州的主驿道上的标志。有学者指出，苏轼由惠州转贬儋州，以及由廉州北返中原，来去均经广州、

① 汪珂玉．珊瑚网［M］．成都：成都古籍书店，1985：80.

② 孔凡礼．苏轼年谱［M］．北京：中华书局，2005：1269，1273.

梧州、北流等地，是确凿无疑的[①]。按照宋、元、明、清岭南驿路分布图和驿站指引文本所载，这主驿道上并没有高州一站，在藤州至桂门关路段上，也没有列出通向高州的岔道。因而孔谱标出经容州后，随即标出“经高州，过冼夫人庙”，在路线的走向上缺乏根据。

（2）孔谱把苏轼参访冼夫人庙并赋诗定于五月，与诗中呈现的时令风物不吻合。

“偻句莫予欺”。《左传》记载，鲁国世族人臧会利用盗窃自堂兄臧昭伯的宝龟偻句充当卜具，得“僭吉”这一悖兆，时当初夏。臧会经过一年挖空心思经营施计，图谋一一实现，得到强族季氏首领季平子的扶持，取代了偻句主人的位置，年底就喜不自胜地宣告在这一僭越行径上偻句没有欺骗他[②]。

“铜鼓壶卢笙”。这两种乐器在中国古已有之。汉以后主要流行于今粤、桂、琼、滇、黔等地的少数民族区域。唐宋时期的铜鼓，在高州屡有发现，并放置在冼夫人庙里。当中有一种奇特的意象，将铜鼓与蛙类粘连，相互借代，铜鼓响也当作蛙鸣。清屈大均验证，叩铜鼓面上的“蛙蛤，则其声益远”[③]。在高州的府志、县志收录的诗文中，屡见两者相互借代。把原来沉落水中的铜鼓，视为“金蟆俯瞰双潭涡”“久将蛙黾投诸渊”。府志解释这一观念的症结：“疑鸣蛙即鼓精也。”而蛙鸣是四月的特征，见于《夏小正·四月》《吕氏春秋·孟夏纪》《礼记·月令·四月》。壶卢笙是笙的一种，与竽连称，《淮南子·时则训》载孟夏四月，皇城南宫吹竽笙，宣示向阳。

又如“爆牲菌鸡卜”中的菌，除了指灵芝以外，还包括耳、菰、蕈等。《广东新语·耳》：“阳春，茂名，多以木耳为货。”茂名、高州是芝菌的盛产地，年中入夏呈旺季。

以上所见，都是四月出现、发生的事物，而不见五月的标志，定时在五月，依据不充分。

同时，《和陶拟古九首》的时令顺序，其三沿《鹏鸟赋》的孟夏，其四、其五也应是。

基于上述结论，可知：

①苏轼、苏辙兄弟俩从藤州启程前往雷州，循通向桂门关的主驿道前行，并

---

① 颜广文. 古代广东史地考论［M］. 广州：中山大学出版社，2007：5-9.

② 阮元. 十三经注疏［M］. 北京：中华书局，1980：2110-2111.

③ 屈大均，李育中. 广东新语注［M］. 广州：广东人民出版社，1991：388-390，622.

没有经过高州，也就没有前往冼夫人庙。孔谱据光绪《高州府志》称“至雷琼者皆经此庙”。只指引前方的走向，并没有提及后来的起点。从格局观察，理应是明清时期的线路，不适合苏轼所循的北宋时沿用前代已有的北线驿道。

②如果在此路段上从岔道前往高州，往访冼夫人庙，按照元明清时期的驿道路线指引，出北流县宝圭驿、陆川县永宁驿，进入今广东廉江的三合驿，南下同县的新和驿，东折110里至化州陵水驿，转东北90里至高州古潘驿，再前行40里至霞洞坡，全程约240里。来往计时需六七日，加上逗留，则需十日，按孔谱所录藤州和雷州两处实地实时所标的五月十一日和六月五日，历时二十四日，加上这成十日，就远超二十四日的限制。可见这一趟行程即使取岔道前往也不能达成。孔谱将在高州参访冼夫人庙的月份定为五月，也相应不准确。

③在绍圣四年之后，按照孔谱所记，元符二年（1099）苏轼没有远行至大陆的迹象，元符三年（1100）五月前同样没有，五月中接到转移至廉州的诰命，七月过高州境，于初四到达廉州。也没有往访冼夫人庙的迹象。将这些年月排除，可能往访冼夫人庙的时间就在绍圣五年（1098），即元符改元这一年。上述诗中所显示的时令风物在四月，是适合的月份。

五、苏轼石室题记的时间在琼州有呼应

孔谱引《晚香堂苏帖》和《舆地纪胜》《琼台志》《一统志》的记载，琼州有东坡台、东坡井，又有“戊寅（元符元年）三月二十二题开元寺壁”的题记。又表示，“此次来去琼州始末不详”，比较模糊。三月下旬与五月端午，间隔约有40天。期间前往高州和端州，在路线和时间上都可以衔接。

上述举证和辨析，不但加大端州石室题记存在的可信度，而且引出苏轼到高州参访冼夫人庙所循的路线和适当的时间，又与琼州开元寺壁苏轼题记结合，为孔谱不解的“此次来去琼州始末不详”提供线索，三处链接，互为参照，提供合理的认识。谬误之处，请予匡正。

肇庆七星岩石室包拯手书考

七星岩摩崖石刻众多，其中有一段石室内东壁刻文：

提点刑狱周湛、同提点刑狱钱聿、知郡事包拯同至。庆历二年三月初九日题。

文内题名有三个人，到底出自谁手历来没有定说。《（道光）肇庆府志》卷二一称之为“包孝肃题名处”，而同时面世的彭泰来所撰的《高要金石略》则标图目为“周湛题名”。两说异称，但都有成例为据，只不过均属于以偏概全，突出一点以标榜性质。宋洪适所撰的《隶释》和《隶续》的凡例中，众人题名，就以首者为标目，或加表示列举未尽的“等”，或不加。《隶释》卷一四录成都周公礼殿门的西序尊师题名，上列师 20 人、史 2 人以及其他人的名字，标目作“学师宋恩等题名”。《隶续》卷三录龙门禹庙宗季方为首的 41 人题名，标目作“龙门禹庙宗季方题名”。清陆增祥所撰的《八琼室金石补正》的凡例，凡不分主从的众人题名，就以为首者加“等”字标目。可见上述《肇庆府志》和《高要金石略》的标目都是事出有因的，只是两处都没有肯定到底是由谁书写的。因为标出题名并不等于实际书写，所谓题名不过是具名以标榜的意思。具名的有众人，书写的一般只能有一人。通常不会出现同一段题名中各署各名的情况。从多种金石题刻的录文可见，题名、上石（即书写）、镌刻不一定出自同一人。因此，即使标出了题名，也要解决由何人书写的问题。上述两书对这一点还没有解决。笔者在十年前的撰文中，曾认为由包拯书写的可能性最大，当时没有详列证据。经过进一步的研究，虽然至今仍然没有包拯的其他手迹作比对，但通过有关的途径仍然可以充分地提出根据作证。现在试作考述，仅供讨论。

古人在参观、游览或建造竣工时的题名、作记，虽然会包含一些基本的要素，但没有恒定的格式，其中的称谓、排名次序、名目、文字详略等，有着随意性，往往因人、因事、因地而异。这样，文字的表达方式就多种多样，对不标明题书者的题名文字，要查证其人，必然面临一定的困难。笔者不拟对可能性一一讨论，只就主要方面进行论证。

一、来巡的按察官与当地官员一同到场，除非按察官自动题写，否则题名就由当地官员负责题书、刻石

从北宋的三处石刻可以考察出这个结果。所谓按察官这里主要是指路的“提点刑狱公事”和“转运使”及其副贰，奉朝命巡按的其他官员也包括在内。

（1）肇庆七星岩该类题名共10段，其中5段不明示，4段由知州或州县属官题书，1段由当地人员刻字。刻文如下：

①乾兴始号，仲春□二月，护戎殿直赵胜暨纠弹慎晖吉、秋曹刘化成、高要权簿郭简同游，志之。

②转运使、尚书郎马寻子正，庆历三年癸未岁二月二十二日游兹胜概，春官吏、知端州朱显之从晦，新贺州幕杜伟士逊，新建昌邑佐许奇彦伯参陪，显之谨题。

③提点刑狱、尚书朗康卫宝臣，同提点刑狱、文思副使王咸服叔平，熙宁二年己酉岁三月初六日同游郊社，斋朗康聿待。郡牧守、殿中丞陈怿题勒上石。

④提点本路刑狱公事、尚书职方员外郎陈倩君美，熙宁五年壬子十一月二十五日游。屯田郎中、知郡事郑琰公武题。

另有一段标明监刻人和刻工而不标题书者：

转运使、祠部郎中荣谭，知州事、太常博士翁彦升游此。嘉祐庚子正月五日题。人员：蓝提监镌字，黄方、石苟刻。

不标明题书和刻石的有：

①皇祐五年提点刑狱鲍轲与知郡事江柬之同游。

②熙宁六年转运使金君卿和郡守□□。

③□寅春正月洪下、萧烧、王觉仝游。[《高要金石略》卷二说王觉在大观四年（1110）任转运使。]

④皇祐二年（1050）崔之才、祖无择“至此”。

⑤周湛等题名（见篇首）。

（2）湖南永州九龙岩宋人题刻41段中，有按察官或过境大员同游的4段，全部由州县官吏题书、刻石。

①广西体量安抚使余靖、贾师能在嘉祐五年（1060）游，赵璞“奉台旨书”。

②新广南东路转运判官周惇颐（其名今通写成周敦颐）与陶辅同游，“（郡下）陶辅”题记。

③提点刑狱公事高秉、高递治在熙宁元年（1068）十月同游，蒋式书。

④（察访）蒲宗孟题诗，知州李□命工刻石。

（3）广东阳春岩洞宋人题刻4段中，3段是按察官个人题记，其中2段由州县官为之刻石。刻文：

①予因按部，税驾此山。皇祐二年仲冬十九日，范阳祖无择记。守郡薛利和命工刊。

②转运判官周惇颐茂叔，熙宁二年正月一日游。登仕郎、行县事梁邻命工刊。住持监院僧瑞昙监。

同类题名在其他名胜的宋刻中也有出现，可以认为是一种通例。据此，由包拯题书就有着前提条件。题书之所以由当地官吏负责，原因不外乎两个。一是在官僚制度下，下级服从上级、推尊上级，一般的应酬事务，照例由下级办理。尽管在级别、品阶上按察官不一定比州府主官高，但上下级的关系始终存在。二是由于礼节关系。当地理应尽地主之谊，对题书自然也负责到底。

二、行文的格局只适合包拯身份

三个人中，钱聿在职务上是副手，在身份上属于武官。《高要金石略》引阮元《广东通志》已指出，“同提点刑狱”即《宋史·职官志》所说的景德年间“增武臣为副，以阁门祇候以上充”。文献记载的成例确实如此。《宋史·兵志》又载禁卫军三司内班有文思副使、散班有阁门祇候。桂林镇南峰下刻于皇祐五年（1053）的《平蛮三将题名》，狄青、孙沔、石全彬、余靖麾下分别有文思副使时明、张宪、高惟和，阁门祇候孙宗旦。上述七星岩的康卫等题名上，有同提点刑狱、文思副使王咸服，对此，《高要金石略》引阮元《广东通志》指出：“文思副使，武阶。”这就可证钱聿也是以文思副使或阁门祇候之类的宫廷武官身份参与按察的。这样一个武官，虽然不能说无力题书，但在同是进士出身、资历深广的周湛和包拯面前，针对此行作题记刻石，显然会有“班门弄斧”的嫌疑。因此，钱聿题书的可能性可以排除。

周湛在当时，资历比包拯略深。中进士后还中身言书判科，在任朝官、外官，提点广南东路刑狱之前已知虔州。在地方为民兴利除害，讲求文明建设，治绩显著。来广东几年，曾清理长江流域居民被拐来岭南卖身为奴婢的案件，使2 600多人得以重返家园。期间他理应巡行各州，但不见他留有题刻。当时广州九曜石、南海神庙、罗浮山、英德碧落洞等名胜，留下经略使、提点刑狱、转运使、提举常平以及其他大员、要人的题名不少，却不见周湛留名。他籍属邓州，又曾知相邻的襄州，但境内的名胜岘山上众多的宋刻中也不见有他的题名。《宋史》卷三〇〇本传说他"为人脱易，少威仪"，可以看出他比较随和，不太讲究令誉，不追求浮名。另外，石室本题名文内也没有反映他的任何意向，因而可以认为他题书的可能性不大。

然而包拯却不一样。他在端州有命名、题书的实践。除了著名的诗作《书端州郡斋壁》之外，还就多项建树命名。在城东有崧台驿；在州衙内有枕书堂（后改名鉴止堂），清心堂（又名静治堂，后改名中和堂）以及相魁、敬简、双瑞、节、秋霜、宅生等堂，还有假山上的"烂柯洞天"题榜。这些命名蕴含着深刻的政治哲学意义，理应题书上额。有题书的基础，因而在石室题刻就是顺理成章的。而从行文格局上来推断作者，三人中也只有包拯比较符合：第一，署衔三人并列，不标示高低尊卑，只有包拯有资格。包拯虽是知州，但领"大理寺丞"这个朝官衔，属从六品上阶或正七品，与提点刑狱的品阶不相上下。上述康卫、陈倩所领的尚书郎和职方员外郎分别属从五品上阶和从六品上阶。周湛的品阶理应不会超过从五品上阶。这样，在级别上包拯没有明显的卑下，有资格并列。第二，行文不标示三人之间的层级、主从关系，只有包拯的身份符合这种处理方式。包拯是本地首长，尽地主之谊以引导来巡的上司参观，处于主导地位，正好弥补相对于周、钱二人来说较低的官位，这样同时具名是纪要所需。假如由周湛题书，周、钱二人必然共居一层，居高临下，其下照例应加连词"与""偕""洎"之类，以示分别。

三、用语措辞和书法行款带有包拯的色彩

在用语上有三个显著的特点：一是以最简省的字词表达，完全不署朝官衔、散官衔、字、号、籍贯，职衔只提基本的核心部分。"提点刑狱"下省却"公事"，"知郡事"省却"军"。二是字字皆实，完全省却虚字。以上两点，与他生性"峭直""与人不苟合，不伪辞色以悦人"相符。三是不称知州而称知郡事，与现见包拯在端州时惯称"郡"吻合。正式的称号应是"知端州军州事"，但包拯题在州行书斋壁上那道诗的题目中加上"郡斋"二字。他在其他场合也有沿用"郡"这个旧称的。

在书法上有一个明显的迹象，就是三个名字体积缩小，应是有意安排。中国古人传统的姓名观念中，《说文》和《白虎通义·姓名》说姓，分别是“人所生也”和“纪世别类”，而名只用以分辨个人。《白虎通义·姓名》还说：“名者，幼小卑贱之称也。”因而在标示上，不但先姓后名，而且有时姓大名小，甚至只标榜姓而隐去名。将帅标兴的旗帜大书其姓就是这种观念的体现。包拯行事遵从传统，这缩小其名的书法理应是受这种意识的驱动。而姓名的六个字中，“包拯”“钱”“湛”四个字较为美观，特别是“包”字，遒劲而秀逸，表现出书写者功深艺熟。而“周”字则左倾，显出失误的痕迹。“聿”则比不上“钱”工整。“包”字特佳，“周”字失笔，这样依据专注程度、熟练程度来推断，就有理由认定是出自包拯之手而非周湛。

从上述背景分析和举证得知，七星岩石室东壁那段题名的书写，不是出自周湛、钱聿或其他人之手，而是出自包拯之手。晚清时曾任湖北布政使、按察使的梁鼎芬，在主讲肇庆的端溪书院期间作《同徐铸访七星岩石鏬祖龙学题名作长歌》称：“周书宽博包书癯。”“包书癯”即指这一题刻的特征，周公指同在石室岩东壁的周敦颐题名。著名的金石学家、书法家吴大澄在光绪十四年（1888）任广东巡抚期间，曾到砚州包公祠观看过包公像，到七星岩观看这题刻时，留下篆书：“宋包孝肃公像，端州石室题名。”近代著名金石学家、学者章钰也在同一书幅上题：“此幅愙斋故物，尤可惜也。”愙斋是吴大澄的号。包拯手书题刻，文献记载有《齐山题榜》，刻文：“齐山。宋刺史包拯书。”他在至和嘉祐年间知池州（今属安徽省），清陆增祥断定是后人所刻，并非真迹。所谓“宋刺史包拯书”，以当朝知州而直呼“宋刺史”，不伦不类，确实不像题名人自署。又有《开封府题名》，是在皇祐初年作为知府而依次题刻的。南宋周密说：“开封府题名，独包孝肃姓名为人所指，指痕甚深。”原来他知开封府时，“威名震动天下”，“童稚妇女亦知其名”。他的题名随着人们的津津乐道而被指点，这是自然的事。正因为这样，即使存留至今，也一定模糊不清了。七星岩那段题名，至今完好清晰如初，实在是名家孑遗，蕴藏着巨大的价值。元明之间陶宗仪所编的《书史会要》把包拯列为宋朝书法高手之一，今天我们有必要加以发掘，弘扬足以激励人们奋发向上的文化精粹。

七星岩石刻文字钩沉（宋代部分一）

肇庆七星岩的洞壁崖沿，镌刻着自唐代以来，历宋、元、明、清至当代的文字，据初步统计，数目多达500则，在省内的各处人文胜迹中居于前列。这几百则题名、题记、题诗、文章、标志，大多出自各个时期的地方官、巡按官和过境、来游的将校、名士、墨客的自作与手书，姿态各异，事项繁多，内容丰富，历时长久，涉及政治、经济、军事、文化、制度、习尚，是记录，是反映，可供当今学者作多层次、多角度、多方面的研究，具有重要价值。历代已有地方史志、金石专书注意收录，新编的《肇庆市文物志》也已重新收录这些石刻，特别是1986年出版的由刘伟铿校注的《肇庆星湖石刻全录》，不仅对此进行了全面的收录、整理，还作了一些解释、说明，比原有的零散选录或录而不解前进了一大步。这种筚路蓝缕之功，是值得肯定的。但由于风雨侵蚀、岁月迁延，石刻字迹会销蚀漫漶，在复原文字加以誊录时就会出现模糊不清的现象，加上这些文字涉及大量的名号、称谓、职衔、术语，专业性强，不是简单地提及就能解释清楚的。而且辗转移录，又出现漏、衍、讹、误，这就导致录文、标点、解释的差异，从而影响今人对文字内容的正确理解。为了能对这些石刻文字进行全面准确的理解，有必要对隐晦、生僻、歧异的地方进行钩稽考索，以摆清事实，探明真相。希望一得之虑也有助于认识解说，对收录引用的各种书籍，也不无比勘作用。

以下提到的石刻都刻在石室岩，以时间为序。《肇庆星湖石刻全录》简称《全录》，《肇庆市文物志》简称《文物志》。

包拯　周湛

石宝洞内东壁有“提点刑狱周湛、同提点刑狱钱聿、知郡事包拯同至。庆历二年三月初九日题”。

这则有包拯题名的石刻非常珍贵。因为包拯历来受人瞩目。“开封府题名，独包孝肃姓名为人所指，指痕甚深。”他至今仍然发挥着巨大的教育作用。同时他的手迹十分罕见。池州（今安徽省贵池县）齐山存有包拯的题榜：“齐山。宋刺史包拯书。”包拯在宋仁宗至和嘉祐年间曾知池州。但陆增祥判断认为这是后人所刻，并非真迹。“宋刺史包拯书”这样的题款，确实不像题名人自署。

石室洞内这一题刻署名的有 3 个人，究竟是谁书写的呢？没有明示。但从北宋时期题刻的习惯分析，应是包拯书写。统计这时期本地知州或知府与巡视官同游的题刻 10 则，除 6 则不明示以外，其余 4 则都由知州或知府题写，没有一则由巡视官题写。由知州或知府题写的原因可能是本地主管有主人身份，巡视官虽属上级，但毕竟是外来人员。周湛、钱聿二人都是提点刑狱，是因巡按前来，是外地人。而包拯是知州，是本地主官，虽然名次排在最末，但按当时惯例，由他书写比较适宜。而在明陶宗仪《书史会要》里，包拯被列为宋朝的书法高手之一。

同时，同游的周湛也是一个干练而有显著政绩的官员，对于他，地方史志和介绍七星岩石刻的书籍鲜有提及，但《宋史》卷三〇〇有传。他中进士后，长期担任地方官。在任戎州通判时，针对当地文化落后，人们患病信巫驱邪，不服药医治的陋习，他教导人们讲究医药，选取古方，并刻在石上，加以宣传、推广。在知襄州时，针对当地用竹料作屋顶不耐用的问题，他教导人们用陶瓦盖屋顶。在任广南东路提点刑狱时，了解到有大批长江流域的居民被拐骗、劫掠到岭南卖作奴婢的情况，带领部属几番搜查，共找出 2 600 多人，按照他们本人的意愿，给他们发放伙食费用，让他们重返家园。从中可以看出，他是热心为民、兴利除病、讲求文明建设的官员。这个署名，正是其在广东巡按的痕迹。

祖无择

副墨岩洞内尽头处有“崔之才、祖无择题”。黑岩洞内右侧濒水边之上又有“博陵崔之才、范阳祖无择至此。皇祐二年仲春十三日”。

第一则不必说。第二则也全无职衔标示。据《宋史》卷三三一本传，祖无择是上蔡人，这则题名中的博陵、范阳显然是郡望名。这两个人当时的身份是什么呢？《全录》在后一则备注说：“当时任广南东路转运使的官职，负责筹集抵御侬智高的军饷。”《文物志》所说略同。这个说法不够准确。

祖无择历官北宋仁宗、神宗、哲宗三朝，欧阳修作诗道：“无择声名重当世，早岁多奇晚乃偶。”① 仁宗皇祐年间，祖无择在广东任官，有《游真阳石室》和《三洲岩铭》存世②，前者是写游英德石室岩的。还留下石刻题记多处，其中有记年不署衔的，有记年署衔的，还有不记年不署衔的。记皇祐二年（1050）的，

---

① 厉鹗. 宋诗纪事［M］. 上海：上海古籍出版社，1983：443；丁传靖. 宋人轶事汇编［M］. 北京：中华书局，1981：425－430.

② 前者同上。后者见黄雨. 肇庆历代诗选［M］. 广州：广东人民出版社，1986：43.

广州黄埔南海庙韩碑阴题记作："皇祐二年孟秋庚寅，偕陆仲息子强、丁宝臣元珍、李徽之休甫、王逢会之、刘餗子上谒广利王，夕宿庙下，祖无择择之记。"阳春县铜石岩石室前刻作："予因按部，税驾此山，皇祐二年仲冬十九日，范阳祖无择记。守郡薛利和命工刊。"[①] 这两则记时一在孟秋，二在仲冬，都不署衔，但后者提到"税驾""按部"。表中途停留的"税驾"虽然提点刑狱和转运使都可用，但"按部"表明检察部属，按当时制度，应是提点刑狱的用语。清陆耀遹《金石续编》据《广东通志》按断说，祖无择在皇祐二年闰十一月于罗浮山长寿涧题名，称"提点诸州刑狱太常博士"作于皇祐四年（1052）九月连州大云洞的题名，才称广南东路转运使。因而认为南海庙这则题记是在祖无择担任提点刑狱时作的。[②]《宋史》本传所说在广东担任两职，也是先任提点刑狱后任转运使。可见皇祐二年在七星岩题记时，实任提点刑狱，还没有任转运使。而侬智高在皇祐四年夏才起兵反宋，有广西桂林《平蛮碑》《平蛮三将题名》[③] 可证，则在皇祐二年，祖无择不可能预知侬智高反而筹集军饷。不顾时间先后，笼统泛说，是不妥当的。

祖无择长期担任朝官、京官、地方官各种重要职务，曾直集贤院，任龙图阁学士、右谏议大夫、知制诰，知开封府，阅历深广，他被记述的事迹不少。在宋神宗熙宁年间王安石主政时，祖无择知杭州、知明州，被揭发有奸科，受到弹劾，被谪为忠正军节度副使，后移知信阳军而卒。至于他的著作，《全录》和《肇庆历代诗选》说他有《龙学文集》，世称其学术为"祖龙学"。按《四库全书总目》卷一五三《龙学文集》提要，本书初名"焕斗集"，又名"洛阳九老祖龙学文集"。他自署和后人称呼他都只称"龙学"，或冠姓作祖龙学，是称号，似乎不是学术的标志。书中收录诗 123 首、文 42 篇，学术性不是很强。因此，"学术为祖龙学"的说法欠妥。"祖龙"是后代对秦始皇的戏称，"祖龙学""龙学"与"祖龙"易生误会。

丁宝臣

洞内东壁有当时前后任知州的江柬之、丁宝臣的题名："济阳江唐公同丁元珍游。皇祐四年仲冬七日。尹椽陈□题。"

据史志、杂记和其他书籍所载，唐公和元珍分别是江柬之和丁宝臣的字。后

① 陆增祥．八琼室金石补正［M］．北京：文物出版社，1985：685 – 686.

② 陆增祥．八琼室金石补正［M］．北京：文物出版社，1985：685 – 686.

③ 陆增祥．八琼室金石补正［M］．北京：文物出版社，1985：686 – 688.

者更出现于南海庙祖无择题记中。丁宝臣是端州的原任知州，江柬之是继任者。《全录》和《文物志》介绍江柬之时说“有《东轩笔录》”，“有”似是“见”的讹字，而该书所记的是丁宝臣，并非江柬之，实混淆。《东轩笔录》是魏泰所著，书中卷一〇说：“丁宝臣守端州，侬智高入境，宝臣弃州遁，坐废累年。嘉祐末，大臣荐，得编校馆阁书籍，久之，除集贤校理。是时，苏寀新得御史知杂，首采其端州弃城事劾之，遂出宝臣通判永州，士大夫皆惜其去。”这是关于丁宝臣仕途挫折后的经历的详明记述，比《宋诗纪事》卷一三只说“历秘阁校理，同知太常礼院，出倅永州”清楚得多。但也没有明说江丁二人前后任的关系。

皇祐四年四月，侬智高在广源州起兵反宋，沿西江而下，攻势迅猛，但宋朝也迅速组织和调集大军堵截、进剿，迫使侬智高军从七月起迅速从广东西退。同年九月，枢密副使狄青统兵二十万南征，第二年正月迫使侬智高军主力在邕州归仁决战，侬军大败，退出邕州，余部向安南边境撤退。第二月宋军班师回桂林。[①] 从皇祐四年十一月宋军大举反攻和侬军败亡的时间线看来，江柬之、丁宝臣同游七星岩，应是侬军撤离端州之后的事。因为在此之前，江柬之未接任，在侬军进攻端州期间，战事当头，也不容许纵情游览。

荣 諲

洞内东壁有荣諲和翁彦升的题名：“转运使、祠部郎中荣諲，知州事、太常博士翁彦升游此。嘉祐庚子正月五日题。”

《金石补正》收录此刻加按说，《高要志》所录，末尾有“人员：蓝提监镌字，黄方、石荀刻”十二字，而“拓者遗之”。《全录》和《文物志》理应加以说明。

荣諲在广南东路转运使任内，曾组织修筑真阳峡至清远的南北通道，可以说办了有益交通的实务。原来办实业有他父兄的传统和他本人的经历。他父亲荣范曾知信州铜山。铜山是铜矿区，朝廷一度下令停办铜矿，经荣范请求，才得以恢复。管铜矿有成绩，升提点江浙诸路银铜坑冶，历官九年之久。荣諲本人中进士后，先任盐铁判官，后在嘉祐年间调来广东任转运使，除领导修筑粤北通道以外，有无承办其他实务，还有待考查。之后在神宗熙宁初年任户部副使[②]，都可看出他的仕途大半在经管实务。

---

① 陆增祥．八琼室金石补正［M］．北京：文物出版社，1985：686－688．

② 参见吴廷燮《北宋经抚年表》。

周敦颐

东壁有周惇颐（其名今通写成周敦颐，与原署异）题名：“转运判官周惇颐茂叔，熙宁二年三月七日游。军事推官谭允，高要尉曾绪同至。”

这则石刻应是周敦颐自署。因为先记自己，与同至的分开。署衔也是平直称呼，并无区分尊卑的意味。游览名胜风光并题名刻石是周敦颐的爱好，在道州含晖洞、永州九龙岩都有他的石刻题记存留。九龙岩的题名有两则，其中一则刻于熙宁元年（1068）五月五日，署衔作“新广南东路转运判官、朝奉郎、前尚书驾部员外郎、前通判永州事。上骑都尉、赐绯鱼袋”①。在距肇庆不远的阳春县的岩洞也有题名：“转运副使周惇颐茂叔，熙宁二年正月一日游。登仕郎、行事梁邻命工刊。住持监院僧瑞昙监。”②《金石补正》加按说：“《萃编》载周子题记在七星岩，后此六日。”实计三月七日比正月一日应后两月又六日，“后此六日”不正确。

将这三则石刻联系起来有助于加强人们对周敦颐的了解。游七星岩比游阳春晚两月又六日，比游永州九龙岩晚一年又四个月。周敦颐是在熙宁元年于永州通判任上奉调任广东转运判官的。在阳春自署的转运副使也就是转运判官，这里的判官是正式名称，副使是别称。

据《宋史》卷二四本传，周敦颐在熙宁初由于赵抃和吕公著等大臣的推荐，南下广东先后任转运判官和提点刑狱，《广东通志》卷十六职官表列他在熙宁四年（1071）任提点刑狱。这样，他在广东任官四五年的经历，在石刻中可以得到印证，为研究其生平行事提供了资料。

金君卿

石鼓左侧石壁上有金君卿、郑琰题名：“权转运使、度支郎中金君卿，郡守、殿中丞［郑琰］，熙宁六年［十月］二十七日［游］。”

《全录》和《文物志》为金君卿作了较详细的注说，但与这则石刻的联系似乎不够紧密，引评欠妥，有必要补充、辨明。

原来在这年的四个月前，金君卿在广州已经刻石题记。在九曜石旧址有题刻：“转运使、度支郎中金君卿正叔，转运判官、太子中舍许彦先觉之，管勾文

① 陆增祥．八琼室金石补正［M］．北京：文物出版社，1985：685－686.

② 陆增祥．八琼室金石补正［M］．北京：文物出版社，1985：685－686.

字、殿中丞金材拙翁，门人成度公适。熙宁癸丑中伏泛舟避暑。”① 这癸丑即宋神宗熙宁六年（1073），中伏即盛暑三伏的中间。

金君卿有《金氏文集》（《四库全书》据《永乐大典》辑本）存留至今。南宋洪迈《夷坚志》支丙卷、丁卷有两条记他的逸事。《金石补正》卷一〇二据陆耀遹《金石续编》引《江西通志》《广东通志》《夷坚志》《元丰类稿》《宋史·艺文志》，说他是江西浮梁人，靠才能贫贱起家，有志气，兄弟四人（连同君著、君佐、君佑）都中进士，累官秘书丞、太常博士、江西提刑、度支郎中。熙宁五年（1072）任广南东路转运判官，六年任转运使，《广东通志》职官表明确列出。履历行事比《四库全书总目》卷一五三《金氏文集》提要所述详明。《全录》和《文物志》引《宋史·食货志》所述，熙宁三年（1070）金君卿在江西提举任上，首募受代官部钱帛纲进京，受到奖谕，是发生在他来广东之前的事。所引《四库全书简明目录》的介绍，又不及《四库全书总目》相应的提要具体。据上述记载，他的家世、履历、行事相当清楚，《全录》和《文物志》引《四库全书简明目录》所说“君卿行事淹无所考”（《文物志》无“淹”字），就不足为据。

郭祥正

洞内东壁刻有郭祥正题记及其所作的赋《石室游》。赋的头尾都有戊辰（1088）的纪年，一般的解说都把写作和刻石的时间定在这一年，其实郭祥正来游在这一年，刻石则在第二年。连同他的字、号、交游、诗文等问题，都需要辨明。

时间。开头记：“戊辰三月晦日，高要曾令孝杰，谢公山人郭祥正同游。”结尾记：“宋元祐戊辰二月廿有八日，当涂郭祥正子功来治州事，即明年，以其日上书乞骸骨，作石室游一首刻之崖间，记其岁月与山俱尽。”细寻文意，可知他在元祐三年（戊辰年）二月二十八日到任知端州，第二月月底便与高要县令曾孝杰同游七星岩。到任一周年即第二年二月二十八日，上书朝廷请辞，把所作的赋刻于岩间。“即明年”，明说在第二年。赋内又说：“方谢事以言返，眷兹室而徘徊。”“方谢事以言返”与《宋史》卷四四五本传所说的“上书乞骸骨”意思相近。《宋诗纪事》郭祥正条说他在“元丰中，知端州”。元丰应是元祐之误。

字。《宋史》本传说其字是“功父”，《苏轼诗集》所载郭祥正与他人唱和的

① 陆增祥．八琼室金石补正［M］．北京：文物出版社，1985：717.

诗大都作“功甫”，间或作“功父”。“甫”“父”同音，宋人字号为“甫”的常常异写成“父”。如刘攽字贡甫，陈亮字同甫，一般写作贡父、同父。不过这则刻文末尾别署作“郭祥正子功”。“子功”是不是字？从行文惯例看，应是字。而且从意义分析，祥与功相关，都从服丧取义。按古时丧礼，父母丧一周年称为小祥，两周年称为大祥，而对死者服丧又以大功、小功论列。“功甫”与“子功”相近，都与祥正有关。如果属实，则郭祥正字子功。他的传记应补充这一点。

号。文内所署的谢公山人应是自号，而且在知端州时已有，这是肯定的。为什么在仕宦期间也以隐居者自号呢？这是需要分辨的。原来他先后两次退隐回乡。第一次是在神宗朝王安石当政时，因与王安石有矛盾，提前在殿中丞任上退休。退休后回到安徽当涂，附近有青山（又名谢家山、谢公山）。据《遁斋闲览》载，郭祥正曾题山居自况诗送给友人，中间有一联道：“谢家庄上无多景，只有黄鹂三两声。”① 后来出山归官，估计是在哲宗继位的初期，先任汀州通判，元祐三年（1088）知端州。到端州后不适意，复萌归隐思想。按当时制度，官任以三年为期。郭祥正只到任一年，便迫不及待提出辞职。理解这篇赋应联系这样的背景、心境。而这样的消极情绪与《广东通志》所述的“自谓留心政术，以靖蛮方”② 有出入。而离开端州返乡是最后的退隐。《宋史》本传和据此以立说的隐于青山而死，混淆了两次退隐，应予以辨清。

诗文。郭祥年轻时便因诗写得好而有名声，成年后与苏轼、王安石、贺铸等诗词名家均有来往，互相唱和，特别是与苏轼关系密切。苏轼曾到他家欢会，《苏轼诗集》载有在不同时间、不同地点与郭祥正唱和的诗四首，而郭祥正观苏轼绘雪雀的画而作的诗有两首。其中寄往惠州给苏轼的一首道：“平生才力信瑰奇，今在穷荒岂易归。正似雪林枝上画，羽翰虽好不能飞。”③ 苏轼谪官惠州时正是郭祥正知端州的元祐三、四年间，可以认为这诗是从端州寄出的。元符三年（1100）苏轼北返，郭祥正又用原韵写诗一首致苏轼：“秋霜春雨不同时，万里今从海外归。已出网罗毛羽在，却寻云迹帖天飞。”④ “今从穷荒岂易归”“万里今从海外归”二句，流露出郭祥正对岭南之任的厌倦和对北返的企望、欣幸，也可以作为理解《石室游》的参考资料。

---

① 厉鹗．宋诗纪事［M］．上海：上海古籍出版社，1983：678.

② 黄雨．肇庆历代诗选［M］．广州：广东人民出版社，1986：53.

③ 王文诰．苏轼诗集［M］．北京：中华书局，1982：2454.

④ 王文诰．苏轼诗集［M］．北京：中华书局，1982：2454.

赵善择等

洞内西壁有赵善择等十多人的题名，因文字脱蚀，现在只录出开头部分："淳熙十年上元前五日玉牒善择智老伯杒景茂赵庚叔初……"《全录》把"玉牒"后标点为"玉牒善择，智老伯景茂，赵庚叔初"，不妥。

"玉牒"，是宋室谱牒的意思。宋朝设有玉牒局，专司宗室谱系的工作，当时宗室署名，往往只冠玉牒而不标姓。因此，善择应姓赵。全文题名通式是先名后字连称，因此，智老应是赵善择的字。据《金石补正》所录，伯下有"杒"字，《全录》漏录了。伯杒姓什么？从景茂的联合意义看，应与伯杒对应，而不只与杒对应。清钱大昕《潜研堂金石文跋尾》更指出，伯杒是宋太祖的七世孙，出自燕王这一房，是左朝请大夫子伋的儿子。赵庚直称姓，不是宗室。据此，这一部分应标点作："玉牒善择智老、伯杒景茂，赵庚叔初。"《潜研堂金石文跋尾》又说，善择一名，宗室汉王房有两个，商王房又有两个，都是宋太祖七世孙，不知题名者是哪一个。《金石补正》又指出《粤东金石略》将玉牒善择写成满书择，有误。钱大昕、陆增祥所说至确。

叶南仲

洞内西壁有叶南仲题诗并记。诗后记道："绍兴己丑仲（《文物志》作"中"）春上休，郡守叶南仲拉同僚来游，因留五十六字。门生、左从政郎、高要县令廖颙命工刊。"

后记明说由高要县令廖颙让刻工刊石，《宋诗纪事》卷四十五也将这首诗列为叶南仲所作，说明出自《崧台石室记》。清黄子高《粤诗蒐逸》卷三也收录此诗，注明出自《岭海名胜记》，不过把它归到了廖颙的名下。《全录》和《文物志》能指出这是个错误是有见地的。不过黄子高错在不加细考，是以讹传讹的性质。《全录》和《文物志》在此刻文的注说中说叶南仲在"绍兴十五年迁肇庆太守"有误。因为在这年二月上旬休假日已与同行来游，显然并非初来上任。

在文字上，《全录》和《文物志》与《粤诗蒐逸》《宋诗纪事》① 不尽相同。"遥认"，后二者作"遥忆"；"耕农"，后二者作"农耕"；"真迹"，后二者作"陈迹"；"风埃静"，后二者作"风埃净"；"宴赏"，《宋诗纪事》作"宴乐"。从意义上来说，以"宴赏""风埃静""陈迹"要为适当，如何处理，有待校定。

---

① 厉鹗．宋诗纪事［M］．上海：上海古籍出版社，1983：1135－1160.

赵雍

洞内西壁又有赵雍的题诗并题记，篇幅很长，包含的事项较多，资料价值非常高。

题记开头写："浚仪赵雍仲和。"浚仪是作为籍贯出现的。浚仪县是北宋汴京开封府的附廓。特别是南渡后，皇室亲族习惯把自己的籍贯说成浚仪、浚都、开封，其实赵匡胤的老家在河北涿郡。湖南浯溪赵善溘在嘉定辛未题诗石上，落款署"浚都赵善溘安之"①。在吴下同年会诗碑（在江苏苏州）上题名的赵彦卫、彦瑗、彦真三个人，都冠上"浚仪"二字②。其中第一人字景安，是《云麓漫钞》的作者，已被确认是宗室。赵雍属不属于宗室？《宋诗纪事》卷六〇说他号竹潭，是忠简（赵鼎）的后人。《肇庆府志》更推测他是赵鼎的孙子，而赵鼎的籍贯，据《宋史》卷三六本传，是解州闻喜（在今山西省）。这样，两人籍贯就不一致。

不过从其他线索来观察、分析，赵雍是赵鼎后人的可能性是很大的。赵鼎因主张抗金，受秦桧嫉恨，被宋高宗借故贬官至泉州、潮州、广州、海南，在绍兴十七年（1147）死去。到孝宗即位后才得到昭雪，加以尊崇，神位被配享在高宗庙廷，追谥忠简，有子孙十二人被提拔任用。赵雍这则题记提到"尤幸圣泽远被，雨旸时若，岁事丰穰，讼平盗弭"。把好年景归功于"圣泽远被"，有感恩戴德的意味。如上《肇庆府志》的分析，这则题记提到自己的妻子是刘光烈的女儿、刘光世的侄女，因政见投合，赵刘二家结为姻亲是顺理成章的。赵雍把籍贯报称浚仪而不是解州闻喜，可能是按当时风俗，认为自己祖辈已在汴京定居，不忘故都，于是把自己看作故都人。

在纪时上，题记有"淳熙二年乙未""丁酉孟秋秩满""后使君过戍月未至""实十月"等语，其前后衔接情况也需要理顺。按"戍月"一词似未见专用，但与"孟秋""十月"对应作解，则应核作"戌月"即夏历九月。将一年十二个月和十二地支对应，正月建寅，则九月是戌月。淳熙二年（1175）乙未到肇庆任知府，至四年（1177）丁酉孟秋七月，前后三年，任期届满，等候新知府接任。但两个月后过了戌月依然不见有人来接任。到十月，自己就与一批同事、好友来畅游七星岩，妻子和大群子女更在事前就游览了。这样，"戍月"核定为戌月，是顺理成章的。

---

① 陆增祥．八琼室金石补正［M］．北京：文物出版社，1985：641.

② 陆增祥．八琼室金石补正［M］．北京：文物出版社，1985：821.

赵崇垓　曾纯景亮

洞内东壁有赵崇垓与曾纯景亮的唱和诗，附近又有赵崇垓的题记。唱和诗后分别署“清源曾纯景亮偕赵同年作”“浚仪赵崇垓德畅和曾同年”。题记时间和自署作“端平乙未，嘉平朔后二日，权郡贰羊石赵崇垓德畅，……兴宁令清源曾纯景亮……”。

上述赵崇垓这首诗被选入《粤诗蒐逸》卷三，加题目作《游七星岩和曾景亮同年》，并指出他是太宗的九世孙，“家南海”。

关于他的籍贯、家世，上述石刻二则、《粤诗蒐逸》各有不同的说法：浚仪、羊石、南海。浚仪作宗室的籍贯在上述赵雍部分已详述。羊石指广州，因有五羊的传说，因此作为别名。称羊石是自署，“家南海”的说法失之笼统，不如明说广州准确。据此，可以认为这三个地名，一个是老家，另一个是现住，还有一个是泛称。

至于曾纯景亮的名与字，《粤诗蒐逸》径称曾景亮，那就是名纯、字景亮。但在意义上纯与景或亮都不相关，而景与亮则相关。按古来名与字在意义上相关的定例，有理由认为此人名纯景、字亮，或名亮、字纯景。

徐安国

洞内东壁并有两处徐安国的题署。一处题七律诗一首，其中第一、二、三、四、六、八句都有漫漶，文字已不完整，诗后只署徐安国三个字，别无标志。一处题作“绍熙癸丑□□□□，武林徐安国敬观，子松侍行。权簿郭简同游志”。《全录》和《文物志》作两点注说。一是指出徐安国是南宋词人，著有《西窗集》。二是指出庆元三年（1197），广东提举茶盐徐安国，遣人到东莞大奚山搜捕私盐贩子，结果激起了民众的反抗。这两则刻文除了自署姓名和籍贯武林之外，完全不署字、号、职衔。纪年是绍熙癸丑，即宋光宗绍熙四年（1193），与宁宗庆元三年相隔四年。在引用《广东通志》有关记述时，需要仔细分辨，并与其他材料校核考查。①绍熙四年时徐安国还没有接任广东提举常平（包括茶盐营销）。《宋人传记资料》（台湾版，中华书局影印本）引《乐堂记》《南轩文集》等记述，徐安国在绍熙中知横州，后任广东提举常平。《广东通志》道光职官表七列徐安国于庆元二年（1196）任提举常平。②与徐安国事故有关的“经略雷潨”一节不能轻信。据吴廷燮《南宋制抚年表》和岳珂《桯史》、《广东通志》道光职官表，绍熙前后任广州“经略”的是：淳熙十五年（1188）朱安国，淳熙十六年（1189）和绍熙元年（1190）雷潨，绍熙二年（1191）、三年

(1192）岳霖，庆元三年八月后钱之望。岳霖是岳飞的儿子、岳珂的父亲、雷潨的后任。庆元三年大奚山民众反抗时，雷潨除非重新出任，否则，当时任“经略”的应是他人。③同理，尽杀大奚山民众的不会是徐安国。身为提举常平，派人搜捕私盐营销者是意料之中的事，但他没有那么充足的武力杀尽民众。进行大举杀戮的应是奉命进剿的钱之望。④徐安国的名号、籍贯称法不一，武林是泛说的籍贯，实为浙江富阳或江西上饶。他字衡仲，号春渚。

两广总督府的建制督导与广东西江地区社会经济的发展

明朝前期革除元朝的弊政，大刀阔斧地改革国家机构，强化中央集权制度，实行休养生息、轻徭薄赋的政策，使社会经济迅速发展。但与此同时，因民族矛盾、社会矛盾而触发的动乱，在国内各地不时发生。北方边境和西南、两广地区由少数民族、倭寇、盗匪或心怀异志者举事而引发的动乱逐渐蔓延，形成威胁社会安定的严重危机，甚至有大臣不断惊呼："朝廷已无广东矣!"在这种严峻的事态下，明朝朝廷断然对两广做出处置：把原有执行监察任务的巡抚和执掌军事的都督两者所负的使命，加上行省布政使司、按察使司、都指挥使司这"三司"的职能，在高一层级之上整合成一体，跨省设置总督一职，个别地方一省设置。景泰三年（1452）七月任命太子太保、都察院左都御史王翱总督两广军务。这是跨省军政统管的第一位总督。尽管在上一年任命王竦为总督兼巡抚凤阳等四府三州，但这并非军政统管，也非管辖两省，因而当代的史书和有关的工具书在解说总督制时，都认为两广总督是最早设置的总督。13 年后的成化元年（1465）任命韩雍接任此职，并在广西梧州设立衙门常驻，又分别在广州和肇庆分设行台，两广总督正式建制。其后到嘉靖四十三年（1564）总督吴桂芳从梧州移驻肇庆，以原有的行台作总督府，直至清乾隆十二年（1747），总督策楞移驻广州，保留原总督府作行台，历时总计 200 年左右。这样两广总督肇庆衙门又是持续时间最长的总督衙门。总督府先后内设三司厅或司道厅、府县厅、盐政房、武官厅、把总厅、中军厅、坐营司、赏功所、火药局等职能部门，其中前四者都是面向省、道、府、州、县的政务实施督导部门。直到清朝结束，400 多年中这些部门实施了一系列的治理和督导，使广东西江地区的经济获得明显的发展，逐步改变了闭塞落后的状态，缩小了与先进地区的差距。

一、调整区域，增设县份

明初广东的区域中府有 10 个，数目不算少，但州县数偏少，因而有些县的区域很大。肇庆府的泷水县大体上包括今云浮市除去新兴县和云安县的西江沿岸、云城区腰古镇一部分的地方。四会县也大体上包括广宁县和肇庆市高新区的大部分。县数少、县域大、偏僻闭塞程度较高的情况在两广比较普遍。因而两广总督建制后将州县的区域进行调整，陆续增设县份，广东累计增设22个，其中肇庆府和与广州府毗连的地方共增设7县，其余县则升格为直隶州。成化十一年（1475）、十六年（1480）分别置高明县和恩平县，嘉靖五年（1526）和三十八年（1559）分别置三水县和广宁县，万历五年（1577）将泷水县升格为直隶州，分设东安和西宁两县。明末又增设开平县。此外在清雍正十年（1732）又割新会、开平二县置鹤山县，除三水县外都归属肇庆府。

二、治水筑堤，开发水力资源

明清时期广东在这方面进展较快，肇庆府也有长足的进步。

（一）西江及其重要支流区域兴筑堤围

濒临上述水流，受洪水威胁的面积最大的高要县，筑堤防洪始于宋而盛于明，在元代以前筑堤6宗、69公里的基础上，明代累计筑堤21宗、188公里，捍卫耕地31万亩，为当时洪泛区面积的53.7%。清代又累计筑堤36宗、222公里，捍卫耕地25万亩，为当时洪泛区面积的56%。西江两岸已筑有堤围。四会、德庆、封开等县的西江、绥江、北江沿岸重要地段也有类似的河防。尽管因为标准不高或者受损害后不能及时修复，不能保证完全能防御洪水，但在常态下起到一定的防御水患的作用，仍然是一项对社会有利的措施，加强了对耕地的保护。

在山区和丘陵地区，又开发水利、水力资源。开渠筑圳、拦河筑陂，引水灌溉农作物，驱动各种农林机具，进行工业生产、农副产品加工。明万历年间高要县有陂19个，分布在县内各地。近年在羚羊峡烂柯山内发现一两百个水力驱动的石磨盘遗存，规格不一，最大者直径超过一米，动力要求和研磨原料的体积理应都相当大，有待研究。

（二）偏僻闭塞山区打通道路

在历时多年的军事行动中，千军万马奔向深山密林，“刊木造梁，以成通衢”是必然的选择。罗定直隶州打通了东山和西山两大道。唐宋以来传统的驿路经过整治，日趋完善。以肇庆为交汇点的东西南北水陆驿路已有明确的驿程，除了官方使用之外，明代的工商界也在使用。保存下来的《一统路程记》和《士商类要》所记的驿程与《（万历）肇庆府志》所记相同。从肇庆崧台驿下水至三水西南驿110里，接着再往广州也有110里；上水至广西梧州320里。而且在“广东至安南水陆路”上的“肇庆府崧台驿”加注：“端溪砚、漆。”显然在提示有这两种名品可供采购，表明这两种名品在当时广受重视。

在水上交通运输方面，明代肇庆城区与西江下游的城市和高要县内外的乡镇通航大为扩展。《（万历）肇庆府志·地理一》记载，“有渡二十三”。渡指从停泊处开出的交通船只。这23个渡实际上是23个定点、定时开航的线路，除了短线的6条是元代至正年间设立的以外，其他都是明代始设的，其中长线的分别通向广州、西南、德庆和广西梧州。而德庆这一线实际上包括南江口，即罗定直隶州的西江口岸。

三、墟市和税厂

（一）墟市

肇庆城内设市三个：县前、西城、东关。

高要县内有墟19处。其中创立最早的新桥墟，宋咸淳八年（1272）开墟，到明万历时是“新兴通衢，百货聚焉”。目前更是工商业畅旺的集镇。凹冈墟创建于元至正十一年（1351）。其余创建于明代的各个时期。黄冈墟是端砚之乡，常见于前来观光、选购端砚的人士所作的吟咏中。明末清初多次来到肇庆的名家屈大均以“黄冈”为题写了五言组诗，其中赞美说：“黄冈村最好，斜对水岩开。紫石家家琢，青花一一裁。蕉心乘雨出，榕影逐风来。”

（二）黄冈税厂

万历五年（1577）在肇庆的西江岸边设立黄冈税厂，一举将针对贩运丰富的山货和土特产过境而分设关卡、致税源流失的税收开征点裁撤，集中在这个税厂征收。由两广总督府管辖，到清代移交肇庆府管理。光绪中叶改照太平关的章程稽征，每年税额12 800余两，增设羡余、养廉银以及种种名目的加征，共达6万两，数目不菲。其中有一部分用作端溪书院的经费和办理公益，得以使端溪书院的掌教年薪最高可达几千两而载入了《中国教育史》。这个税厂的设置既体现了税务制度的改进，又标志着商品经济的发展，在经济史上具有一定的意义。

四、生产发展，名品众多

采取各种措施，完成各种基础建设，大大促进了生产，从明代起肇庆府的农林产品，矿冶、加工和手工业产品纷纷涌现，其中有一些成为特产，在省内、国内甚至出口贸易中居于拳头产品之列。

（一）山货和农业特产

除了当时新从国外引种的红薯之外，五谷、杂粮品种繁多。特别是林木产品，除了沿海地区的海产品之外，西江、绥江、贺江、新兴江等支流，盛产包括鱼花即鱼苗在内的淡水鱼类，鲥鱼、嘉鱼等河鲜广受好评，文岌鲤、麦溪鲤在清代也涌现出来，在广州、香港、澳门和珠江三角洲地区成为席上珍馐，不待多述。下面将今天还少有提及的陆生名品举要列出。

《（万历）肇庆府志·赋役二》记述特产时连用“多”字简括地罗列：“多南漆、多黄蜡、多皮张、多藤、多笋脯、多翠羽、多草席、多土香、多土珠、多瓦器。”山货原来一般是从山野采摘而来的，后来有一些品种实行人工零星种植，到明末清初发展到规模种植，成为大宗产品。

（1）桂皮、桂油、松香、香粉这四种产品大部分出自两广，其中除松香之外的三种在广东的主产区又是西江。“西江桂”标志着优质桂。高要、罗定、德庆所产的都属于“西江桂”。香粉又以“大迳石青粉”受到外商青睐。大迳指高要的禄步、水南、河台、乐城等镇。

（2）蓝靛、薯莨分别作染料和涂料、防护剂。前者依靠种植马蓝来提取蓝靛，用作蓝色染料，在欧美的近代染料还没热销的时候，是纺织印染业不可或缺的材料。薯莨原来是野生植物，后来成为种植作物，它的汁液浸渍或涂敷到纺织品、捕鱼网具上，可以发挥防腐、隔热、挺括等作用，是生产香云纱必需的材料。在化学防腐剂出现之前，捕鱼网具一般都经薯莨汁液处理。这两种产品与珠江三角洲的丝织业、渔业和服装业关系十分密切，发挥了重要的历史作用。

（3）巴戟和香橼片属于南药系统，也是肇庆府的传统产品，至今影响不减。

（二）矿冶、手工业和加工业

（1）从唐代开始，西江地区已有金属矿物出产记载。到明清时期以铁矿的冶炼和铁制品生产著名。当时广东全省冶铁兴盛，冶铁和铁器生产集中在佛山，吸引外省商人前来采购。包括肇庆府在内的其他府、州、县的铁锭大都运输到佛山，保证佛山冶铁的原料供应。其中屈大均《广东新语·货语》说：“然诸冶惟罗定大塘基炉铁最良，悉是锴铁，光润而柔，可拔之为线。铸镬亦坚好，价贵于诸炉一等。”罗定和西江其他地方生产的生铁一般都运到肇庆，然后转运到佛山的厂方使用。肇庆实际上是当时冶铁业的一个原料基地。

（2）纺织和编织是肇庆传统的手工业，麻、丝、棉纺织在各县都有分布。从明代开始，纺编草席发展到突出的位置。《（万历）肇庆府志·赋役》有多处记载高要白土种芏和织席的事，表明花席发轫于明代已有文献可以考证。从清代盛行至今，畅销各地，成为大宗的特产。

（3）榨糖、蒸馏桂油、炼制松香也都从明代开始发展至今，除了糖之外，其他都是出口的大宗商品。

五、结语

两广总督府对少数民族实行“威德兼施”的政策，稳定了局势，对广东落后地区进行开发，使社会经济的发展提速，在各个方面都取得了明显的进步。在提升自身发展水平的同时，加强了与广州和珠三角的种种联系，惠及多方，有助于社会的整体进步，这对今天建设广佛肇经济圈有着重要的启发作用，应该充分利用这一颇具意义的历史经验，争取获得前人所不敢设想的发展成果。

参考文献

[1] 李龙潜. 明清经济史 [M]. 广州：广东高等教育出版社，1988.
[2] 屈大均，李育中，邓光礼，等. 广东新语注 [M]. 广州：广东人民出版社，1991.
[3] 颜广文. 张居正治粤方略评析 [J]. 历史档案，2000（5）.
[4] 陈梧桐，彭勇. 明史十讲 [M]. 上海：上海古籍出版社，2007.

多宝与俊才
——汤显祖《牡丹亭》构思探微

戏曲《牡丹亭》以描写“情之至”的积极浪漫主义色彩而蜚声文坛，四百年来传诵不绝，影响深远。这部中国古典艺术的杰作，虽然作者汤显祖是江西临川人，故事发生的中心地是江西南安，但剧作内容与广东的人物、风情、社会有直接的关系。主人公柳梦梅被设定为广州府学生员出身，上京应试高中了状元，独占鳌头，成为全国士子的魁首。广东自古以来被称为蛮荒之地，但汤显祖在剧中对广东多加赞赏，这在明代以前的作品中是绝无仅有的。而这种岭南色彩，向来少有人提及，近来随着研究的深入，开始受人关注。徐朔方教授在专论《汤显祖和利玛窦》① 中指出，《牡丹亭》“明显地带有在肇庆、澳门会见利玛窦和其他传教士及外商的印象”。这可以说是一个发现。笔者仅就主题思想中这种倾向、构思上的形迹，提出几点加以阐发，以作为补充讨论。

《牡丹亭》全称《牡丹亭还魂记》。如同一般的古代名著一样，它的故事情节在民间传说或前人的作品中有蓝本。其故事来源有文献可查的有四个。

（1）晋朝武都太守李仲文之女、广州太守冯孝将之女，分别在死后还魂，并与男子幽会的传说。李仲文事见《太平广记》卷三一九引《法苑珠林·张子长》篇。冯孝将事见同书卷二七六引《幽明录·冯孝将》篇。又见同书卷三七五引《法苑珠林·徐玄方女》篇。这是最早的来源。

（2）唐传奇《离魂记》。代宗时陈玄祐作。陈玄祐的生平事迹无可考。元代郑德辉据此作《述青琐倩女离魂》杂剧。写张倩女遵父母之命嫁给王文举，未成婚而死去。后来王文举中了状元，官衡州通判，张倩女还魂，二人终于成婚。另外赵公辅有《倩女离魂》杂剧，然而《元曲选》载剧目而不载曲文，无从得见全貌。

（3）《萨真人夜断碧桃花》杂剧。写广东潮阳县徐端生有长女碧桃、次女玉兰。县丞张珪生子道南。徐张二人都是东京人士，因同在潮阳为官，为道南和碧桃订下婚约。碧桃中途死去。后来经萨真人出力，碧桃还魂，与道南结为夫妻。

---

① 中华书局编辑部. 文史：第十二辑［M］. 北京：中华书局，1981.

（4）话本《杜丽娘慕色还魂》。故事说，南宋光宗朝，广东南雄府尹杜宝，生女丽娘十六岁。这年暮春三月，丽娘带十岁的侍婢春香游花园，因此怀春，恹恹成病，最终死去。杜宝三年任满回都城临安。继任府尹柳恩生子梦梅十八岁。梦梅在府衙后花园中拾到杜丽娘的画像，顿生爱慕之情。丽娘还魂，与梦梅成婚。杜柳二家在临安团圆。

从上述故事和背景可以得知，虽然汤显祖在《牡丹亭题词》中申明“传杜太守事者，仿佛晋武都守李仲文、广州守冯孝将儿女事。予稍为更而演之”，但实际上，直接的蓝本是话本《杜丽娘慕色还魂》。二者前半部故事内容大体上相同，《惊梦》《寻梦》《写真》《闹殇》中的宾白还保留着话本的原句。《拾画》《玩真》《幽媾》《回生》中的情节和对白，和话本略同。尽管作者申明《牡丹亭》是将李仲文、冯孝将儿女的故事进行加工，但其相似之处较少，密切程度远远比不上同话本《杜丽娘慕色还魂》的关系。作者所说的“仿佛”是指什么呢？女主人公生而死，死而还魂，这一总的旨意无疑是相同的。女主人公是太守的女儿，这一点也相同。还有就是太守是广州太守，故事发生在广州，与《牡丹亭》的男主人公首次出场的地理背景相同，这一点值得注意。因为其他故事有发生在潮阳的，有发生在南雄的，但都不是广东的首府。强调广东的首府，可以认为是作者在构思上的创新。尽管故事发生在广州、潮阳、南雄，但主人公都不是广东人，只不过是随宦游的父亲来广东而已。在话本《杜丽娘慕色还魂》里，柳梦梅是南雄府尹的公子，父亲任满后即随之离去，但在《牡丹亭》里，柳梦梅是一个贫寒的广州府学生员，虽然他的祖先可以追溯到唐代的柳宗元，但相隔已经二十八代了。他是土生土长的岭南人。塑造一个岭南才子的形象登上舞台，可以说是汤显祖在艺术上的大胆创新。

《牡丹亭》在构思上第二个别致的地方，在于把广东描写成“多宝”之地，出产和积聚多种宝物。第二十一出《谒遇》集中地演出了广州府香山澳多宝寺献宝的场面。钦差识宝使臣苗舜宾，三年期满离任，按例在外国人所建的、专门迎接朝廷收宝官员的多宝寺里，祭拜多宝菩萨，由外国人陈列宝物，任由挑选。不仅有猫睛石、祖母绿、径寸明珠、数尺珊瑚树，还有星汉神砂、煮海金丹。“三宝唱三多，七宝妙无过。庄严成世界，光彩遍娑婆。……多得宝，宝多罗多罗。”宝珍，稀奇古怪，叫不出名堂，难以估价。宝多，“多罗多罗”。真是光芒璀璨，近于梦幻。香山嶴就是澳门，当时属于广州府香山县，从 1553 年起便被葡萄牙人据为商埠。“番鬼”“番回”从那里向中国输入欧洲和其他地方的新奇产品是事实。但是所谓多宝寺及其祭宝的举动是虚构的。在汤显祖生活的时代，澳门并没有那样的佛教寺院。《谒遇》所列举的宝物都是沿用传统的说法，并不是当时澳门的实况。正如《谒遇》开头第一支曲子《光乍乍》所唱的那样："一领破袈裟，香山嶴里巴。""巴"应是音译"三巴"的省文。澳门耶稣会教堂原来的中文译名叫三巴寺①，后来通译圣保禄或圣保罗教堂。所写的寺院实际上是基督教耶稣会教堂。所描绘的祭宝、赛宝场面，应看成耶稣会教堂陈列和摆设16世纪欧洲科学技术新产品的写照。这些新产品包括地球仪、自鸣钟、三棱镜、钢丝琴、铜版画、洋装书、世界地图一类"奇物"。把这些奇物看作珍宝，反映了当时的中国民众对文艺复兴时期科学技术产品所展现的崭新世界的迷惘心理，其衡量的价值尺度在于珍奇性而不在于效用。

重视珍奇性是汤显祖对广东的感受。在其他诗文中也有流露。《为守令喻东粤士大夫子弟文》中说："东粤山海绵奥不可测，所谓宝藏兴焉，货财殖焉。"《香澳逢贾胡》诗道："不住田园不树桑，珴珂衣锦下云樯。明珠海上传星气，白玉河边看月光。"在汤显祖的心目中，广东简直是珠宝荟萃之地。"多宝"实在是汤显祖描绘岭南的基调。

汤显祖还把人才、精英也说成一种宝，把广东说成精英诞生之地，这又是《牡丹亭》在构思上第三个别致之处。"何为真宝?"在《谒遇》中，柳梦梅自豪地说："小生到（倒）是个真正献世宝。我若载宝而朝，世上应无价。"而那些宝物即使是真的，也是"饥不可食，寒不可衣，看他似虚丹飘瓦"。这种蔑视宝物缺少实用价值的观点在几年后写的《惠州府兴宁县重建尊经阁碑》中也有强调。"天下珠碧孔翠香泽奇诡之玩，寒之不可以衣，饥之不可以食。"相比之下，人才之宝胜过财物之宝。"而寒儒偏喜住炎方"，岭南也出人才。当官拜相国的岳父杜宝奚落岭南人爱吃槟榔，是"蛮儿一点红嘴"时，女婿柳梦梅理直气壮地回答，自己是"唇红齿白"，完全是俊秀相貌。在《为守令喻东粤士大夫子弟文》中，汤显祖甚至说："惟粤中人材为天地精宝，万有益于世而无一费于其乡。古远无论，陈、湛二先生之正学，梁、方、霍三公之伟业，丘、海二公之博文危节。至于今粤之后学末宦，未尝不称之，与古圣贤豪杰争铢两，何问今世哉?"这里面可能有溢美之词，但陈献章、湛若水、丘濬、海瑞等在学术上、政治上、社会上做出的贡献和取得的成就，确实足以与同时代的中原名人并列。在明代，广东还涌现出其他有成就、有贡献的人物，反映了这个时期广东的文化和经济的发展超过了前代。但是意大利人利玛窦在肇庆建教堂受挫后，说当时的广东在明朝境内，是蛮荒之地，文化比内陆落后得多，看法与《牡丹亭》中的杜

① 耶稣会教堂San Paolo的译名多见。利玛窦在肇庆建的教堂名为仙花寺，应看成同音异译。澳门至今还有大三巴、小三巴的遗迹。

宝相似。对比之下，汤显祖的看法是较为公正的，他对广东人才的称誉流露以“情”，而有“理”做依据。

在构思上，《牡丹亭》还有一处出彩的地方，就是把南国世情、珠海风光展现在舞台上，广州那榕树梢头、碧海连天的越王台，佳果四时新的园林，澳门珠光宝气的寺院、洋场、海商，“香山澳里打包来，三水船儿到岸开”的珠江帆影，陆丰甲子港巨石壁立的海门脸要，韶关梅岭的“断桥溪道”，一幅一幅地呈现在作品里。名胜风光，洋溢着南国情调。还有潮州关于韩愈那铮骨忠心，位列“八仙”的侄儿韩湘子的神仙道化，又为全剧点染一种岭海之地的动人风情。

《牡丹亭》所体现的多宝和俊才的观念，反映了汤显祖在广东生活的感受。《牡丹亭》作于万历二十六年（1598）。在这之前六年（万历十九年），汤显祖在南京礼部祠祭司任上呈递《论辅臣科臣疏》，抨击朝政，受到贬职任广东徐闻县典史的处分。赴任途中，他游过罗浮山，途经广州、南海、澳门、恩平、阳江，转乘海船到徐闻。不过半年，他去职回江西，取道北线，经过肇庆。就沿途见闻，写了不少诗文。其中有些诗文的题旨和情调，与《牡丹亭》的主题思想和情调有相通或相似之处。简单的例子已在上面列出。概括起来，他的感受可以归结为三个方面：

（1）岭海色彩鲜明的民俗，触发关于美人和梦境的遐想。莽莽苍苍的云山、四通八达的珠江河道、烟波浩渺的南海、湿润的蕉风夜雨、四时竞新的佳果鲜花，以及依赖这些大自然的赐予而形成的人们的起居、饮食、穿着等风土人情，迥然有别于北国、中原和江南，给骚人墨客留下了难忘的印象。《海上杂咏二十首》[①] 对南海的奇珍异景发出了连篇的赞颂。“粤地多琼岛，何年胡燕飞。南中少秋色，长似趁春归。”珠海女子的花妆倩影更惹起作者的诗兴。“女郎祠下踏歌时，女伴晨妆教莫迟。鹤子草粘为面靥，石榴花揉作胭脂。”“笑倩梳妆阿姐家，暮云笼月海生霞。珠钗正押相思子，匣粉裁拈指甲花。”[②] 对于流传在岭南的神仙道化和才子佳人的传说、故事，汤显祖也留意采访。关于何仙姑的传说，他在江南时就有所耳闻。到游罗浮山时，听香山县何姓士子讲述了当地的传说。何仙姑年少时又黑又瘦，气力衰弱到不能汲水。后来得到仙人授予的一把笊篱，她用来捞米，果然得到珍珠，拿来服食，从此不觉得饥饿，面色改变如玉石一般，行走时会发出金光。在一个晚上，她隐去了，后在零陵出现。汤显祖联系真宁人赵仲一关于梦遇何仙姑的事，认为相隔几百年、几千里，“此亦西方美人之

① 汤显祖．汤显祖集：卷十一［M］．上海：上海人民出版社，1973.

② 踏踏词［M］//汤显祖．汤显祖集．上海：上海人民出版社，1973.

思也”[①]。这种由“西方美人之思”而梦现的故事，与《牡丹亭》的惊梦、寻梦的构思不能说没有联系。

（2）远航的海上交通，生发寻宝、采珠的观念。“病余扬粤夜，伏槛绕云烟。阁道晴穿屐，溪潮夜出船。时时番鬼笑，色色海人眠。舶上兼灵药，吾生倘自全。”[②] 灵药与香、宝、珠、玉、金是连在一起的，在作者的心目中，这些都是赖以自全、成仙的物品。而踏风浪，履险阻的“番鬼”、海人，是那么欢畅、豪迈，充满了远航的自豪感。“槟榔舶上问郎行，笑指贞蒲十日程。不用他乡起离思，总无莺燕杜鹃声。”“占城十日过交栏，十二帆飞看溜还。握粟定留三佛国，采香长傍九州山。”[③] 远航真腊、占城、三佛国、九州山的商人们，面对十日海程而笑指，毫无离愁别意，为的是握粟、采香。真是豪情为寻宝，壮志致黄金。不但丈夫如此，而且情女陪笑，与《琵琶行》中对“商人重利轻别离”那种埋怨情绪形成鲜明的对比。显然，《牡丹亭》对宝物三万里无足而至，柳梦梅这个才“宝”经险阻、历风波，最后贡献成功的曲折描写，得自“情之至”对海阔天空的联想的启发。

（3）所得的关于世界、洋人、洋货的印象，又启发他对自然和人生意义的探索。汤显祖遇见过外商、译者，接触过“面手黑如漆”的暹罗籍司空[④]，会晤过耶稣会传教士。他写有七绝《端州逢西域两生破佛立义，偶成二首》。徐朔方教授认为这“两生”就是意大利神父利玛窦和特・彼得利斯。[⑤] 这个判断是正确的。“面屏天主绛纱笼，碧眼愁胡译字通。”显然是以镜框缀上红绸，供奉耶稣的画像。“碧眼愁胡”特别点出了白种人画像传神的眼睛。这样传神的油画是运用透视法绘成的。与汤显祖同时代的文人对利玛窦他们引进的科技产品的性能、效用特点有较为具体的评述，如谈迁在北京看过天主教堂的圣像后就记道：“所画天主像，用粗布，远睇之，目光如注，近之则未之奇也。”[⑥] 虽然汤显祖的诗文还不见有类似的具体评述，但《牡丹亭》的《玩真》一出，描写杜丽娘自画

---

① 赵梦所梦遇仙记序［M］//汤显祖．汤显祖集．上海：上海人民出版社，1973.

② 南海江［M］//汤显祖．汤显祖集．上海：上海人民出版社，1973.

③ 看番禺人入真腊［M］//汤显祖．汤显祖集．上海：上海人民出版社，1973；听香山译者［M］//汤显祖．汤显祖集．上海：上海人民出版社，1973.

④ 达奚司空立南海王庙门外［M］//汤显祖．汤显祖集．上海：上海人民出版社，1973；香澳逢贾胡［M］//汤显祖．汤显祖集．上海：上海人民出版社，1973；听香山译者［M］//汤显祖．汤显祖集．上海：上海人民出版社，1973.

⑤ 中华书局编辑部．文史：第十二辑［M］．北京：中华书局，1981.

⑥ 谈迁．北游录［M］．北京：中华书局，1960：277.

的春容，被柳梦梅拾到后，早晚玩之、拜之、唤之、赞之。连同那一首题在帧上的绝句，也使柳梦梅倾倒。“近观分明似俨然，远观自在若飞仙。他年得傍蟾宫客，不在梅边在柳边。”所得的近观、远观的感觉，与谈迁是相近的，奇在远观。“情之所至”的结果，画中人变成了活的美人，从而使整个故事得以展开。“目光如注”的感觉，实在是触发联想的契机。

广东之行的感受，对《牡丹亭》的构思显然有直接的影响。感受是多方面的，其中有程度轻重、多少之分。关于“多宝”的印象是比较深刻的，而对外商和外国传教士所引进 、输入的科技产品的性能、效用、特点及其在中国的影响的认识，则是浮泛、朦胧的。虽然在理论的认识上浮泛、朦胧，但已足以触发形象思维的发散，影响了《牡丹亭》主题的构思和故事情节的全面安排，从而显示出鲜明的浪漫主义色彩。从创造性来说，《牡丹亭》的成就是非常高的。

（1985 年）

历史上西江地区的中外文化交流

广东西江地区处在“南北东西数千里”[①] 的岭南腹地，因其水系上溯湘、黔、滇，下游不远即出南中国海，沟通陆路则直达合浦、交趾，从而出洋，自古以来就是中国和境外南方交往的主要通道，成为文化交流的纽带。

一、久远的年代，缓慢的交往

关于中国南方居民与境外种族的关系，中外学者从东亚、南亚、太平洋岛屿的大范围观察，作出了种种推断。其中关于西江地区与境外种族的关系，不管推断的程度如何，在万千年的漫长演化中，他们相互之间存在着接触、交流，这点是可以肯定的。封开县黄岩洞遗址出土器物丰富，有打制石器一千余件，其中一种以河砾石加工而成、周沿有刃的石器，与越南和平文化那种典型石器类似。该遗址和罗定、怀集的石器时代遗址，连同华南地区其他遗址出土的同类石器统合观察，也有专家认为“印度支那和泰国北部的早期史前文化与华南山地的史前文化之间可能存在某种形式的交流”[②]。

对照中国古文献的记述，在西汉，官方是认同岭南为“《禹贡》所及，《春秋》所治”[③] 的。在夏商之间，则是“相土烈烈，海外有截”[④]。意味着与海外有交往。封开县利羊墩古墓群出土的随葬陶器中，有 26 件陶器共刻划有符号或文字 30 多个。[⑤] 其中有 YNX 等不见于仰韶文化、西安半坡、临潼姜寨等遗址出土陶器上的刻划符号或文字[⑥]，而与欧洲的字母或数字相似，值得研究。

---

① 参见《汉书·南粤传》秦南海郡尉任嚣病终前对龙川令赵佗所语。

② 乔晓勤，张镇洪，等．华南史前考古若干问题的思考［M］//封开县博物馆，等．纪念黄岩洞遗址发现三十周年论文集．广州：广东旅游出版社，1991：77－78.

③ 贾捐之传［M］//班固．汉书．北京：中华书局，2007：647.

④ 参见《诗经·商颂·长发》。

⑤ 杨式挺．略论封开先秦历史文物在岭南的地位［J］．岭南文史，1996（4）：19－30.

⑥ 裘锡圭．文字学概要［M］．北京：商务印书馆，1988：22－25.

二、秦汉三国时期行政区域的连属拉动了全面交流

秦始皇二十四年（前223）灭了楚国，第二年即遣王翦率五十万大军略定南越，直到灭齐之后，实现了全中国的统一，是空前的壮举。一百一十年后汉武帝遣路博德、杨仆等率大军削平南粤政权，分设九个郡。此后出于种种原因，两汉朝廷仍向岭南多次用兵。这些军事行动既实现了全国统一、行政区域连属，又拉动了东西南北文化交流，推动了交通线路的开辟、整治，反过来又为物资流通、文化交流提供有利的条件。这种相互作用的重要性在西江地区十分突出。

（一）水陆通行

上述数以万计的大军千里推进，陆续遇到地形、气候、环境、给养上的困境和疫病等一连串障碍。“雾露气湿，多毒草虫蛇水土之害，人未见虏，战士自死。”[①] 为了适应岭南的自然条件和社会环境，行军做了针对性很强的部署。第一，凡有航行之利的都取道水路。汉武帝平南粤，兵分五路，都靠水行前往番禺。马援率军讨征侧、征贰，汇合合浦后，也是“缘海而进”[②] 的。率领的将军标榜“伏波”“楼船”“下濑”“戈船”，正显出其水上特色。第二，利用岭南人士。平南粤政权时，下苍梧的下濑将军甲、下牂柯江的遗、下漓水的严，《汉书·武帝纪》张晏、服虔、应劭注都说是归顺汉朝的粤籍人。更不必说，一般的水手、向导等多为岭南人。第三，就地制造、征集船只。《汉书》称诸将“皆将罪人，江淮以南楼船十万人”，是说熟悉楼船操作的人数，而非楼船本身。因为江淮以南的楼船无法直驶进西江源头。所使用的楼船、戈船，理应是在本地制造或征集的。怀集县城北绥江河床在1983年8月出土一艘南朝时的独木舟，虽属原始，但也表明了本地确在造船。广州中山四路秦造船工场遗址表明，当时岭南地区就可造载重五六十吨的木船。德庆县高良镇官村东汉墓出土的一个陶船模型，首尾都上翘，船身上部作层楼状，是适合江海航行的船型。这就可以设想汉代的西江有楼船在航行。

汉代西江航线从广信（今封开）沿贺江可上溯至零陵（今湖南永州）南界，与长江水系潇水上源接近，逆西江上溯猛陵则“南至布山入海”[③]。入海便可航行至交趾以远。

---

① 贾捐之传［M］//班固．汉书．北京：中华书局，2007：647.

② 马援传［M］//范晔．后汉书．北京：中华书局，2007：249.

③ 参见《汉书·地理志》苍梧郡猛陵县原注。

陆路方面，《汉书·地理志》记载广信设有广信亭，其北的谢沐设有关，其东的高要设有盐官。亭、关、盐官尽管职司不同，但都是官设机关，可视为各个基点，联络起来就是路线。路线上的谢沐关北，在越城岭、九嶷山、都庞岭之间有便道通南北。建安十五年至十六年（210—211），步骘和赖恭交接交州刺史职务，都是沿此通道来往广信的。[①] 路线经高要东行，则水陆都可直达番禺，更为便捷。

（二）沟通“海上丝绸之路”留鳞爪

西江地区既有线路通向“海上丝绸之路”上的港口番禺、徐闻、合浦，则借助“海上丝绸之路”进行经济文化的交流也是必然的。汉时西江地区已种桑养蚕，并出产丝绸品。宋王象之《舆地纪胜·德庆府》引《汉书》说：“男子耕农，种禾稻、苎麻，女子养蚕、织绩，民有畜。”[②] 境内锦石山的得名，向来都说是由于汉初陆贾奉朝命出使南粤，在山上施锦步障、以锦包石。清屈大均也称说“蒲桃宫锦，覆步岩阿”[③]。封开县历代也有锦山得名于陆贾濯锦的说法。该县的前身汉广信县还曾有女子苏娥贩缯，在高要鹊巢亭被害的故事。亭名因此而改为鹄奔，先载于谢承《后汉书·何敞传》，东晋干宝著《搜神记》则演述为志怪小说。苏娥丈夫运销丝绸，死时遗下杂缯120匹，苏娥携婢女乘牛车运缯往东部邻县出售。这则记述表明，广信最晚在东汉时已有可供批量运销的丝织物生产，也有从事运销的业户，又有东通高要以远的陆路，高要县郊设有驿亭，这驿亭是《汉书·地理志》所未载的。德庆县城东大辽山墓群1号墓在1975年清理出一件铜洗，上铭“西于县，工匠李文山，元初五年七月”。元初是东汉安帝年号（114—120），西于县属交趾郡，这表明交流是相通的。

（三）交州学术勃兴，文化交流活跃

东汉末至三国期间，交州汇集了来自东西南北的一批硕学通儒、方士佛僧，他们从事讲学、著述、翻译佛经，从而在经学、语言文字、史学等领域取得了重大成就，其中有相当部分是在西江地区取得的。

1. 士燮营造学术交流环境

士燮籍属广信（今封开县），其父士赐在汉桓帝时任日南（在今越南）太守，他本人年轻时到京师洛阳求学，师从名儒刘陶（字子奇），士燮虚心受学《春秋》《尚书》。先后获举孝廉和茂材两科目，“体气宽厚，谦虚下士”。著有

① 参见阮元《广东通志·前事略》后汉引《吴志·步骘传》和《水经注》。

② 曾昭璇. 岭南史地与民俗［M］. 广州：广东人民出版社，1994：55.

③ 参见《广东新语·山语·锦石山》。

《春秋经注》十一卷和《士燮集》，另有《左氏长义》《尚书长义》书稿。他以硕学通儒之身，从汉灵帝光和年间（178—184）[①] 起担任交州、交趾的长官（刺史，或太守，或牧），“既学问优博，又达于从政”，使管治境内“疆场无事，民不失业”，经济和文化同步发展。吸引、接纳了上百名来自中原、江淮、荆州等地区的学有专攻的学者和一批道教术士，以及大批入境的佛教传布者、商贩。一时诸家鸣放，中外南北相互交流。直到吴黄武五年（226）士燮逝世为止，其所营造的文化交流环境持续了四十多年。

2. 虞翻在番禺苍梧之间深化著述

虞翻早年在江南任职，以研究《易》而自成一家。吴黄武初年因屡次忤逆孙权而被责令迁往交州，长居番禺，又曾“徙苍梧孟陵”[②]，期间“讲学不倦，门徒常数百人”[③]。他深化《易》的著述，为《太玄经》作注十四卷，又完成《老子》《论语》《国语》的注，从而扩大了著作范围。这表明他从单一的《易》研究走向了多家、多门、多科通观比较，与当时交州的佛道并起、诸家鸣放的学术环境相融。

3. 刘熙在《释名》注入在番禺苍梧的见闻

刘熙博览多识，在中原江南名重一时，避乱至交州，“往来苍梧南海，客授生徒”，“多至数百人”[④]。著作五种中有《释名》八卷，是语言文字类的一部划时代著作。其突出特点是“以声为书”，是“反切之统宗”[⑤]，体例有别于许慎的《说文》。刘熙在解说中注入了其在交州的所见所闻。卷四释“韩羊韩兔韩鸡”说：“犹酒言宜成醪、苍梧清之属也。”这是同类比喻，例子本来可以随意选择，刘熙却偏选了“蛮陬”所产的苍梧竹叶青佳酿，可能是由于亲尝后留下了深刻的印象。《释名》在循音释义中，普遍应用同声同韵拼合字音的原理以解释词义。这种方法应该是从交州地区外来语拼音中得到的启发。

4. 佛经译介与牟子《理惑论》成书于交州

欧亚人士从日南、交趾入境，北上中国内地从事经济文化活动，东汉末至三国时期比以前明显更活跃。佛教僧人康僧会、支疆梁等在交趾译介佛经。广信人

---

① 任继愈. 中国佛教史：第一卷［M］. 北京：中国社会科学出版社，1981：193；刘汝霖著《汉晋学术编年》卷六则定在中平四年（187）。

② 刘汝霖. 汉晋学术编年：下册［M］. 上海：上海书店出版社，1992：134.

③ 刘汝霖. 汉晋学术编年：下册［M］. 上海：上海书店出版社，1992：101－102.

④ 刘汝霖. 汉晋学术编年：下册［M］. 上海：上海书店出版社，1992：7.

⑤ 王先谦.《释名》疏证补［M］. 上海：上海古籍出版社，1984：5－7.

牟子（名字待确定）本来是儒者，接触了佛经和佛理后，著成《理惑论》。以设问作答的方式，援引儒家经典、《老子》等书籍，为自己信仰佛教辩解。就佛、道、儒“合异为同”，反映出这时期中外文化交流的主旋律。

这些学者、僧人后来分赴各地。康僧会辗转到了建业。牟子《理惑论》面世后流传至北方。学者程秉、薛综回到建业，许靖、许慈入蜀，各在异地传播。这是士燮在交州营造出学术文化交流环境的积极结果。

三、南朝设置西江督护，保障文化交流

西江督护守卫着西江地区和以南至高州、越州、交州的广大地区，保障南北交通线路的畅通。梁时陈霸先任西江督护、高要郡守，多次指挥平息高州、越州、交州的动乱，加强了交州和南亚的联系。他北上平定了侯景之乱，登上相位，实际掌握朝廷权力，就命著名文学家徐陵代拟《与岭南豪酋书》，深情回顾“游践贵乡”，对岭南、交州“故乡如此，成为衣绣；故人不见，还同宵锦”[①] 津津乐道。又表彰了德州（在今越南）刺史陈法武等人，表示欢迎首领及其子弟回朝任职。

南朝时期西江地区受域外文化的影响不断扩大、加深。罗定市罗镜镇鹤咀山南朝墓在 1983 年清理出一个青釉瓷器高圈足豆形碗，在坯表刻出莲瓣形然后施釉，表现出莲花座的形态，带有佛教色彩。又有两件金器，其中指环由纹路清晰的金丝绞成；手镯作扁凸形，有经过工具冲压成形的痕迹，表面镌刻着四组神兽异草图案，栩栩如生，带有西亚风格。手镯本名钏，中国古代的钏无论臂钏还是腕钏，一般都不在表面刻镂，作赏赐品使用。而外国则有用于婚聘的。《太平御览·服用部·钏》引《交州记》：“波斯王以金钏聘斯调王女也。”又《北史·林邑传》：“每有婚媾，令媒者齐金钏、酒二壶、鱼数头至女家。”鹤咀山南朝墓是夫妇合葬墓，出土的金指环、金手镯应是两人结婚时所用，与波斯王、林邑婚聘用钏类似。墓的所在地“为古代南通高凉的一处津梁渡口”[②]。可见与对外交往有关。

---

① 李昉，等. 文苑英华：卷六八二［M］. 北京：中华书局，1996.

② 邓世锠. 历史文化名城罗定［M］. 广州：花城出版社，1998：24.

四、唐宋时期吸纳外来文化以创新

从唐初起，端州驿就是官宦、使节、外客、外僧南来北往而常临的接待站。他们在本地的活动和营建所留下的史迹比前代要多而具体。

在唐代，已有境外僧人来访，共建佛事。始建于武德四年（621）的泷州龙龛道场，曾有交趾郡僧人宝聪慕名到来“振杖顶礼”，并“共成胜因”。端州峡山寺有外僧赐“猿环”的佳话。“猿环”始见于沈佺期的《峡山寺赋并序》，后在裴铏的《传奇》中由《孙恪》一篇解说来历：“碧玉环者，本诃陵胡人所施。”在著名的鉴真东渡日本的史事中，第五次东渡又遇海阻，从海南岛北返内地，上鼎湖山龙兴寺聚会，荣睿不幸逝世，但同行的普照终于在754年接引鉴真成功到达日本，为中日文化交流做出了贡献。现有荣睿纪念碑供参观。

在传播佛教、兴办佛事的过程中，本地人融会贯通，因地制宜，有所创新。新州籍的慧能著《坛经》，影响深远。其弟子、高要籍的希迁在禅学上也有发挥。上述的龙龛道场是根据天竺犍陀罗艺术的原理，参照中国北方的石窟艺术，利用天然岩洞，加工开辟而成的。虽然比不上北方著名的石窟那样雄伟繁丽，但“北壁，画当阳像，左右两厢，飞仙宝塔，罗汉圣僧”。两次造立佛像，为了不耗费大量资财，营建规模较小，但佛龛和石窟的功能完备，而且将当地传说的“龙龛蜕骨”与佛教故事的“龙龛”融会成体，显得自然和谐。

从唐宋以来，外邦传入的物种在西江地区得到繁殖、改良。贝多罗繁殖后称为鸡蛋花，已成为肇庆的名产。木本多年生的“木棉”，原生海岛，在小农经济、自给自足时代曾经产生过经济效益。康州、泷水县曾经盛产马匹，其中有从越南、缅甸传入的马种，也曾在交通运输、军事上发挥作用。

五、明清时期中西文化交流有三次会合

15—17世纪的“世界地理大发现”之后，西江地区的中外文化交流以与欧洲文化的交流最为突出，期间有三次会合。

（一）仙花寺展示欧洲的科学技术

在16世纪70年代，天主教罗马教廷趁着西班牙占有菲律宾、葡萄牙占驻澳门的形势，积极谋求在中国内地建立传教会所的机会。当时肇庆是两广总督署、广东岭西道、肇庆府的驻地，是他们建立传教会所的目标地之一。适值肇庆在“兴文运”思潮的推动下，掀起了建设高潮，终于在万历十二年（1584）建成名

为仙花寺的教堂，这是耶稣会在中国内地建立的首座教堂。投入使用五年多，吸收了一批教徒，除举行教务活动之外，还陈列一些欧洲的科学技术制品，其中有一部分是在仙花寺完成的。由利玛窦绘成的《山海舆地全图》，是首幅体现“世界地理大发现”的中文世界地图，传播了地圆说、五大洲、经纬度、寒温热三带、回归线、平面投影绘图法等科学知识。传教士从澳门引来印度血统的制钟匠在仙花寺为肇庆知府王泮制时钟，由两名肇庆五金工匠协助，这是中国内地首次制成的机械钟表。利玛窦编制的中西文词汇对照表包括葡萄牙语词、意大利字母注音、汉文对照，兼有辞书和检字法功能，是同体例中具有开创性的著述。他撰写的《备忘录》，是“世界地理大发现”以后最早在欧洲出现的介绍中国的长文。仙花寺的活动不但影响了当地人，而且通过各种人物的参观、接触、联络，向周边辐射、扩散。

（二）永历小朝廷染上天主教色彩

1646 年冬，永明王朱由榔在肇庆先监国后称帝，建号永历。永历小朝廷处在风雨飘摇之中，而与天主教会保持着关系，带着一层稀薄的天主教色彩。

一贯在明朝传教的耶稣会士毕方济、瞿纱微、曾德昭、卜弥格等人先后从各地会合于肇庆、桂林，与司礼太监、老天主教徒庞天寿合作，在永历小朝廷的核心成员中发展教徒。朱由榔嫡母王氏、生母马氏、妻子王氏、襁褓中的太子朱慈煊先后受洗入教，起了教名。朱由榔本拟受洗，只因有妃嫔多人，有违教规而不果。重臣大将瞿式耜、焦琏也入了教。

当时肇庆出现了欧洲的文化样式。老天主教徒庞天寿所统领的“勇卫军旗帜皆用西番书为符识”①。1648 年夏，李成栋宣布广东全境归顺永历朝廷，在秋季举行迎接永历回驻肇庆的典礼上，有“吕宋遣使入贡，欧罗巴国人进图谶”②。吕宋指菲律宾的西班牙殖民当局，符识、图谶指标志、徽号、图案之类的描绘和贺词、颂词、祝祷文一类文书。

1648 年秋，太子朱慈煊重病痊愈，宫中以为是天主保佑，于是赴澳门答谢，举行“感恩”弥撒大礼。迎送仪式隆重，互赠厚礼。1650 年春，肇庆震动，朱由榔转移至广西。其妻王氏把希望寄托于罗马教廷。她署名加钤发专函两封，分别致教皇英诺森十世和耶稣会总会长。庞天寿也以教徒的身份署官衔致信教皇，一致请求多派耶稣会士来华传教，为永历小朝廷祈祷“保我国中兴太平”。这三

① 王夫之．永历实录［M］．长沙：岳麓书社，1982：210。

② 瞿共美．天南逸史［M］//鲁可藻，等．岭表纪年（外二种）．杭州：浙江古籍出版社，1985.

封信函收藏于罗马教廷藏书楼，当时由神父卜弥格跋涉万里、历时三年才送达。欧洲的教会史还称，卜弥格此行还向欧洲各国求援。

（三）开始全方位学西方

两百年后，鸦片战争使中国门户大开。西方的“坚船利炮”和“声光化电”等科学技术在西江地区也产生强烈的反响。人们陆续走出去，学习、仿效西学。

同治初年，四会籍的吴炽昌以候选郎中资格在广西作为委员差遣，办理涉外事务，获悉朝廷选派幼童赴美留学，毅然安排子弟吴仰曾、吴应科、吴仲贤报名应试。结果，在4批120人中，3人分别在第一、二批出发，都学业有成，分别成长为采矿、海军、外交的早期专家。光绪末年废科举兴学堂，高要籍的陈焕章于末科（光绪甲辰）会试中进士，获点内阁中书，但他缓进仕途，在进士馆努力修习英语和其他学科，第二年获公费赴美留学名额，并于1911年获哥伦比亚大学政治经济学专业哲学博士学位。通过正式考试，兼修得进士和博士两名衔的，全国以陈焕章为独一位。到清末，近代的文化教育、实业、公共设施在各县陆续创办，迈入20世纪。

竹子在中国文化上的功能、形象和意象

自古以来，中国不但在经济和社会生活上持续、广泛地利用竹子，而且在文化上也一直在发挥竹子的重要功能。作为物种和材料，竹木往往并称，但在中国文化史上，竹子被赋予高尚、美好的形象和意象，推尊至崇高的地位，形成别的产竹国家所不曾有的文化现象。充分论述竹子在中国文化方面的功能、形象和意象，有助于认识有关竹子的文化现象，进而全面认识竹子的价值，充分发挥它在“三个文明”建设中的作用。

一、功能

（一）充当书籍载体

许慎的《说文·叙》说：“书于竹帛为之书。”当代阐释说，甲骨文、金文以前，虽有陶、石、玉、甲骨、金属等充当文字记述载体，但还不能被称为书，直到把文字书写在竹简、缣帛和木牍上，以绳相贯，聚简成篇、成册，或把缣帛分别卷起、叠放，这样才算作书籍。从此，文明的传播、文化的传承，实现了飞跃性的巨大进步。木牍因适用的木材有限，书写的功效又比不上竹简，因而一般只作为竹简的替代品。缣帛虽篇幅较大，但价格昂贵，在使用上也受限制。而竹材资源丰富，除西北、东北以外，大部分地区都可就地取材，而且材质坚爽，表面容易刮削，可以重复使用，因而被广泛地长时期使用。直到纸全面推广使用的六朝时期，竹简才被纸完全取代。可见竹简在中国古代历史文化的传播上发挥过重大的作用，曾是传承历史文化的书籍的主要载体。战国、秦汉的简书在近20年以远超前代的规模被陆续发现，单简就数以千计，大大地丰富了中国历史文化的内涵。

简书在中国开创了书籍的历史，所以它的体式和计量名称被后来的书籍所继承，一直沿用至今，而且大都从竹取意。如“篇”，本指经过书写的简牍，引申为计量单位。“编”，本是用以串连竹简的皮条或绳子，引申为把简册分单元编结。“册”，甲骨文像中间用二道绳子串连的一束简牍。“典”，甲骨文字形像册置于几上，后来衍生出“簨”。在此基础上，再衍生、派生一连串与书籍有关的名物，本义都来自竹简或竹材。如“籍”“籙（箓）”“籤（签）”之类，都保留着竹的烙印，折射出历史文化传承上的亮点。

（二）广供文教礼仪用材

或以竿，或以板，或以皮，制成各种文化教育和祭祀礼仪应用的部件、工具和器具。

1．书写和运算工具

（1）毛笔是书写和描绘的工具，在中国文化教育的产生、发展和传承上至关重要。历代虽然使用过以木、芦苇、玉、象牙等作杆的笔，但都没有形成主流，而一直以用竹作笔杆和管（即笔套）为正宗。曾长期流行的这种笔始由秦朝大将蒙恬创制的说法是不确切的。商代遗址中已出土用毛笔蘸朱砂书写的陶片、蘸墨汁书写而未锲刻的牛骨。近几十年先后在战国时的楚墓中出土毛笔，笔杆、笔套都是竹材。出土的秦代毛笔也是如此。唐宋时代谑称毛笔为管城子、管城侯，就是以竹管为切入点来取意的。

（2）算筹是中国古代计算的工具，在算盘没有通用前，使用了两三千年，在历史上的作用也是巨大的。《说文·竹部》："算，数也。""筭，长六寸，计历数者。"同书示部又有"祘，明视以算之，从二示，读若算"。这三个字音同义近。当代的阐释认为，祘是用算筹计数时的摆放图形，是筭的本字。算是计算、数量。起初用作计算的筹码，用材不定，后来通用竹材，"筭""算"二字也因而通用了。

2．艺术器件和艺术品

（1）音乐。中国的传统音乐与竹关系重大。用竹竿制作的管和簧，经气动可以发出乐声。《吕氏春秋·仲夏纪·古乐》说黄帝指派伶伦制定乐律。伶伦取溪谷生长的竹截成管而吹奏，定为黄钟之宫，作"律吕之本"；由此定出了十二律吕的乐音。而其后器乐统称八音：金、石、丝、竹、匏、土、革、木。其中竹就是指竹制的吹奏乐器。匏虽然以匏作底座，但仍然靠簧、管发声。因而八音之中有两种是用竹材做发声器件的，数量众多，主要有箫、笛、管、籁、箜篌、竽、笙等。而丝竹更可代称音乐，可见竹在音乐上的地位多么重要。

（2）美术。唐代的竹雕、竹刻作品至今仍有存留。日本正仓院藏有唐代珍品"雕竹人物花鸟纹尺八"。明清时代的竹雕竹刻精品、珍品存世的更多。如上海博物馆藏的明代香熏、清代罗汉像，北京故宫博物院藏的明代松树形壶、清代东方朔像等，广东民间工艺博物馆也藏有清代铁拐李像等。这些竹制精品充分体现了鲜明的艺术特色，在美术百花园中竞放异彩。

3．礼制信物

作为礼仪之邦，中国古代花色繁多的礼制信物中，除了金、玉、骨、象牙等材质以外，还有竹质的，其中重要的有节符，充当政治、军事交往联络的凭证和符信。

（1）节，甲骨文作“卩”，后来与表示竹节的“节”同字，原因可能是符节也用竹材制作。《周礼·秋官·小行人》规定的六节中，符节和管节都是竹制的。其余众多的节式中也都用竹作杆。如汉代的旄节、唐宋时期的旌节，都用竹竿。苏武被匈奴强行羁留时，“杖汉节牧羊，卧起操持，节旄尽落”。这一旄节是不辱使命而坚守气节的象征。宋仁宗时包拯在端州期间，兴建堂舍中有“节堂”，就是专树旌节的堂，以表示知州的使命庄重。

（2）符，历代形制和质料众多，但《说文·竹部》：“符，信也。汉制以竹长六寸分而相合。”表明汉朝以竹质的为定制。分而相合就是在其上书写文字或作描绘，居中对分，到时验合为证。

在历史的长河中，竹质、竹材的节符于弘扬诚信和肩负使命这两项中国固有的道德和伦理准则上曾经发挥过重大的作用。

4. 文人用具

古代文人由于职业、生活习惯和嗜好等，使用一系列的竹质用具、器物。如陈设、储存使用的书架、书箱、书箧、书篮、笔筒、诗筒等；坐具卧具床、榻、椅、几等；出行游乐用具杖、钓竿、斗笠等；品茗焚香器具茶炉、茶匙、香筒等；都讲究竹质、竹形，制作出种种适合文人使用的器具。往往加上窗前舍旁的竹林、壁上的竹画，营造清雅澹远的氛围，提供激发文思和灵感的气息和格调。这是富有中华特色的一种文化现象。

二、形象

竹在中国传统文化上的美好形象是富赡而厚重的。无论单株还是丛集，无论形态、色泽、习性，都有着美感，它的笋、竿、枝、节、箨都有着动人的魅力，因而成为历代文学艺术、论道修学的审美对象。《世说新语·任诞》记王徽之暂寄居别人的空宅也要种竹，说：“何可一日无此君?”《诗经·小雅·斯干》：“如竹苞矣，如松茂矣，兄及弟矣，式相好矣，无相犹矣。”以竹笋丛生、松竹枝叶壮茂，类比兄弟相好共进，不相诟病，已流露出对竹子浓厚的亲近感情。魏晋期间，玄谈风气兴起，阮籍、嵇康等“竹林七贤”常聚于竹林谈玄醉酒，显然钟爱将竹林的清幽境界与玄理融合。另一位文士江迪撰《竹赋》赞美说：“有嘉生之美竹，挺纯姿于自然。含虚中以象道，体圆质以仪天。……翕幽液以润本，承清露以擢茎。拂景云以容与，拊惠风而回萦。”通体以“天”“道”“自然”“幽液”“景云”这些道论、易理、玄学的观点和理趣对竹进行审美。王徽之虽然不明说“不可一日无此君”的原因，但竹子的形象令他陶醉，令他无法舍割是可以想见的。其后在南朝、唐宋，直到明清，爱竹、咏竹的风气一直流传，文人分别从整体、个体、特异、配景、时令气候等多方面、多角度来描绘和咏唱竹子，涌现出许多情味隽永的佳作。

（1）竹丛。南朝谢朓《咏竹》诗：“窗前一丛竹，青翠独言奇。南条交北叶，新笋杂故枝。月光疏已密，风来起复垂。青扈飞不碍，黄口得相窥。但恨从风箨，根株长别离。”把竹丛中枝、叶、笋、箨、根交叉错杂，在月光、风声之下变动的风姿，作了生动而细致的描绘。结句为笋衣、竹衣“从风”飘去，与根株长别离而“恨”，情态拟人而情境融合，意味深长。

（2）修竹。修长是竹竿形体突出的特征。唐代陈陶《长竹》诗：“青岚帚亚思君祖，绿润高枝忆蔡邕。长听南园风雨夜，恐生鳞甲尽为龙。”着力引入有关竹子高、长的联想，由空间的“高枝”转入基于时间的“长听”，相当别致。

（3）斑竹。竿表面有紫斑，相传是帝舜南巡苍梧不返，两个妃子悲悼，泪点楚竹而成。这个传说关涉上古名帝，故事又哀怨，因而向来是吟咏的题材。宋代俞琰《斑竹》诗：“情根万劫总难消，帝女余悲寄碧条。亦有怀人千点泪，盈盈滴作海棠娇。”超脱帝女啼痕，转换成历代怨女无法销蚀的残红，构思别致。

（4）新竹。春天新生的竹，是一年中最具生气的竹观。杜甫《严郑公宅同咏竹，得香字》诗：“绿竹半含箨，新梢才出墙。色侵书帙晚，阴过酒樽凉。雨洗涓涓净，风吹细细香。但令无剪伐，会见拂云长。”题目虽然没有标出“新”字，但竹的逢春姿态显然。诗中表达了大诗人愿它挺拔天地的寄意，流露出关爱众生的博大胸怀。

此外摄取特定的处所、场地、背景、气候中的竹子景致，在古代文学艺术作品中也常见。如宅边竹、溪边竹、池边竹、山竹、石竹、雪竹等，各有独特的形象。明太祖朱元璋有《雪竹》诗：“雪压竹枝低，低下欲沾泥。一朝红日起，依旧与天齐。”描绘得气度恢宏、轩昂，虽屈能伸，虽俯犹仰，大有元曲大家关汉卿在《南吕·一枝花·不伏老》所唱的气概：“我是个蒸不烂、煮不熟、捶不扁、炒不爆、响当当一粒铜豌豆。”

三、意象

运用传统的美意识，文人多赋予竹子以意蕴形象。如同对待其他与人们亲近的物种一样，常常把竹子人情化、人格化，赋予其道德、伦理、哲学上的种种意义或观念。

（一）通体

把竹子的各种特色、特性、特点都定性为相应的意义符号，构成多层次、多方面的意象。如宋代著名女诗人朱淑真的《直竹》诗：“劲直忠臣节，孤高烈女心。四时同一色，霜雪不能侵。”从“直”引发一连串感受，用粘连的手法串联竹子优良的特性、特色，把其“劲直”的特性转化为伦理上的忠直、道德上的忠贞，本色四时不变，凌霜傲雪。

（二）偏举

历代文人赋予竹子众多的象征意义，如虚中洁外、修干平节、中实外坚、表贞示节、心空、玉干、性直、凌云等，对它品题时往往只标举一两项进行鉴赏。唐代元稹的《新竹》诗描绘新竹的种种静态、动态，只在结句标举“唯有团团节，坚贞大小同”，突出贞节的意象。同代刘兼的《新竹》诗则突出“虚心高节雪霜中”。晋代谢庄的《竹赞》又突出“贞而不介，弱而不亏”。

（三）拟形摹声以寄意

竹子的枝干细长，竿空而坚爽，叶长而密，经受风吹会呈现特有的动态，发出特有的响声，敏感者将其比拟为人的行为、意识。

古代传说有竹树自动“拂仙坛”“扫石床”的灵异行为。《艺文类聚·竹》引盛弘之《荆州记》说，临贺郡（当时包括今广东封开和怀集两县的一部分）的大冬山生长着大竹，下有磐石，方正宽广，有两棵大竹低垂拂扫，因而石上全无尘秽。这些连同凤凰来栖竹树之类的灵异故事，都赋予竹子以神妙的意象。关于风动竹响的“瑟瑟”“萧萧”和“萧骚”“萧飒”“敲寒玉”之类的象声、摹声，更能产生循声而现形显象的联想，唤起人们的心理共鸣。清郑燮的名句：“衙斋卧听萧萧竹，疑是民间疾苦声。”这萧萧竹声，已升华为民间疾苦的意象，更具有厚重的社会意义。

总之，竹子为中国文人的物质生活、精神生活提供了宝贵的资源，在传播文化、推进教育、倡导文明、推动社会发展等方面发挥了重大的作用。当今社会发展的新理论、新时尚要求强化绿色意识，崇尚自然品质，追求无公害、无污染的生活环境，而竹子恰是理想的绿色物种，因而有必要从整体上对它加以认真的审视，发掘它在传播文化上的潜力，拓展它在人们精神生活上的影响范围，发挥它在精神文明中更大的作用。

参考文献

[1] 华夫. 中国古代名物大典 [M]. 济南：济南出版社，1993.
[2] 钱存训. 书于竹帛：中国古代的文字记录 [M]. 上海：上海书店出版社，2002.
[3] 施远. 竹器与晚明文人生活 [J]. 文史知识，2002 (11).

源远流长的南江稻耕文化

中国在持续五千年的历史中，一贯以农立国，以农业为本。日出而作，日落而息，春耕夏耘，秋收冬藏，这样的营生处世，在表面上只体现为芸芸众生的物质生活，但实际上还涵盖了独特的中华文化，在物质生产之中依附着精神要素，凝聚着人们的智慧，甚至演绎出睿智的哲理。南江流域的历史文化过去少为人知，可以说处于寂寂无闻的状态。随着近几十年文物古迹的陆续发掘面世，阐释、研究的成果逐渐发布和传播，才得以窥探其深藏着的许多富有价值的稻耕文化成分。

一、背夫山战国墓明器小考

该墓茔 1983 年被发现并清理出土文物 116 件，其中铜器 104 件，曾作为广东重大考古发现而载入 1984 年《中国考古学年鉴》。铜器中有斧、凿、篾刀，连同镰、锯，与农业、手工业都有关系。而斧、镰、锯、凿、篾刀作为明器，并不见载于《仪礼》规范的名器名录中，这足以引起注意。

按《仪礼·既夕礼》，临葬陈列的明器包括用器、乐器、役器（甲、胄、干、笮）、燕器（杖、笠，即燕居安体之器）。其中“用器：弓矢耒耜；两敦两杅，槃匜”。郑玄注：“此皆常用之器也。”① 其中的用器一项，属于工、农、织的工具只有耒和耜两种。而《管子·轻重乙》说：“衡谓寡人曰：‘一农之事，必有一耜、一铫、一镰、一鎒、一椎、一铚，然后成为农；一车必有一斤、一锯、一釭、一钻、一凿、一銶、一轲，然后成为车；一女必有一刀、一锥、一箴、一鉥，然后成为女。’”② 衡的标准也就是齐国宫廷的规范。以这份名录与背夫山战国墓出土的铜器对照，镰、锯、凿、斧后者有。后者另有篾刀，如果省略其中功能的微小区分，也可视为刀。汉刘熙《释名》：“铚，获禾铁也。”清孙诒让引《急就篇》颜注：“铚，刈黍短镰。”③ 这也就可以统称为镰或短镰。这样，

① 阮元．十三经注疏［M］．北京：中华书局，1979：1149.

② 戴望．管子校正［M］//刘宝楠．诸子集成．上海：上海书店，1986：404.

③ 王先谦．释名疏证补［M］．上海：上海古籍出版社，1984：327.

就有镰（含锤）、锯、凿、刀、斧在《管子》开列的规范农具、工具和女红工具之中出现。《管子》一书，就齐国社会的各项制度提出整饬、改进、创新的理论、措施与办法。联系到背夫山古墓出土的铜质工具，有必要加以深思。特别是其中的镰是齿刃镰，比无齿镰先进，出示齿刃镰，凸显对收获成果的关注。

二、南朝至唐南江的稻耕生产文化

进入南朝以后，龙乡县在各朝的州郡志都有记载，清洪亮吉《东晋疆域志》认定龙乡县在晋末设置①，从《宋书·州郡志》注明《永初郡国（志）》所记“治龙乡”观察，南朝宋的第一个年号永初期间，龙乡县不但已经设立，而且是治所所在地，是首县，后来因故才回迁端溪县。到齐代宋，增设广熙郡，就以龙乡为首县，郡的治所也设于此。可能是由于开发的需要，从晋康郡分出了广熙郡，但又一度撤销，后来恢复设置，显示进一步开发这一地区的格局已经确定。

而且《南齐书·州郡上》开头有一段重要的小序：“广州，镇南海。滨际海隅，委输交部，虽民户不多，而俚僚猥杂，皆楼居山险，不肯宾服。西南二江，川源深远，别置督护，专征讨之。卷握之资，富兼十世。尉他（佗）余基，亦有霸迹。江左以其辽远，蕃戚未有居者，唯宋随王诞为刺史。”②

当时的广熙郡及其治所龙乡县就是西南二江间的“川源深远”地区。活跃于齐梁两朝政坛的陈法念，其祖先南迁出任官职，定居于南江上游龙乡县，即后来的泷州、泷水县、开阳郡。陈法念曾任梁朝骠骑将军、西江都督。至其子佛智，“承累世之资，臧镪钜万，部曲数千”。其孙龙树、曾孙集原、玄孙仁谦都在唐朝任高官③。陈法念、陈佛智世代累积财富以万金计，拥部曲数十，至其子孙陈龙树、陈集原时，仍然拥有“资财田宅，僮仆三十余人”。陈法念还曾任西江都督，这与“专征讨之，搂握之资，富兼十世”的描述即使不完全符合，也较为接近。

而宋、齐、梁、陈四朝都分别实施鼓励农业的政策，采取促进生产的措施。《文馆词林》收有宋文帝、宋孝武帝躬耕千亩，齐武帝籍田，梁武帝劝农等诏书，尽管大都是照章循例的举动，但重农、劝农的愿望是实在的。《梁武帝开恩

① 洪亮吉. 东晋疆城志［M］//二十五史刊行委员会. 二十五史补编：第三册. 北京：中华书局，1956.

② 萧子显. 南齐书［M］. 北京：中华书局，1972.

③ 解缙. 永乐大典［M］. 北京：中华书局，1960：1807.

诏》中，对犯法违纪而应查封、没收财产者，认定“其田宅车牛是其生生之具，不得悉以没入，皆优量分留，使得自止”。这些人拥有“田宅车牛”，应是相当规模的农业经营者，尽管受到“封籍”的处罚，但财产不会全部没收，而是从优保留，也就是让其依然保持经营。同时一些诏书宣示，官员督导农事得力者有奖，加级进阶。《梁武帝恩赦诏》三首之二宣示“在位群臣，宿卫文武”，“孝悌力田，为父后者赐爵一级”①。在这种社会背景之下，陈法念、陈佛智家族拥有的巨额财富，除了有用军事、政治手段取得的之外，也会有经营农业所得。他们传承到子孙时，仍然拥有田宅，就如上述诏书所说的拥有“田宅车牛”一样拥有相当规模的农庄。当时传承东汉以来广州都督府地区农业发展获得的较大成果，加上南朝四个朝廷的鼓励、督导，大批从岭北南下的汉族人，带来了先进的耕作技术、工具，从而使农业出现新的局面。

在北魏末年成书的《齐民要术》卷二述说粮食作物，将稻分为水稻和旱稻，其中水稻在南方一般是二熟制，其中“盖下白稻，正月种，五月获，获讫，其茎根复生，九月熟”②，又是近代还出现的“撑稿”现象。与此同时，陈法念“其先自鄢陵徙居开阳”。鄢陵在今河南省中部，距北魏都城洛阳不远，他的先辈是否也把《齐民要术》讲述的先进技术和经验引入南江地区还有待考证。

至隋唐，南江地区的建制逐渐清晰，文献中相关内容的记载也有所增加，农耕文化的亮点在载籍中不时出现。

（一）自然花药，花开莲井

《龙龛道场铭并序》描述该道场“花药奇卉，实仙圣之安憩”“无假梁栋，自然花药”“云起山窗，花开莲井”。两处出现的花药在中国古代特指芍药，但在佛教名物中有花药栏，设置在寺院内，种植芍药和牡丹。而莲井在佛教名物中查不到，从与“自然花药”作对句来观察，莲井也应是道场以外的自然境界。莲井可以算是大莲塘。在这样的大莲塘上荷花争艳，与花药栏中的芍药、牡丹映衬，在出家人心中是“萧尔闲旷，悠然虚静”。在世俗常人的眼中即使不是“接天莲叶无穷碧”，也会有置身于姹紫嫣红的花海中的感觉。可见当时在粮食生产之外，种植的作物种类已经多样化，甚至包括了花卉。

（二）放养鲩鱼来开荒造田

《岭表录异》卷上：“新泷等州山田，拣荒平处以锄锹开为町畦。伺春雨，丘中聚水，即先买鲩鱼子散于田内。一二年后，鱼儿长大，食草根并尽。既为熟

① 许敬宗．文馆词林：第二册［M］．上海：商务印书馆，1936：109－142．

② 贾思勰．齐民要术［M］．北京：华龄出版社，2002．

田，又收鱼利，及种稻且无稗草，乃齐民之上术也。”① 体现了当时农民的巧思。

三、明清时期南江稻耕生产文化的兴盛

唐代以后从南汉至宋元，有关泷水县的文献资料鲜见。直到明代，特别是万历年间龙乡县升格为直隶州后，由于上级的督导加强，大批移民到此定居，当地大力开展政治、经济和文化教育的建设，社会面貌发生明显变化，稻耕生产文化随之得到发展。

（一）注重作物门类和品种的多样性

出于小农经济自给自足的需要，在种植水稻作为主粮的前提下，农民在种植其他作物时会尽可能地实施多项目、多品种的策略。水稻分早造、晚造，每造又分早熟、大造，大造之中，谷种特别多。此外，粮食作物不只有五谷。杂粮之中，红薯最为大宗，品种也多样，在种植上分五月种八月收的正造薯和秋收后即接种的冬薯。豆类中有黄豆、黑豆、绿豆、红豆、赤小豆、眉豆、豌豆、蚕豆等。有意思的是，眉豆在本地称为饭豆或米豆，竟是见于《齐民要术》的名称。黄豆最被重视，与油料作物花生同居于重要位置，因为在当时民众的生活中都是不可或缺的。花生是食油的来源；黄豆是豆腐的原料，逢年过节必须用来磨制豆腐，平时也需要用作食料。此外麻、茶、果、烟叶、木薯、桑、瓜和菜等，都是常见作物，收益较大。

（二）注重地力和地面空间利用的最大化

主要的四熟、三熟、两熟作物在耕作制度基础上，实行连种、轮种和复种。复种从同一地面、同一时段内进行来说，方式又分间种、混种、套种等，立体种植很常见，典型的是在芋地上种姜、瓜、菜、高粱、玉米之类，地力和空间全部利用。

（三）种养同田，“饭稻羹鱼”

代表方式是稻田养鱼。由于稻田一般分布在低丘和谷地，田基蓄水比较丰足。加上传统的水稻插植习惯深水疏植，预留空间较大，施放的又是农家肥料，不但对鱼无害，反而更有利，因而向来有稻田养鱼的习惯。早造插秧后，适时放养鲤鱼，个别还加放鲩鱼或其他鱼种，所养的鱼种必须不吃稻株。到早造收割后、晚造插秧前收捕，也会留下一部分继续饲养。每造亩产一般有 10 ~ 20 斤，

---

① 刘恂，鲁迅．岭表录异：卷上［M］．广州：广东人民出版社，1983：7.

多者有三四十斤。这样的自养自捕，是当地农家一年中鱼肉最主要的来源。这种在自然生态环境下养大的鲤鱼，尽管体型不大，但肉质肥腴甘美，骨骼较软，人们交口称赞，称其为“田鲤”，以区别于河鲤、塘鲤。在集中捕捉时，大人小孩齐动手，鱼罩、竹箕同施，衣湿身脏在所不惜，这是稻耕文化中独特的欢快景象，体现了《史记·货殖列传》所说的“饭稻羹鱼”佳兴，在今天可以提升到全球农业文化遗产的层面来考量。浙江省青田稻鱼共生、贵州从江侗乡稻鱼鸭系统已相继跻身全球 17 个 GIAHS 保护试点[①]，这一信息值得注意，当前可以考虑将它开发成稻田养鱼、养鸭的生态饮食文化设施，加以利用。

（四）山田并作，农林多珍

耕田与种山，种地与采摘山野土特产，或者取原料加工制作，罗定历来都有名品面世。紫石英、红飞鼠（红蝙蝠）、秦吉了（八哥）、画眉鸟、果下马、冶铁铸镬、蓝靛、茶叶等，不下百十种。其中豆豉和酱油，从清代以来一直蜚声在外。作为调料，在广州、香港都有标明采用罗定豆豉烹制的名菜。甚至北京的国宴、美国唐人街的酒楼，也都有名为罗定豆豉鸡的名菜。在清同治光绪年间任罗定直隶州知州的杜凤治在日记中写道：“自到罗定，酱油实为广东第一。”年中他向广州的总督、巡抚、布政使和其他官员、亲朋好友赠送了不少酱油。他还写道：“此地颇富庶。”“路无乞丐，有上古风。”“民安耕凿，地利桑麻，竹木扶苏（疏），山水如画，孰谓瘴烟蛮雨无佳境哉！”[②] 产量大宗、产值大额、在市场上举足轻重且至今不衰的要数桂皮、桂油及其连属的产品。经过长期的栽培和利用，当地已积累了一套技术和经营管理的方法，也可作文化层面的观照。

（五）大型提水筒车

筒车、水碓、水磨这些利用水力驱动的农业机具在中国历史悠久，在罗定长期使用，其中筒车最有特色，以围底河沿岸设置的为规模最大、效率最高。古模村安设有三架，其中两架并列，共用一道拦水陂、一条车巷，当地称之为孖车。单个转轮直径有两三米，轮上叶片上端安装吸筒十多个，两轮共有三十个左右，日夜提水不息。灌溉范围约有两平方公里，同时保障村民自身的生活用水。对照《天工开物》《三才图会》和当前的中国农史书籍所展示的筒车图像，这种“孖

① 敖汉旗旱作农业和云南普洱茶农业成为全球重要农业文化遗产［N］. 人民日报，2012－09－07（4）.

② 广东省立中山图书馆，中山大学图书馆. 清代稿钞本：第 16 册［M］. 广州：广东人民出版社，2007：41；广东省立中山图书馆，中山大学图书馆. 清代稿钞本：第 15 册［M］. 广州：广东人民出版社，2007：529。

车”的规模较大且效率较高，车巷的开辟和陂中浮闸通船上下的设置，体现出设计的用心。当中的历史记忆值得发掘、保存。

四、历史上南江稻耕的精神文化

在稻耕生产活动中，人们会形成特定的观念、思想、意识，这里尝试用精神文化来统摄，概括四项进行探讨。

（一）吸纳进取

与外界接触、交流，从中吸纳先进的文化成分，这在境内出土的历代古墓中已有物证。南朝至唐阶段，本地人在外的活动以及与外界的接触、交流增多。到中国江南地区求佛法的交趾郡僧人宝聪，获悉泷州龙龛道场佛事后，欣然南来“顶礼”，“共成胜因”。明清时期，大批移民到此落籍，把原有的文化成分也一同带来。清朝乾隆嘉庆以后，本地农民又开始外出发展，外出发展的地点由省内的广州、佛山和珠江三角洲其他城镇扩展到香港和南洋，再扩展至湖南、广西，远至贵州、云南。“走云南”“走广西”从事贩运、营销或者有利可图的其他营生，在二十世纪三四十年代出现高潮。其中在抗日战争期间，仅在广西柳州经商的就有上千人，他们所聚集的大南路有“罗定街”之称。昆明的金碧路也有类似的情况。加上广西桂林、南宁、梧州，贵州贵阳及其他城镇，人数应以万计。这些经贸活动对活跃抗战大后方市场发挥了积极的作用。同时也把大后方的信息反馈给家乡。一个显例是制作火柴，1938 年珠三角沦陷，火柴的来源中断。有高中文化的梁清泉把在外地掌握的火柴制作技术带回素龙笸井老家，办起火柴厂，将烦琐的插枝手工分发给附近的农家完成，因生产的火柴质量过关，销路大开。几年间火柴厂竞起，从县城到素龙的公路两旁，火柴厂的广告随处可见。他们生产的火柴不但保证了对本县的供应，而且销往邻县和广西，也为当地的农民开辟了一条致富门路。

（二）尚健习武

农事余暇习武，是中国农耕文化的一项优良传统，对全民族的持续发展起着重要的作用。罗定尚健习武的风气浓厚。一般的聚落，特别是较大的村庄，都设有练功学武的场所，逢风雨天不能开工和可利用的夜晚，有志者往往集中锻炼。在这一广泛的群体性基础上，在清代就陆续涌现武进士 8 人、武举人 47 人，官至总兵的 7 人、副将以下至守备的几十人，功夫能手、武术名家、擂台俊杰一大批。德、功、医兼备的梁方伍、彭侠，都享誉全球。

当中有武术世家，祖孙尚武。抗日骁将区寿年在“一·二八”淞沪抗战中，率领十九路军七十八师坚守闸北、虹口一线，与侵华日军血战 30 多天，战后获授勋章。1938 年 8—11 月，又以四十八军一七六师师长身份参与淞沪会战，再次给予侵华日军以重创。其后多次参战，屡立战功，晋升军长、集团军副总司令，抗战胜利后任兵团司令。年轻时区寿年参加北伐，在进攻武昌城时，担任前卫连连长，领队强行爬城，参加巷战，勇于冲杀。平时治军喜欢游泳、射击、跑马，所领部队喜好运动成风。知情者认为这来自他的家风。原来他家世代习武，祖父区龙光是清光绪十五年（1889）武进士，曾任三水守备，回乡后授徒，指导武术，影响后人。

（三）精忠孝友

对父母孝顺，对兄弟友爱，这样的孝友行为在中国传统的伦理上是通则，在社会实践上也相当普遍。清代张辉三代入州学，讲求德行。他任教几十年，“教人先孝友而后论文艺”，著《孝经释义》一书。另一位履历相近的谭虞琛，“授徒不问束修厚薄，入塾先讲《孝经》”，对母亲孝顺敬谨。再上溯南朝至唐代，更有四代被史书列为“精忠大节”的陈法念一家。明代郭棐《粤大记·献征类·精忠大节》把晋代冼劲排在第一，南朝陈法念第二，唐代陈元光第三，其下宋明各 18 人。记述陈法念称：“以孝义训溪峒，所至镇俗戢奸，盗贼屏息。封宋平郡公，世袭。子佛智，为罗州刺史，陈光大初，授南靖太守，大建中，除西衡州刺史，封安靖郡公。陈亡，与冯盎力战，奋戈厉声曰：‘战阵无勇，非孝也。’遂为盎所杀，时称其忠。”还称其孙龙树仕唐任刺史，封鄱阳开国男。从这段记载看来，之所以“时人称其忠”，是因为陈佛智奋力抵抗，并且挥戈厉声宣誓。而在陈法念身上看不到忠的事迹，但是其子“战阵无勇，非孝也”的认识是得自父亲的教导和灌输，那就与陈法念有关系，就可以视为父子精忠大节。

同时，这里称陈佛智被冯盎杀死，与《资治通览·隋纪》开皇十年（590）所记“冯盎出讨贼将佛智，斩之”相同。但是《永乐大典》引《晋康志》的记载并没有陈佛智被杀的事，而是说陈佛智“以孝义训蛮俗”，“后隐晦不出，至炀帝大业十三年（617）终，年七十三岁”①。这一年比开皇十年晚 27 年，因而使“陈佛智被杀死”这一说法出现疑点。开皇十年王仲宣起兵造反时，“岭南首领多应之”。但是并不见有其他首领被杀的记载，冼夫人的孙子冯暄也只是被囚禁。当时陈佛智被加上的“贼将”一名，理应是由“广州南有贼曰俚”而得来的称呼，不见得是含有政治性的恶称。隋文帝《安边诏》二首之一针对在统一

① 解缙. 永乐大典［M］. 北京：中华书局，1960：1807.

全国的进军过程中的对抗行动宣称："如或愚蔽，敢相抗拒，军锋所及，止在逆者一身，自余家口，并亦抚慰，务在安全，一毫勿犯。不得肆将士之情，极干戈之用。"他的《大赦诏》二首之二又宣布："自开皇十九年正月七日昧爽以前，大辟罪已下，已发露未发露系囚见（现）徒，悉从愿放。"[1] 并无严惩不贷的峻刻。加上当时冯盎所接到的命令只是执行阻遏，双方并未发生激烈的战斗，而且陈佛智是冯盎兄弟冯暄的挚友，情势也没有发展到非立斩其不可。可见其中的疑点还需要推敲。

陈法念家孝友的事迹最突出的是陈集原被入载《旧唐书》《新唐书》的孝友传，称他"幼有孝行，父才有疾，终日不食"，"丧父，呕血数升，枕服苫庐，悲感行路。资财田宅及僮仆三十余人，并以让兄弟"。在这两书的《孝友传》中，籍属岭南的，别无他人。而且其后的官修类书《太平御览》《古今图书集成》等都对此加以转载。他"悲感行路"的深情，特别是把自己的田宅让给兄弟的举动，在今天仍具有感染力。

直到明末，黄世臣获悉北京被清军占领后哀痛万分，说："国亡与亡，人臣之分也。吾尝食朝廷禄，今虽致仕，其可苟活乎？"决然在家自缢以为殉。

（四）敬奉农神

正式的宗教场所历来较少，奉祀各种神祇的庙宇分布较广，信众到来除了进行一般的祈福、祝祷、酬报以外，还常常夹杂着对农事、农功、风雨、天时的祈求和报恩。除通行的节诞以外，祝祷农功、敬奉农神的色彩浓厚，甚至在近年仍然奉行的，有几项活动：

1．拜地神

对地神、社稷、先农坛各级政府都定例拜祭，罗定的民俗把它置在仅次于祖宗的地位，拜祠堂后随即拜地神、社坛。

2．四月八优待耕牛

四月八日本是佛教的浴佛节，民间又衍生为牛王诞。罗定的农村一般没有牛王诞的仪节，但对耕牛有优待的举措。通常是打扫牛栏，在牛栏上香，当天不役使，在牛食中添加优质料，甚至加上酒。

3．尝新

这也是历代帝王以下阶层庆农功的活动。因为还没有新谷收成，无新米可尝，只有将待熟的稻穗扎成一束，连同祭品奉神。当天有一项别致的活动就是夏

① 许敬宗．文馆词林：第二册［M］．上海：商务印书馆，1936：109－142.

收夏种期间请帮工的，包括全期的“做六月”和散工，在这一天必须落实，落实了的就被请到主家会餐，因此当天的村庄气氛热烈，与端午节不相上下。

4. 完工

夏收夏种持续一个多月，是一年中最劳苦的时候，完工了要备办丰盛的一餐，全家并邀帮工共宴，主家照例酬神。

5. 做醮

由醮会主办，由巫士主持，但内容夹杂着中国传统的祭拜地神、农神的仪式和佛教的名色。而且日子必定选在入冬后，这时秋收告竣，可以为农事报功了。醮期一般持续三天，除了祭拜、奏乐的仪式以外，还有舞狮、展览画屏、吹奏广东音乐，甚至有“马上色”巡游。“马上色”即珠三角“秋色”的简化，因为扮相者都坐上马背而得名。扮相者按传统文学作品中的故事编排，画屏的内容也类似。这样的做醮，尽管有迷信成分，但深得观众喜爱的还是文艺和知识的成分，而且亲戚聚会，热闹几天，是乡村中难得的盛会。

五、结语

南江的稻耕系统有着比较明显的作物多样性，稻耕文化有着不少富有特色、颇具意义的亮点，当中一些独特的稻耕技术和知识，蕴含着千百年来由实践而累积的成功经验，有待后人发掘、研究，以得到在农业文化遗产层面、自然环境层面的保护和利用工作的启发，并置于新近兴起的环境历史学视野中加以考察。

参考文献

[1] 罗定县地方志编纂委员会. 罗定县志 [M]. 广州：广东人民出版社，1994.

[2] 罗定县政协文史组. 罗定文史资料 [M]. 罗定：罗定县政协文史组，1982－1986.

[3] 陈大远. 龙乡夜话 [M]. 北京：中国文联出版社，2001.

石刻文字在古籍整理研究上的准则作用

金石文字特别是石刻文字为中国历史文化的重要载体，在历史记载，文献编纂、整理、研究上有着独特的作用，在宏观上所起到的作用已为传统的金石学所肯定和申说，至于具体的功能和作用则有赖于各种实践活动的展开来做总结和例证。本文试就广东所见的石刻文字，着重对唐宋的部分进行研究，条举事例以作说明。

一、作者及其作品的勘定

在各个历史时期由后人所编的集子及其他非由作者本人所编定的书籍里，由于客观上或技术上的种种原因，难免会出差错缺漏，导致鱼龙混杂，张冠李戴，历史资料严重失真、失实，在这种情况下，如果有石刻文字作资料，就可以用来勘合验证，找出破绽。清黄子高撰《粤诗蒐逸》卷三选入宋连州人廖颙的《游七星岩》："斗峰遥忆旧崧台，为劝农耕特地来。短李高名光翠壁，伪刘陈迹没苍苔。洞天日永风埃净，岩壑云收霁色开。好景最宜供宴赏，操觚欲赋愧非才。"而清厉鹗《宋诗纪事》卷四五则把这首诗归入叶南仲的作品中。个别文字二书又与原刻不符，其实这首诗刻在肇庆石室岩洞西壁上，至今可见，诗后还有题记："绍兴乙丑仲春上休，郡守叶南仲拉同僚来游，因留五十六字。门生，左从政郎，高要县令廖颙命工刊。"显然，诗是叶南仲作的，作为门生和下属，廖颙只是出面请工镌刻而已。《粤诗蒐逸》注明引自《岭海名胜记》，实为以讹传讹所致。而《宋诗纪事》所据《崧台石室记》，也与原刻不符。

《粤诗蒐逸》卷四李璞的名下把《石室》也收进去。其实肇庆石室岩内璇玑台对壁刻有10行正书七律二首。第一首即上述《石室》，不过颈联作"但知山月江风好，不觉红尘世上忙"与"但知玉乳涓涓滴，不觉红尘冉冉流"异。同时诗后有"至元癸未上巳缙山辛□□□□□□"的题记。可惜早已剥蚀。第二首因被压刻，第二、四、六、八句也漫漶不可辨，诗后题记作"眉山李璞陪缙山游七□□□□□□□□"，据此可知，第二首才是李璞的诗，第一首实为缙山辛□□所作。又可知《粤诗蒐逸》错据《元诗选・癸之丁》四十七，也是以讹传讹。

二、名字别号的确定

古时一人行用多个名号，在行文中常常歧出互见。如果把握不准，就有可能名与字号乖离，一人当作二人，或者熟名变成生名，难以捉摸。北宋名人周敦颐在任广南东路转运判官（一作副使）时于道州含晖洞、永州九龙岩（两处都在今湖南省）、广东阳春铜石岩、肇庆七星岩所刻的题记均自署作周惇颐。郭祥正在《宋史》卷四四五本传中字功父，在《苏轼诗集》和其他宋人诗文中或作功甫。“甫”“父”同音，宋人名字别号中二字常常互见，约定俗成。但在肇庆七星岩石壁所刻《石室游》后却自署“当涂郭祥正子功”。当涂是籍贯，子功理应是字。意义与功甫略同，都与表丧服的“祥”关涉，都以“功”作中心，只不过前缀后缀父（甫）、子稍加区分而已。这一字在有关郭祥正的传记，包括《全宋诗》卷七七五在内都不具列，理应补上。武则天时左豹韬卫将军陈集原其人分别载入唐林宝《元和姓纂》卷三、《旧唐书》孝友传、《新唐书》孝友传、《太平御览》卷四一三，前三书所记其名不异，但后者写作陈集愿，所载则略同于《旧唐书》卷一八八。据现存罗定市龙龛岩摩崖石刻《龙龛道场铭并序》可勘这“愿”是讹字。《利玛窦中国札记》[①] 第二卷多处提到建筑监理官“谭君谕”，尽管中译者加注时已引王泮撰于1587年的《崇禧塔记》（原引《（宣统）高要县志》，录文题目加“新建”二字）所述，“董之者邑人，知县谭君谕也”又引德礼贤认为“君”是尊称的意思。但近年国内有关利玛窦的论著提及此人时依然写成谭君谕或知县谭君谕。其实与上碑同年立的《肇庆府重修两学记》和两年前立的《重修肇庆府学门记》都刻有“南直隶风阳府五河县知县郡人谭谕篆”字样，表明当时的几宗重要工程他都曾参与，可知谭君谕实为谭谕之讹，所任知县也并非在高要，而是在安徽五河。

三、籍贯的认证

古人报出籍贯时往往不拘限当时的正名，而是灵活施报，或古名，或别名，或泛称，或原籍，或现籍，在这种情况下，石刻籍贯多有例证，肇庆七星岩石室洞东壁有两帧赵崇垓与人的题刻，在“赵崇垓德畅”前其一冠“浚仪”，其二冠“羊石”。《粤诗蒐逸》卷三则介绍说他“家南海”。浚仪是北宋汴京开封府的附

① 利玛窦，金巴阁．利玛窦中国札记［M］．何高济，王遵仲，李申，译．北京：中华书局，1983.

廓，性质如同隋唐时代长安与万年县，明清时北京与宛平县、大兴县，广州与番禺县、南海县一样，南北宋特别是南渡后，皇室亲族习惯把自己的籍贯说成浚仪、浚都、开封。其实赵匡胤的原籍在河北涿郡。上述三个地名中一个是原籍，另一个是现籍羊城的别称，还有一个是现籍的泛称或其故居在清王朝区域的隶属。同洞西壁有自署“浚仪赵雍仲和”的题诗并题记。《明人传记资料索引》第四册则说他“一字浦夫，号竹谭，太源清源人，密子”。《宋诗纪事》卷六〇另说他是“忠简（赵鼎）的后人”。《肇庆府志》更具体地说他是赵鼎的孙子。而赵鼎的籍贯据《宋史》卷三六〇本传，是解州闻喜。虽同在山西，但毕竟不同于清源。而据上《明人传记资料索引》，赵密又不是赵鼎的儿子。这样，赵雍的籍贯及其世系就有待确定。既然他自署浚仪，那么可以肯定的是他在开封曾有家宅。同洞东壁又有两则徐安国的题刻，一则题记“绍兴癸丑□□□日，武林徐安国”，另一则只题名不冠籍贯。清倪灿撰卢文绍校正的《宋史艺文志补编》列有徐安国著《西窗文集》15 卷，注说他字衡仲，上饶人。《宋人传记资料索引》则说他是“浙江富阳人，亦作上饶人”。据武林是杭州的别名，与富阳相近，可见徐安国的籍贯是要仔细鉴别的，在杭州肯定有定居。古革在宋政和八年（1118）八月知兴庆府时，在七星岩石室洞内题刻称“程江古革逢时”。程江即程乡（今梅县）。而《粤大记》则作“河源县人”，河源实为其先祖古成之的原籍。

四、仕履的全程

历史人物的仕途履历需要从多方面选取资料才能窥探完全，其中石刻文字因为有当事人署衔，常常是补缺、填齐、正讹的有力佐证。《龙龛岩道场铭并序》作者陈集原署衔为“行左豹韬卫将军”，与《新唐书》《旧唐书》《太平御览》《元和姓纂》所载一致，阮元主编的《广东通志·金石略》却说：“《铭》云‘行左龙韬卫将军’与传文不合。盖圣历时官龙韬卫，其后官至左豹卫将军也。”实际上，原刻至今清晰可见是“豹韬”而不是“龙韬”，阮志所载实为讹字。据此而作的先龙韬后豹韬的推论是不能成立的。隋唐岭南豪门冯宝家族代有名人，仕履散见于史志、杂记、文集，往往只冠现职，而简其曾任、散阶、勋、爵。冯士翙在《资治通鉴》中被称为右武卫将军，《元和姓纂》卷一将其称为“窦州刺史、合浦公”。但《万年宫碑铭》碑阴永徽年间题名作“右武卫将军、窦州刺史、上柱国、郡开国公、臣冯士翙”①。上述南宋绍兴十五年（1145）叶南仲作诗、廖颙题刻中署衔作“郡守叶南仲”，而《宋诗纪事》卷四五和《宋诗纪事补

① 王昶．金石萃编［M］．北京：中国书店，1985．

遗》卷二三，以及据此作说的《宋人传记资料索引》[①] 都只提及他知新州。实际上他知新州后升任肇庆知府。在时间上石刻题记也是有力的凭证。《宋诗纪事》郭祥正条说他“元丰中，知端州”，上述他作《石室游》题记却是“元祐戊辰（即三年）”，可知“元丰”是“元祐”的误记。在地名上石刻文字又可勘正讹误。《宋史·艺文志》载郭祥正，说他“知高安郡”，从上述可知他知端州后退隐，则可证“高安”为“高要”之误。

五、文字勘定与字词出例

石刻文字是实物原身，理所当然地成为有关它的文本的校勘基准，这种作用不言而喻。经过校勘，发现录文、引文，即使是金石志、地方志，也常有漏、缺、衍、错、讹等现象，例子不胜枚举。现只举经过多次校勘分析之后仍发现错误的例子。上述赵雍以“古端有奇胜”起句的诗一首连同长文题记中，出现十多个官衔吏目，是难得的南宋府县机构官吏设置的原始资料。阮元《广东通志》录文后加按，指出翁方纲《粤东金石略》、毕沅《续资治通鉴》所录所引的错误：“以石刻校之，讹舛尤多，当据此为正。”清彭泰来《高要金石略》卷三则说：“翁氏金石略录其题名缺至四十五字，其存者又误十四字，宜为阮志所纠。然阮志录全文亦缺九字、误五字、脱四字，亦未能尽据为正也。”其实彭氏所录仍有三处讹误。“空垌似容德”的“空垌”录成“空洞”，“男儿须辨此”的“辨此”录成“辫此”，“后使君过戌月未至”的“戌月”录成“戍月”。题记说他在淳熙二年（1175）来任肇庆知府，丁酉孟秋秩满，时“实十月”。因为“后使君戌月未至”，始得与郡官同游兹岩。以建寅的夏历推算，戌月就是九月，与当时的行踪吻合。如果录作“戍月”，则不知是何意义。《星湖石刻全录》初版后笔者在撰文中指出这个讹误，该书正式出版时，已改正为“戌月”。

至于字词出例，金石文字作为文字形体成例的重要来源、作用和功能也显而易见，各地或多或少可以举出例子，以俗写、简化、繁笔、借字等居多。德庆县三洲岩题名有“獍（境）”等怪字。肇庆七星岩郭祥正《石室游》中“为豺”作“为犲”，余翼等题名中有“短簿欧阳策”，对此，彭泰来《高要金石略》说：“从来无以短簿署衔者。”不知“短簿”究竟是何职务。李邕《端州石室记》有“矫集福庭”句，“矫集”实属生僻。

可见发掘金石文字资料，在整理研究古籍时据以参考，是很有必要的。

---

① 吕彼得，王德毅，程元敏，等．宋人传记资料索引［M］．北京：中华书局，1988．

人 物

陈元力争《左传》立于学官考论

在“春秋三传”中，《春秋左氏传》（以下简称《左传》）虽然面世最早，但长时期属于私学。在西汉后期和东汉两百年间，《春秋公羊传》盛行，《春秋谷梁传》也依傍经学今文派而得到推广，只有《左传》一直不能确立官学的地位。虽然东汉中后期以来，《左传》在官学中的地位逐渐上升，但标志官学权威的《左传》博士一职，始终没有成为定制。直到东晋设置《左传》杜氏、服氏二博士，不再立公羊、谷梁二传博士之后，《左传》才一枝独秀①，被后世公认其价值大大超过其他二传。促成这一流变的原因无疑相当复杂，一时难以说清，但与官方的干预有密切的关系，这是可以肯定的。寻根溯源，东汉初年经学今古文两派经过激烈辩论之后，《左传》得以首次设置博士，这是它扩大传播、确定官学地位的转折点。而在这次争立的过程中陈元出力最大，只是由于其所著的书籍已经亡佚，其学术观点、学术见解和学术实践不像同期少数几个名家那么清楚，因而关于他的介绍至今仍停留在笼统、模糊的状态。对于这样一个一度声名籍甚、一家三代被称为“粤人文之大宗”，本人又是历史上首批《左传》博士入选者第一名的学者，我们有必要探讨其在《左传》传播方面的贡献。

陈元，字长孙（华峤《汉后书》中一处作襄孙），两汉之间苍梧郡广信县人，西汉末古文经学家陈钦之子。陈钦是西汉后期广信（今广东封开）人，是当时活跃于都城长安和洛阳的古文经学家，在《左传》的研究和传授上做出过卓越的贡献，是正史记载和权威的文献称述的、活动于高层学术领域的岭南人。对于陈钦及其子陈元、其孙陈坚卿，屈大均《广东新语·文语·粤人著述源流》说：“陈氏盖三世为儒林之英也哉！”

陈钦将《左传》传授给王莽，是王莽的直接经师，又是汉平帝的经师之一。得益于王莽的任用，又为自己招致杀身之祸，导致传经事业半途而废。尽管他的一生有着悲剧色彩，但是他已创下的经学业绩仍然是值得称道的。

《后汉书·陈元传》《隋书·经籍志》和唐陆德明《经典释文》等正史、权威文献都载有陈钦的《陈氏春秋》。当代的经学史研究认为，陈钦与同时的刘歆

---

① 陆德明. 经典释文［M］. 北京：中华书局，1983：13－14.

是大致齐名的研究《左传》的学者。《陈氏春秋》原书已经散佚，书中的一个片段在历代书籍的引用中可以看到。《春秋左传・隐公十四年》疏引东汉许慎《五经异义》：“奉德侯陈钦说：麟为西方毛虫，金精也。孔子作《春秋》有立言。西方兑为口，故麟来。”这是一项宝贵的孑遗，传达了两点主要信息：第一，陈钦受爵为奉德侯，与刘歆的爵同级。第二，陈钦阐释“获麟”以《易》为根据，与其他经学家以阴阳五行、谶纬、汉朝命运演绎作阐释不同，迷信成分不多，较少迎合当权者的心理。因而许慎加以比较后评价说：“不如立言之说密也。”就是说，诸家阐释中，以陈钦所持的孔子在《春秋》经中有立言的说法较为周密、稳妥。

可见陈钦的业绩不仅只有“王莽的老师”，还曾任厌难将军，而且是奉德侯，文武并举，一时显赫，身后近两千年一直受到经学史、文化史研究学者的重视。陈元自幼受父亲熏陶，锐意传承古文经学术，除了精通《左传》之外，还擅《费氏易》，曾力争将《左传》立于学官，在这一经典著作的传播史上，影响深远。

一、争先与经学今文派进行激烈的辩论，直到确定《左传》立于官学，设置《左传》博士

对那场大辩论，有关文献作了记载，但都不大清晰。华峤《汉后书》说：“时议欲立《左氏传》博士，范升奏以为《左氏》浅末，不宜立。元闻之，乃诣阙上疏争之，更相辩对凡十余上。帝卒立《左氏》学。”[①] 寥寥数语，看不出尖锐性、复杂程度。范晔《后汉书》对此记载虽然篇幅较大，但分散在多处传志中，一时难窥全貌。如能统观全局，细致分析，就可了解到这是一场经学今古文两派在《春秋》及其“三传”问题上的全面论战，焦点集中在《左传》是否应立博士上。在论战中，陈元表现出了其卓越的思辨力和毅力以及扎实的知识基础，以弱者身份奋力抗争，获得了辩论的胜利。其功劳笔者认为主要有三项。

（1）从韩歆处接充经学古文派主辩手，迅速扭转颓势，使局面改观。建武二年（26）尚书令韩歆上疏请求设置《费氏易》《左传》两博士，朝廷命令进行讨论。到建武四年（28）正月，召集公卿、大夫、博士到云台，由汉光武帝亲自主持开会。先由博士范升发言，申明这两种古文经不能立博士的理由。于是与韩歆和太中大夫许淑一方开展辩论。散会后范升整理书面辩词，重申这两种古文

---

① 汪文台．七家后汉书［M］．石家庄：河北人民出版社，1987：330.

经不能立博士的理由，并且指出《左传》的14条缺失，与《左传》有牵连的《史记》及其作者司马迁违背“五经”，曲解孔子的话语以及《左传》不可传信等问题共31条上奏，得诏下达博士讨论。这时经学今文派显然先声夺人，古文派处于守势。面对这种严峻的形势，还是“褐衣”① 身份的陈元自告奋勇，赴阙上书请求参加辩论，慷慨发誓：“若辞不合经，事不稽古，退就重诛，虽死之日，生之年也。”这篇上书虽然没有逐条驳论，但仍然可以看到陈元综合地进行了概括辩驳，指出范升否定《左传》和《史记》的45条，本身“前后相违”，都是割裂微小文辞得来的，把细微差池看成大错，是吹毛求疵、以偏概全的行为。从而顶住了今文派一方的进攻，扭转了局势。

（2）学识取胜。在那场大辩论中经学今古文派互相质诘，范升与陈元是双方主力，互相辩论“凡十余上”。这理应是指书面辩词，因为“上”指上奏，“下”指得旨施行。书面辩词有十多道，辩论的问题自然相当广泛。仅从上述范升和陈元各自的第一道辩词观察，就有关于《左传》和司马迁及其《史记》的差错讹误共45项，都是关于事实的真相或者以事实为基础生发的认识问题。辩论的焦点已从一般的事理深入构成事实的具体因素，从辨清怎么样到论定真假、对错、是非这些认识范畴，因而辩论必须以知识涵养为基础，辩论实际上是学识的较量。在较量中陈元表现得游刃有余，从容答辩。在书面辩词中指摘范升“以年数小差，掇为巨谬，遗脱纤微，指为大尤”。“小差”“纤微”的判定正显示出他对古文经学的熟悉和自信。在旷日持久、反复进行的质诘对答中运盾挡矛，逢凶化吉，显示了“时陈元最明《左传》”② 的功力。

（3）争得设立博士，开了先例。建武年间经学今古文派大辩论的结果为“帝卒立《左氏》学，太常选博士四人，元为第一”。尽管正式任命时改任李封为《左传》博士，但这毕竟是历史上首次正式设立《左传》博士。在这之前，西汉末年曾有《左传》立于学官的记载，但“立于学官”与正式任命博士不能等同，“立于学官”的真相必须辨清。孔颖达说：“汉武帝置五经博士，《左传》不得立于学官，至平帝时王莽辅政，方始立之。”③ 陆德明也说：“平帝始立《左氏》。”立《左传》于学官、设《左传》博士是刘歆最先提出的，但“诸儒内怀不服，相与排之。孝哀皇帝重逆众心，故出歆为河内太守。从是攻击《左氏》，

---

① 参见范晔《后汉书》卷六六《陈元传》“如得以谒衣召见，俯伏庭下”。

② 长孙无忌. 隋书：经籍志［M］. 北京：中华书局，1985.

③ 参见《春秋左传正义》卷一杜预《春秋序》“古今言《左氏春秋》者多矣，今其遗文可见者十数家”疏。

遂为重仇”[①]。刘歆是两汉整理研究《左传》的权威，如果设置博士，他应是头号人选。但哀帝时他被任命为外官。王莽称帝前后他在经学上的地位升至最高，被王莽称为“国师”，已非博士可比。另一位名家陈钦“以《左氏》授王莽，至将军”[②]，也不见有博士的任命。范升与陈元、韩歆等辩论时反对立《左传》博士的理由之一就是“先帝所疑”，前无先例。汉平帝至王莽时期《左传》《毛诗》《逸礼》、古文《尚书》立于学官，只是可以在太学和其他学校公开讲授而已，立博士则是朝廷设有具体人选，刘歆他们“力争未成”[③]。建武年间设置《左传》博士虽然为时不长，但毕竟开创了先例，是《左传》传播史上的一座里程碑。

二、传授《左传》实绩显著

建武年间设置《左传》博士的时候，陈元虽然最后没有被任用，但仍然是“司空南阁祭酒”[④]。任祭酒者自然是首席。《东汉会要》卷一二在记述“春秋家”时将陈元排在前列，仅位于郑兴、郑众父子之后。郑樵《通志》卷一〇八所列与之类似，与范晔《后汉书》一样有陈元详细的传记。陈元确实“以才高著名”[⑤]，跻身于经学名家之列。从《经典释文·叙录》称他为“京兆陈元”，以及他上书与范升辩论时称自己为“褐衣”两点，又可推知他在西汉东汉之交，还没有供职于司空府、司徒府时，居住在长安，很可能是开设私学，传授《左传》和《费氏易》。

他在传授《左传》上究竟有什么特色呢？他在上书要求与范升辩论时所申明的《左传》特色理应就是据以传授的本色。这种本色整体来看是事事稽古，“记载之传”“亲见实事”。这包括两层意思：第一，内容包括所记的言与行都是符合事实的，所载要使得“后进无复狐疑”，而不是附会的、穿凿的。第二，文本是用古字书写、古来沿用至今的。而不是用今文记录口传而成的。文献只记载他专长《左传》和《费氏易》，没有兼专今文经的记载，可以认为他是一个严格专于古文经的学者。同时从“解释先圣之积结，洮汰学者之累惑”“正道”“合经”来看，陈元传授《左传》时也会如同一般古文经学家那样，按《春秋》经

① 贾逵传［M］//范晔. 后汉书. 北京：中华书局，1997.

② 陆德明. 经典释文［M］. 北京：中华书局，1983：13－14.

③ 裴普贤. 经学概论：春秋与三传［M］. 台北：台湾开明书店，1968.

④ 陆德明. 经典释文［M］. 北京：中华书局，1983：13－14.

⑤ 凌迪知. 万姓统谱［M］. 上海：上海古籍出版社，1994.

义的标准作诠释，尊奉常道常典。从现见《上疏驳江冯督察三公议》、为司徒欧阳歙囚死狱中上书申诉“言甚切直”都表现出对君权严酷的抗争。他对公卿、学者的人格和作风十分重视，与《左传》的德治思想、贵士思想一脉相承。

同时，《上疏难范升奏〈左氏〉不宜立博士》概括了《左传》的性质、指导思想和优缺点。这是汉代为数不多、推介《左传》的一篇重要文章，对以后《左传》的传播有指导作用。

三、著述《左氏同异》，为整饬《左传》文本提供研究成果

《经典释文·叙录》载陈元作《左氏同异》。郑樵《通志·艺文》又载有《司马掾陈元集》一卷。“司马”《（道光）肇庆府志·艺文》则作司空。《全上古两汉三国六朝文》卷一九介绍陈元则作“有集一卷”。据东汉诸史载，陈元先后任司空府掾、司徒府掾，当时根本没有司马府。这“司马”应是司空或司徒之讹。这本集子有无关于《左传》的文章不得而知，而《左氏同异》应是陈元关于《左传》诸文本的比较研究。“同异”或“异同”是当时著书的一种体例。马融著有《三传异同说》。《通志》卷七一载丁副有《春秋三传同异》，所举出的字已有个别见于杜预的解说、陆昌淳的《纂例》，则可知有校勘文字异同的内容。在传论一类中有李铉的《春秋先儒异同》三卷。在世谱一类中有冯继先的《春秋名字异同录》。以上四本标示同异或异同的书中，内容和体例各不相同。归属“世谱”类的名字异同录，应是对照姓名、字号是否相同的书。归属“传论”的先儒异同，应是就传记列出异同并加评说而成的。丁副的《春秋三传同异》显然是全面比较“三传”的异同，与马融的《三传异同说》性质大致相同。《左氏同异》的体例理应和上书相同，但内容不相同。因为前者是在“三传”中比较，而《左氏同异》只在一书内比较。根据当时《左传》流布的背景和陈元对《左传》体例的描述，可以认为该书是同异对照后进行文本校正的。就“三传”“二传”进行同异或异同比较的书有很多，但只就《左传》诸本比较同异，现见史志所载的东汉以前的仅陈元一本。

究竟陈元的《左氏同异》在哪方面比较同异呢？根据古文经“通训诂”“举大义”“不为章句”的特点，理应就在训诂、大义上对照诸本的同异，而大义是以史实为基础的。通过诸本同异的校勘整饬文本、整备基础，从而为《左传》的传播创造条件。

四、不附谶纬，保持《左传》本色

陈元生于谶纬盛行的时代。“若夫谶纬之学，……始自哀、平，盛于建武。上意所好，下争趋之。”[①] 汉光武帝在西汉末年的动乱中利用谶纬，假借天命来称帝。“世祖方信谶纬，多以决嫌疑。”“及显宗（明帝）、肃宗（章帝）因祖述焉。自中兴以来，儒者争学图纬，兼复附以妖言。”[②] 当时经学今文派在传经中普遍掺杂谶纬，使经书染上谶纬色彩。为了迎合当朝旨趣，个别著名的经学古文派学者在传经中也掺杂谶纬。“郑兴、贾逵以附丽显”[③]，在这种背景下，陈元坚守古文经的朴学立场，不传谶纬。虽然暂时还难以举出他否定谶纬的言论，但我们可以从侧面间接地举证。

首先，陈元所专长的《费氏易》和《左传》都是出于“鲁学”的原始古文经，而“鲁学多尚迂谨”，讲习礼法、典章制度、训诂，与滥觞于“齐学”的经学今文派讲论天命灾祥，谶语图记，五德终始，从章句中推衍微言大义。[④]《费氏易》是不依章句进行加工整饬的，只以彖、象、系辞文言来解说《易经》，不便掺谶纬。

其次，建武年间太常选试《左传》博士定陈元第一，遭汉光武帝否决，改任李封为博士，李封死后，则不再补充。其根本原因就在于“兴立《左氏》《谷梁》，会二家先师不晓图谶，故令中道而废”[⑤]。从师承来说，陈元少承父业。其父陈钦承传《左传》的系统与刘歆一样，上溯贾谊、张苍。文献上不见有他兼通今文经的记载。因而可以认为陈元的先师属于不晓图谶之列。而官学的废立取决于皇帝的好恶，此足以作为例子补充郑樵引范宁的话“废兴由于好恶，盛衰继于辩讷”[⑥]。由此也可见《后汉书·陈元传》所说不用陈元而用李封为《左传》博士的原因“帝以新忿争”并非最根本的原因，仅是一种借口而已。

再次，东汉有关文献提及陈元的地方不少，但不见他参与谶纬活动的记载。

---

① 徐天麟. 东汉会要［M］. 上海：上海古籍出版社，2006：188.

② 参见《后汉书》中的《桓谭传》《张衡传》，以及赵翼《二十二史札记》卷四光武信谶书。

③ 方术传［M］//范晔. 后汉书. 北京：中华书局，1997.

④ 两汉之经学［M］//马宗霍. 中国经学史. 上海：上海书店，1990：35.

⑤ 贾逵传［M］//范晔. 后汉书. 北京：中华书局，1997.

⑥ 郑樵. 通志［M］. 北京：中华书局，1987：755－762.

个别涉及陈元的谶纬活动，由于记述含糊，需要分析。范晔《后汉书·儒林传》中李育传载："李育……少习《公羊春秋》。常避地教授，门徒数百。颇涉古学。尝读《左氏传》，虽乐文采，然谓不得圣人深意。以为前世陈元、范升之徒更相非折，而多引图谶，不据理体，于是作《难左氏义》四十一事。"中华书局1964年的版本在"非折"后加逗号。这样，文意就变成陈元、范升当年辩论时都不据《左传》的义理体系，多引图谶。既然双方在观点、引据上如此相同，那辩论又怎会如此激烈呢？按现行的标点作表述，显然是有矛盾的。前文先说《左传》"不得圣人深意"，则"《难左氏义》四十一事"是结果。而所谓"不得圣人深意"应是所谓"微言大义"，是《公羊传》那一套，而非《左传》。清王先谦《后汉书集解》在此处引惠栋说："贾逵作长义四十一条云：公羊理短，左氏理长，故育亦作《难左氏义》四十一事以申公羊。"这样，"多引图谶，不据理体"的应是《后汉书》对李育行为的表述。如果是这个意思，则"非折"后应是句号。如果按现行标点在"非折"后加逗号，对范升来说顺理成章，但与陈元那篇《上疏难范升奏〈左氏〉不宜立博士》的意思则不相符。在疏中他称建立《左传》学官，是为了"解释先圣之积结""诵孔氏之正道"，要"合经"，要"稽古"。他怎会"不据理体"呢？他既然与范升针锋相对、激烈辩论，必然认为《左传》是深得"圣人深意"的；他幼承父业，"最明《左传》"也一定能讲论《左传》中的"圣人深意"。因此，关于李育的这段文字不能作为陈元引附图谶的证据。相反，它表明了范升、李育这班否定《左传》的经学今文派多引图谶来非议《左传》，着意指摘陈元。

可见从学派师承、朝代风气以及个人经历这几方面观察，均可知陈元不宜宣扬谶纬，也不会把谶纬加进《左传》之中。

从上述可知，陈元在传播《左传》上的贡献是多方面的。他在建武年间经学今古文两派那场激烈的辩论中以弱势取胜。而争得设置《左传》博士在历史上是第一次，尽管设置时间不长，但毕竟是《左传》传播史上一次突破性的进展，使官学正式承认了《左传》的学术价值，因而为其后《左传》树立权威、确立学术地位做了重要的准备。他在学术活动中讲授、著述《左传》的义理，对《左传》的传播、推介做出了具有价值的贡献。而他的事迹和学术活动至今还不完全清晰，因此有必要开展深入的研究，以给予其应有的历史地位。

包拯与崧台驿

迁建崧台驿，旨在扩大其规模，强化其职能，从而发挥其推动端州和西江一带社会经济发展的作用，这是包拯知端州期间的一项重大举措。揭示这一历史事件，可以从不同的视角去观察包拯的事业。

研究有关史料记载，可以了解当年包拯迁建崧台驿的情况。

《（万历）肇庆府志·建置》载，包拯把崧台驿从城东一里临江处，即石头岗今阅江楼区域，迁建至城西一里，即明代的西濠口寿仙桥旁。至明初，回迁石头岗旧址；成化六年（1470），又回迁城西址；几经扩建，该驿区规模已十分可观。当时驿区内设有码头、石路、甬道、街道，隔街设有马厩，常备官船以供调度。驿的职能兼具水马，即水陆兼运。设驿丞和吏各一人管理。据《明会典》《一统路程记》等书记载，广东至安南（即越南）水陆路和广东由高雷二府至崖州（即海南）路在崧台驿交汇。从广州出发，经官窑、西南二驿站抵崧台驿，然后分途。往安南一线：溯西江经新村、悦城、寿康、麟山等驿站至梧州，然后横越广西各驿站，从凭祥驿出安南境驿站，抵达安南首府。往海南一线，从崧台驿转程，经腰古、新昌（在新兴）、独鹤、阳春、恩平等驿站至高州古潘驿，然后向南行至雷州雷阳驿，再至徐闻沓磊驿，渡海至海南岛，直抵终站崖州潮源驿。又据明代《（万历）肇庆府志·建置》附录的驿程，从崧台驿往高州、雷州的驿路属陆路。而《一统路程记》在崧台驿下加注：“产端溪砚、漆。”这是广东驿路上的孤例，表明那是商贸上的热点。

上溯元代，据《永乐大典》卷 19423 载，肇庆路辖水站 2 处，船 12 只，其中府门站船 8 只、驿户有正户 8 户、贴户 40 户；新村站船 4 只、驿户有正户 4 户、贴户 20 户。府门站即崧台驿。而据上述《建置》又载，元代泰定年间在崧台驿内专设递运所，到明正统年间才裁撤。业务归并崧台驿，递运所司物资运输，接送、招待官员，传递公文、邮件。而在宋代，崧台驿内的馆舍有宋隆馆。南宋初，肇庆府通判兼知南恩州黄公度来肇庆公干时有《自恩平还题崧台宋隆馆》诗。可以认为宋隆馆仍然设在崧台，即石头岗旧址，而城西新址集中处理驿务。宋代存留的关于经过崧台驿的驿路记载虽然不及明代那样清楚、具体，但从包拯在端州离任十年后，侬智高起事进军广州，顺西江而下，官员经端州来往高州、雷州，必经新州来判断，路线与明代应大体相同。崧台驿始终是驿路的交汇点、中转站。

崧台驿由包拯易地扩建，有着历史背景和社会动因。

（1）端州原有驿路基础，到北宋前期随着全国驿递制度的重大变革而凸显改进的必要性。早在汉武帝实行盐铁专卖官营时，苍梧郡高要县和南海郡番禺县（今广州）就派驻有盐官，建立岭南两处由中央直管的盐业实体，从事海盐的生产、运销，高要成为西江上一个工商业和交通运输的中心。其后相继设有驿传递运站点鹄奔亭（原名鹊巢亭）和端州驿、崧台驿。端州驿及其后身崧台驿都建于崧台即石头岗上，正对新兴江口。新兴江在《水经注》里称为牢水，从秦汉以来就是通往西江以南地区的重要水道。但是石头岗地势较高，货物从船上起卸不太方便。加上宋初实行驿递制度重大改革，要求提高驿递效率，加快速度，因而石头岗这个地点逐渐显得不太适合。这是崧台驿从东向西迁建的重要原因。

（2）州治周围的旱峡和东南方今金渡、白土、蚬岗三镇接合部的东门坳，从唐代开始逐步淤断，提供大面积可开垦的土地。至道二年（996）以前，已兴筑了金西围和榄江围，面积有六七万亩。包拯从端州离任30年后的《元丰九域志》载，端州有主户11 269户、客户13 834户，客户多出两千多户。而与包拯同时，广南东路提点刑狱周湛清理过长江流域居民被诱拐来西江地区卖身为奴婢的积案，因而可以认为这些客户起码有一部分是从事垦殖的移民，而不纯粹是佃农。围垦六七万亩，年产总值以万石计。这在当时是一个可观的数目，同时期广南东路对广南西路的一次赈济也不过22 000石。

（3）端砚声名鹊起，当时如日中天，运销畅旺，端石远运至淄砚产地青州供制作精品。连同传统的海盐和其他海产品、漆、丝帛、茶、香料、南药、矿产品等的运量也在增加。

（4）海南岛的进一步开发和与越南交往的增加，使辐射区域扩大。

包拯易地扩建崧台驿，实在是应时应世的有效举措。这在18年后荣諲断然奏准新开浈阳峡栈道，整治往广州和端州的大道一事上可得到印证。据铭刻于英德南山、载于阮元《广东通志·金石略》的《广东路新开峡山栈路记》，嘉祐五年（1060），广南东路转运使荣諲以管区内“户口蕃息，税赋日繁，屯戍日众”，较前代增数十百倍，但碍于道路险阻、交通不便，决定在浈阳峡构筑栈道，取直路线，避开瘴气密林，整治通往广州和端州的大道，仅月余此项工程就告成，从此得以“邮驿相望，樵采相闻；行有粮，宿有舍”。由英州经栈道下清远，转四会入端州全程400里，较前减程120里。工程前后荣諲对照旧线路图，绘制新线地图上报。他和知端州翁彦升于当年五月初五在七星岩石室留下题记，同季开工筑栈道。可以认为他当时实地勘察过崧台驿，设计线路通往端州，目的就是接通经过崧台驿的驿路，使之畅顺。

包拯易地扩建崧台驿，实在是功在当代、利及后世的义举。

包拯在端州营建的设施及其命名探索

包拯知端州不过三个年头，但开展并完成了一系列的建设。设施中的一部分如打七口井、建粮仓等，已受历代称道；另一部分被地方志书提及，但不大显著；设施的命名更少有人探究其含意。其实，对包拯营建的状况及其意图有必要了解清楚，以便作出历史的、公正的评价。笔者试图作此努力，着重厘清项目的个体和总体及其相互关系、诠释其命名的意蕴。

一、营建

（一）增建州署厅堂，辟建署区园林

以单项计，据明《（万历）肇庆府志》地理和建置两部分所载，增堂 8 座、菊圃 1 个、轩 1 座、假山 1 座、“烂柯洞天”棋枰 1 处、洗砚池 1 口、井 1 口。原志在项目下作注简括，虽有至万历年间为止变动的提示，但缺乏整体的说明，因而轮廓不太清晰。实际上，将这些项目及其注文的提示加以整合，就可以得出完整的图景。

屋宇方面，以原州厅为基础，分东西两翼和后方布局。东翼建清心堂，后代两度改名为静治堂和中和堂。万历时，其故址上有肇庆府照磨宅。西翼建枕书堂，后代改为鉴止堂。万历时其原址上有肇庆府经历宅。在后方建相魁堂、节堂，其故址在万历时有知府宅。其左打有水井，上覆以亭，后代称为包公亭。此外，还有名为相魁、敬简、双瑞、节、秋霜、宅生等堂。作为官府建筑物，堂又称为堂皇，或者与厅混称为厅堂。堂后有室。从包拯那首《书端州郡斋壁》诗来看，厅、堂、室之外还有斋、舍。明代肇庆府正堂信民堂的两翼，列建有吏员房舍，吏员房舍之前立有仪门，上题“龙图芳躅”。可见这个格局是包拯所创建的，为肇庆府署的规模奠定了基础。

包拯还兴建园林景观，加以绿化、美化。他辟建菊圃，并以此为核心，在周围构建轩廊，堆积假山，砌筑“烂柯洞天”，内设石棋局（即棋枰），另在偏北处挖洗砚池一口。并在池中建“砚池清趣”亭，这口洗砚池在明代曾用以养鱼。那处“烂柯洞天”棋局，运用了仙道故事。仙道书籍把烂柯山当成洞天之一，说王质入烂柯山采樵，观看两个童子对弈，棋局终了，随身携带的利斧的柯

（柄）已腐烂了，不知度过了多少时间。在衙署之内做这样一处颇有兴味的布置，既是景观，又有娱乐的功能，实在匠心不凡。这些轩廊、榜额、假山、门洞、棋枰、石凳，显然已经越出了菊圃的范围，如果只称为“菊圃”，实在是不准确的。实际上，菊圃、假山、砚池连同附属设施，构成了多彩多姿的园林景观，与当时崭新的厅堂屋宇交相辉映，应属胜境的一部分。现在有必要还原其历史真面目，重新展示包拯在端州创下的这份业绩。

（二）创建崧台驿和粮仓，加强水陆运输和粮食储备

这两项建置既独立又互相联系，都与国计民生有着密切的关系，今天应联系历史背景来观察它们。

肇庆城在古代曾是重要的邮传驿运点。汉代有鹄奔亭，唐代有端州驿。南汉至宋初，沿用端州驿。包拯继任后，另行在城西创建崧台驿。关于它的地点，曾有不同的说法，因而必须明确。《（万历）肇庆府志·建置》确认是“水马驿，在城西”。明代高要举人钟大成作的《寿仙桥记》也说在城西一里许，与寿仙桥相邻。虽然在明代洪武二年（1369）至成化六年（1470）这段时间，崧台驿移设至石头岗（今阅江楼所在地），但到明末为止，其余时间都设在城西。

包拯把崧台驿迁于城西，目的有两个：一是使其变为水陆驿，二是扩大规模。这从明代成化、弘治、宣德等年间扩建、增建、修建设施可以看出。成化六年肇庆知府黄瑜把崧台驿从城东迁回城西时，在隔街东南修建马厩。弘治、宣德时以石筑台、筑甬道，以利官船停靠，作为水陆两驿使用。当年包拯也应有类似的建置，在功能上也是水陆并行，不限于官府人员、邮件的传输运送，还包括物资的运输。联系北宋前期，广南东路的经济有较大发展，西江地区出产的丝帛、茶叶、香料、矿产品和粮食等的数量比前代明显增加，迫切需要改善运输状况，而广南东路转运司和提举常平的职司正是管理这方面的运输和调拨，且端州是广南东西两路交通的要冲，因而可知崧台驿易地扩建应是顺应形势发展的需要，目的是改善驿运条件，扩大驿运能力。包拯这一举措不但及时发挥了作用，而且一直影响到后代，功德实在不小。

《（万历）肇庆府志·建置》载肇庆府属单位另有丰济仓，也确认是包拯创建。不过又十年肇庆卫仓和肇庆府仓被革并时，仓“改今名”。如依此说，则丰济仓之名并非包拯时有。尽管丰济仓这个名称存有疑窦，但是包拯创建粮仓仍然可以肯定。因为除了上述确证和本地其他志书也有相同的记载之外，还可以联系社会背景得到印证。地方上历代都设置收储田赋税粮的官仓，《宋史·食货志》标目有常平、义仓，说“常平以平谷价，义仓以备凶灾”。乾德初年，通令诸州于各县设置义仓。天禧四年（1020），“诏广南置常平仓”①。可见包拯是按旨意行事的。所创建的粮仓应为兼有田赋税粮仓和常平仓、义仓性质的“三合一”仓库。因而又表明包拯针对原有仓储不足的问题，既按制度行事，又因地制宜，大刀阔斧地建置。这项建置，一方面表现出包拯尽忠职守，体现他那“仓充燕雀喜”的理念，另一方面又反映出当时端州同珠江三角洲各地一样，农业生产获得较大的发展，粮食产量明显增加。前溯50年到至道年间甚至上溯唐末，沿西江已建起榄江围、金西围（分别在今鼎湖区广利镇和高要区金利镇），50年内端州的围垦养殖也必定有所发展。仁宗时广南东路拨米22 000石赈济广南西路②，其中理应有一部分是就近从端州、康州等州县的仓储进行调拨的。可见包拯创建较大型粮仓的作用不限于端州范围，意义重大。

（三）创办星岩书院

《（万历）肇庆府志·地理》在两处提到星岩书院，笼统说是“宋人所建”，一处则说是包拯所建，地址在宝月台，两处都注明已废毁。其故址在清代建有僧舍。咸丰初年住持的僧人碧青参与红巾军活动，事平后僧人散去，知府郭汝诚将其改为书院，拟名为“龙图书院”。参与其事者询问高要学者彭泰来，彭认为包拯任龙图阁直学士是从端州离任之后的事，以“龙图”命名书院不妥，应恢复星岩书院原名。不久果然复名了。彭泰来长于考据，当时官绅们确认是包拯创办星岩书院的，现在大致也可以肯定下来。

星岩书院的创建，意义不同于一般学校的创办，它在教育的层次上比较高。地方上的府、州、县学侧重于儒家主要经典的传授，为科举应考做准备。而书院主要是进行讲学，学术气氛较为浓厚。最早的书院出现于唐代开元年间，是朝廷编纂、撰述并备顾问的机构。到唐末才在地方上出现讲学的书院。因而星岩书院不但是西江最早，而且也是广东较早的书院之一。它的创办，标志着西江地区的教育跃上了新的台阶。

二、命名

包拯为一批建筑物命名，其中有的比较生僻，有的字虽常见，但其常用意义与建筑物实体难以契合，因而相当费解。不过在考索中仍可觉察它们之间在意义上有相同或相近之处，因而得以寻绎其命名的思路径迹。下面试作探求。

① 阮元．广东通志·前事略［M］．广州：广东人民出版社，1981．

② 蒋祖缘，方志钦．简明广东史［M］．广州：广东人民出版社，1987：141．

清心。本来用以表示佛教、道家所宣扬的恬静无欲的心境。《后汉书·西域传》论曰：“详其清心释累之训，空有兼遣之宗，道书之流也。”李贤注：“清心，谓忘思虑也。”到北宋，这一术语已应用于政治。与包拯同时的范仲淹《与中舍二子三监簿四太祝》中说：“自家且一向清心做官，莫营私利。”这里已是纯正之心、素洁之心的意思，重点在做官不营私利，与包拯那首诗所说的“清心为治本”相应和。清心堂又名静治堂、中和堂，“静治”“中和”的意蕴也是接近的。静有清义。《礼记·中庸》：“中也者，天下之大本也；和也者，天下之达道也。”郑玄注：“中为大本者，以其含喜、怒、哀、乐，礼之所生、政教自此出也。”则“中和”也是从政的本道。

枕书。古代的枕作箱形，内藏珍要书籍。以备随时翻检要言妙道、韬略诀窍，用来指引、策励自己，称为枕中书。这里的“枕书”与他那首诗所说的“史牒有遗训”也是相应和的。在词语结构上，“枕书”与“枕戈待旦”的“枕戈”又是相同的。“枕”的意思是连睡眠也不放松掌握，也就是时刻不忘史牒上的遗训。后来“枕书”改名“鉴止”，即对照检查自己的举止行为是否与遗训相悖，是否符合经典的要求。

宅生。比包拯稍后来知端州的郭祥正有《为李甘题封州宅生堂》诗：“麟麟鸳瓦构新堂，意在黔黎恩泽长。”两者意涵应接近。唐开元三年（715），国内水旱灾害严重，张九龄向唐玄宗呈《上封事书》，认为地方上的刺史、县令职责重大，在当前“黎人（民）未息，水旱为忧”的局面中，“六合之间，元元之众，莫不悬命于县令，宅生于刺史”①。后来《元典章·吏部八·差委》也加以转载并补述：“亲民之官，民命之所由寄也。”宅生即寄托生命的意思。身为知州、知县，是老百姓的生命寄托所在，万万不能疏忽懈怠。

相魁。相，《说文》解为“省视也”。魁的释义有“大”“首”“帅”等项，这样组合解释“相魁”，则意义不明。如果把魁视为天星，就可以理解。北斗七星中天枢、天璇、天玑、天权四星组成的图形称为魁。《宋史·天文志》：“北斗七星，……魁第一星曰天枢，正星，主天。”又说：“枢为天，主阳德，天子象。”又汉蔡邕《青衣赋》：“南瞻井柳，仰察斗机。”“斗机”是北斗星别名之一，相魁应是仰察斗机的意思，也就是仰望皇上、恭候朝命的意思。

节。藏立旌节并定时祭奠的州府楼堂称为节堂。唐代节度使佩用双旌双节仪仗，入辖境时筑楼以藏立。《宋史·舆服志二》所规定则是双旌节：“凡命节度

① 张九龄．曲江集：卷十六［M］．上海：上海古籍出版社，1992：122.

使，有司给门旗二（龙虎各一），旌一，节一，麾枪二，豹尾二。”宋代前期，州分普通州、军州，因而官方内部或称军州为节度州，称普通州为刺史州。包拯来任时端州是军州，知端州也就相当于节度使领刺史，应佩双旌节。清黄培芳《重建拱北楼左神庙碑记》说：“宋朝有六纛旌节门旗，受赐藏之公宇私室，号节堂。朔望次日祭之，号衙日。”不过此前二十多年，黄绍统所撰相近的《重修六纛大王先锋庙记》则引《石林燕语》所载为据，说六纛是唐有宋无。① 尽管宋代不作六纛，但藏立双旌节还是肯定的。

双瑞。宋诗中出现有双瑞堂。王充《论衡·指瑞》：“异物见则谓之瑞。”包拯这个命名并非要表达此意，而是指玉瑞。《周礼·春官宗伯·典瑞》（以下简称《典瑞》）郑玄注“玉瑞玉器”：“人执以见曰瑞，礼神曰器。瑞，符信也。”《尚书·舜典》提到五瑞，却没有具体名称，孔颖达等的《正义》仍然以上述《典瑞》所载公执桓圭、侯执信圭、伯执躬圭、子执谷璧、男执蒲璧五等来解说。《典瑞》又另从祭祀、使命、征发等列出多种玉瑞，其中“珍圭以征守，以恤凶荒。牙璋以起军旅，以治兵守”。贾公彦疏引汉代经学家杜子春、“先郑”“后郑”和应劭等的解释，说珍圭即镇圭，相当于“王使之瑞节”；牙璋相当于铜虎符、竹使节。宋代的知府、知州，大体上相当于前代的侯、郡守、刺史、节度使，当代有将其雅称为“侯”“使”的。因而可以认为，“双瑞”是指镇圭、牙璋及其体现的地方上征守、备凶年、救灾荒、治军队的职责。与节堂所标示的尽管相近，但仍然有别。节堂是从整体标示，双瑞堂则从具体标示。两堂并列齐举，足见命意的严谨郑重，表现出对知州职责的懔遵铭记。

敬简。敬重简书。《诗经·小雅·出车》：“岂不怀归？畏此简书。”《毛传》：“简书，戒命也。邻国有急，以简书相告，则奔命救之。”《左传·闵公元年》载狄人伐邢国，齐国管敬仲向齐君献言，引这诗句说：“简书，同恶相恤之谓也，请救邢以从简书。”结果，挽救了邢国。对此，《正义》说：“诸侯有事则书之于简，遣使执简以告命，告则须救。故畏而不归也。此简书者，同有所恶，则相忧之谓也。”对于“畏”，《广雅·释诂》有“敬”这一义项。可以认为“敬简”出自“畏此简书”，以作州署的警示、策励。因为州相当于春秋时期的邦国，军州更驻有军队供派遣，可调动武力救助急难。

秋霜。霜比喻立心、操守高洁。秋霜是力度最浓烈的霜。陆机《文赋》：“心懔懔以怀霜，志眇眇而临云。”秋霜意味着懔懔地保持着高洁的立心和操守。

---

① 黄佛颐，钟文. 广州城坊志：卷二［M］. 广州：暨南大学出版社，1994.

又霜别名威屑，因为严霜降后草谢木凋，具有威力，而霜花又细碎。秋霜正表明州官必须气度威严，以便对付奸狡邪恶。

三、结论

上述营建实况和命名意蕴表明，包拯知端州的政绩相当突出，其所营建均为上乘。营建范围之广、项目之多，超过本地志书所载的所有前任，也因此而受继任、后人称道。为建筑物、设施所作的命名，普遍有着积极向上的含义，具有政治上、道德上深刻的意义，与历史上所见的表示美善清香之类的堂名，讲求灵异福佑、风雅兴味很不相同。他将建筑物、设施的功能与命名和谐结合，体现营建的价值取向，有着显著的特色，值得珍视。

包拯政治理念的发轫

知端州是包拯升任州一级长官的第一职，从此跻身政界的中上层，尽管持续时间只有三个年头，但已显出其鲜明的政治理念，在其后的仕履上也一直得到印证，这与他一生的业绩契合，有一脉相承的径迹。当年与包拯关系密切的张田指出包拯对所作“秀干终成栋，精钢不作钩”的诗句，已在仕履上“卒践其言”。其实“卒践其言”的，除了一首诗之外，在端州还有几处营建的命名，都显示出其政治理念的发轫。笔者试统一对此进行观察、分析，以求加深对包拯的了解。

一、政治理念的揭示和诠释

上述包拯那首诗由《全宋诗》① 收录为唯一诗作，源自《宋诗拾遗》，与《宋诗纪事》据《庐州府志》的录文全同，可视为较准确的版本。《书端州郡斋壁》：“清心为治本，直道是身谋。秀干终成栋，精钢不作钩。仓充鼠雀喜，草尽兔狐愁。史册有遗训，毋贻来者羞。”文字歧异主要有“秀干”一作“脩（修）干”，“鼠雀”作“燕雀”，“史册”一作“史牒”，但意义并没有太大的差别。至于认为这首诗是包拯在布衣期间就作了的，却需要辨清。如果在未出仕就已作好，那诗题又是怎样的呢？全诗实指内容较多，理应有题。如果原题就作“书端州郡斋壁”，对一个布衣来说是无法作出这样的预测的。知果原题只作“书郡斋壁”，那包拯所任职的其他州府，为什么不载明？如果题目作“明志诗”，但结句已将己身置于“史册”和“来者”之间，表示已经在位践行而不仅是一种愿景了。事实上这首诗言志、理喻、警策、串鉴，与在端州所作的命名在理念上契合，有明显的同一性，不太可能在来任之前就已一一拟定。

本地方志记载，包拯当年在州署内兴建了枕书、清心、相魁、敬简、双瑞、节、秋霜、宅生八个堂，在署外创建丰济仓。这九个命名应视为包拯意向的外显。根据古代命名的习惯，官府建筑物命名也和人的名字一样，遵照“必也正名

① 北京大学古文献研究所．全宋诗：第 4 册［M］．北京：北京大学出版社，1991.

乎”的准则，在堂名、仓名上寄托建筑物的使命、功能和某种期盼的命意。宋代私第别墅中的堂名，常见从闲情逸致中取意的。欧阳修在扬州瘦西湖建平由堂，是由“负台而望，江南诸山，拱列檐下与堂栏相平”而得名。苏轼谪官黄州时，在东坡筑堂，其四壁都绘有雪景，因而得名“雪堂”。[①] 但官府的堂名存在着“玩物丧志”的顾忌，不纵情于闲逸，而要表现政治、道德、哲理意向。北魏孝文帝筑凝闲堂，“取夫子‘闲居’之义，不可纵奢以忘俭，自安以忘危，故此堂后名茅茨堂”。州署内的厅堂是政务治事的处所，理所当然寄托着政治理念。上述命名中有的比较生僻，有的虽不生僻，但含义似乎难与建筑实体契合。实际上我们经过探究，是可以理解其意蕴的。

（一）行政使命：节、双瑞、敬简

节。藏立旌节并定时祭奠的州府厅堂。宋朝有双旌节门旗，“受赐藏之公宇私室，号节堂。朔望次日祭之，号衙日”[②]。节堂是州府长官使命的标志，表示受朝命履行职责。

双瑞。宋诗中有“双瑞堂”，明代山东济宁有“三瑞堂”，具体命意不得而知。东汉王充《论衡·指瑞》：“异物见则谓之瑞。”对于不尚虚空的包拯来说，显然不会认同这样的命意，而应是指“王使之瑞节”的镇圭、牙璋。《周礼·春官宗伯·典瑞》的《正义》说：“珍圭以征守，以恤凶荒。牙璋以起军旅，以治兵守。”贾公彦疏引汉代经学家的解释说，珍圭即镇圭，牙璋相当于铜虎符、竹使节。宋代的知府、知州大体上相当于前代的侯、郡守、刺史、节度使，因而可以认为“瑞”是指镇圭、牙璋及其体现的地方上征守、备凶年、救灾荒、治军队的职责。与节堂并列齐举，分别从总体和个体上同作揭示，严谨郑重。

敬简。《论语·雍也》：“仲弓曰：‘居敬而行简，以临其民，不亦可乎？居简而行简，无乃大简乎？’子曰：‘雍之言然。’”那样的“居敬而行简”是有条件的，在孔子的话中实际上是一种假设。加上所处的时代正存在着道、府、州、县官吏“慢政食官”，“务为简易因循”[③]，包拯必然惕厉、戒惧，因而不大可能标榜这样的“敬简”。结合当时广南两路不时发生乱事，这就可以从军事的视角看作出自“畏此简书”。《诗经·小雅·出车》：“岂不怀归，畏此简书。”《左传·闵公元年》引述说：“简书，同恶相恤之谓也。”《正义》说：“诸侯有事则

① 华夫．中国古代名物大典：上册［M］．济南：济南出版社，1993．

② 黄培芳．重建拱北楼左神庙碑记［M］//黄佛颐，钟文．广州城坊志．广州：暨南大学出版社，1994．

③ 司羲祖．宋大诏令集［M］．北京：中华书局，1962．

书之于简，遣使执简以告命，告则须救。”而“畏”可训为“敬”。因而可以认为“敬简”出自“畏此简书”，以作州署的警示、策励。因为州相当于春秋时期的邦国，军州更驻有军队供派遣，可调动武力救助急难。

（二）为政宗旨：宅生、仓充、丰济

宅生。位于端州上游的封州原有唐时任司马的李甘所建的宅生堂，后由知州李恩纯重建。《尚书·康诰》有“宅心知训”“宅天命”两语表示“居心则知训民”“顺天命”。后出的“宅生”却指寄托、托付生命和生计。唐开元三年(715)，国内旱灾严重，张九龄向唐玄宗呈《上封事书》，认为地方上的刺史、县令职责重大，在当前“黎人（民）未息，水旱为忧”的局面中，“六合之间，元元之众，莫不悬命于县令，宅生于刺史”。他在《酬王履震游园林见贻》一诗中也称：“宅生惟海县，素业守郊园。”后来《元典章·吏部八·差委》也加以转载并补述：“亲民之官，民命之所由寄也。”攸关社稷、民生所寄托，不容任何疏忽懈怠。标举宅生，宣示了崇高的意向和严格的要求。

“仓充、丰济”这两者是重农贵粟的宣示。《尚书·洪范》所规定的“农用八政”中，食和货摆在前两位。重农贵粟是中国农业社会时代各个王朝和流行学派普遍宣传和推行的施政。《吕氏春秋·上农》引述《后稷》农书说：“古先圣王之所以导其民者，先务于农。”“所以务为耕织者，以为本教也。”西汉贾谊引《管子》所说“仓廪实而知礼节”，晁错指出“故务民于农桑，薄赋敛，广蓄积，以实仓廪，备水旱，故民可得而有也”①。仓充、丰济与上述两说完全吻合。其中“仓充鼠雀喜，草尽兔狐愁”，应是互文见义，以兔狐犯愁的假设，来作食物匮乏，连野生动物也难以幸免的理喻。而如果仓廪丰盈，那就鼠雀均沾其惠。至于“丰济”，更显出包拯与佛教所宣扬的“拯救”“广济”“普济”的差异。佛教那些“济”侧重精神上的慰藉，而“丰济”却以人们赖以生存的现实条件来设定救助的目标，不但要救济，而且要争取丰足地救济。

（三）施政依据：史册、枕书、相魁

史册和“枕书”的书，可视为各种载体的文献。无论是史册，还是“史牒”“往牒”，都应包括前代的史、典、册、籍、牒、簿。古代有一种箱形的枕，枕内可藏物主嗜读的珍要书籍，以备随时翻检要言妙道、韬略诀窍，用以指引、策励自己，称为枕中书。与“枕戈待旦”具有相似的精神内蕴，“枕书”中时刻不忘前贤的要言妙道、韬略诀窍，以及勿忘史册上的前贤遗训，是包拯谨遵的传统

① 班固. 汉书食货志：及其他二种［M］. 北京：中华书局，1985.

基石。

至于“相魁”，构词生僻，含义隐晦。如果把“相”解释为“省视”，“魁”解释为“大、首、帅”，意义是不明的，如果把“魁”视为天星，就可以理解。北斗七星中天枢、天璇、天玑、天权四星组成的图形称为魁。《宋史·天文志》：“北斗七星……魁第一星曰天枢，正星，主天。”又说：“枢为天，主阳德，天子象。”又汉蔡邕《青衣赋》：“南瞻井柳，仰察斗机”。“斗机”是北斗星别名之一，相魁应是仰察斗机的意思，也就是仰望皇上、恭候朝命的意思，用意在于懔遵诏谕。

（四）从政本色：清心、直道、秋霜、秀干、精钢

清心。本用来表示佛教、道家所宣扬的恬静无欲的心境。到北宋，这一术语已应用于政治层面。与包拯同时的范仲淹在致两个侄子的《与中舍二子三监簿四太祝》中说：“自家且一向清心做官，莫营私利。”这里已有纯正之心、素洁之心的意思，表示做官不营私利。以此作“治本”就与前人所宣示的有差异。秦代简书《为吏之道》是：“君鬼（怀）臣忠，父兹（慈）子孝，政之本殹（也）。”① 上述晁错《论贵粟疏》是：“粟者，王者大焉，政之本务。”上述张九龄《上封事书》是：“欲理之本，莫若重刺史、县令。”“理”“政”与“治”相通，但“本”的所指有别。第一句指实现治理的前提和基础，第二句指施政的基本任务和主体任务，第三句指实施治理的关键。包拯是从行政主体来说，“本”就是本体、主脑。实施《孟子·滕文公上》所说的“治人”和桓宽《盐铁论·本议》所说的“治人之道”，不存营利之心就应是主脑。这样就把对从政者责己、律己的要求从行为约束上升到了精神管理。

直道。正直无曲之道。《论语》有多处论及直道，均从不同方面进行了阐释。《卫灵公》：“斯民也，三代之所以直道而行也。”朱熹集注引尹氏曰：“岂得容私于其间哉？”《公冶长》：“孰谓微生高直？”朱熹集注引范氏曰：“是曰是，非曰非，有谓有，无谓无，曰直。”这种解释的对立面就是枉、曲、偏、邪。行用于政事，就如《颜渊》所说：“举直错诸枉，则民服；举枉错诸直，则民不服。”至于“身谋”的“谋”，应是如张田在《包孝肃奏议集·题辞》所说的“谋行忠入”的“谋”。就是在官言官，从自己的职责任务方面来谋划，而不仅仅是从个人的得失成败着想。这就与上述《为吏之道》相通，“凡戾人，表以身，民将望表以戾真。表若不正，民心将移乃难亲”②。“精钢不作钩”的比喻，

① 睡虎地秦墓竹简整理小组．睡虎地秦墓竹简［M］．北京：文物出版社，1978.

② 杨正泰．明代驿站考［M］．上海：上海古籍出版社，1994.

进一步加强了直道的说理。“秀干终成栋”又展示了造就国家中坚栋梁的抱负和期许。

秋霜。浓度最高的霜。除比喻刚正忠烈和操守高洁以外，还比喻正直可敬的人品。包拯当时并没有遭遇威权压迫、强暴或凌辱，为州堂命名秋霜，不大可能以节烈取意，理应从立心操守、行事正直取向。

二、政治理念的践行及其径迹

（一）经济民生实务

1. 在端州

包拯知端州仅三年，而且很可能像他在《请选广南知州》奏议的那样，是“独员管勾”，没有副手，也就是一个人包揽下来，但他开展了一系列有益社会民生的实务，兴建了一批设施，并且取得明显的实效，都可与上述政治理念观照。

（1）迁建崧台驿，兴建丰济仓。

端州前身高要县早在西汉就已经是西江上的主要城镇、驿道和运输系统的重要站点。汉武帝最开始派驻番禺和高要的盐官，在岭南实施海盐官营生产和运销。其后相继设有鹄奔亭（鹊巢亭）、端州驿、崧台驿。包拯一举把崧台驿从城东石头岗迁至城西一里江边，同时创建丰济仓，这是对本地影响深远的重大举措。当时按制应设田赋税粮、军粮、常平、义等仓，但这些专用仓到明代才见载，这就可以认为丰济仓是同体分储的较大型仓库。

崧台驿在两宋间内设宋隆馆，在元代分设有递运所，相沿到明代，规模可观。内有石筑的码头、道路，有甬道、街道、马厩，常备有官船。设驿丞和吏各一人来管理。当时从广州经广西至安南，经高州、雷州至海南岛两条主干驿路在此交汇，是水陆两线的中转站。《一统路程图记》中崧台驿加注记：“产端溪砚、漆。”提示这两种特产可供采购、付运。这就表明：①水陆兼行。②除传统的邮传业务外，兼作民用。③在负责人员的接待和交通之外，着重管理货运，兼理官商。基于因革，宋时崧台驿的功能、设施、营运状况理应与元明时期大同小异。

包拯之所以易地新建崧台驿，有着场地条件和社会经济背景等多种原因，其中的关键在于端州的生产有所发展，导致粮食和整个运输量增加，对运力和仓储的需求迫切：

①州治周边的旱峡和东南方隔江的东门坳，从唐代开始逐步淤断，提供大面

积可开垦的土地。唐后期已建金西围，至道二年（996）又兴筑榄江围[①]，面积达六七万亩。其后《元丰九域志》载，端州有主户11 269户、客户13 834户，客户多出两千多户。而与包拯同时，广南东路提点刑狱周湛清理过长江流域居民被诱拐来西江地区卖身为奴婢的案件，因而可以认为这些客户起码有一部分是从事垦殖的移民，而不纯粹是佃农。围垦六七万亩，年总产值在十万石以上，这在当时是一个可观的数目，同时期广南东路对广南西路的一次赈济，也不过22 000石。

②端砚声名鹊起，当时如日中天，运销畅旺，端石远运至青州供制精品，连同传统的海盐和其他海产、漆、丝帛、茶、香料、矿产品等的运量也在增加。

③海南岛的开发与和安南交往的增加，使辐射区域扩大。包拯大力建仓扩建崧台驿，实在应时应世。

（2）治理环境，改善生活条件。

地方志载包拯兴修水利，疏渠清障，打井以改善饮水，教百姓求医治病，实现"地方千里，不识盗贼，水疍山瑶，熟化奔走，恩威并著，岁乃大和"[②]。

2. 在各地

在朝廷的三司、户部，在路、府、州的转运使、知府、知州等职位上，包拯长期致力于财政、粮食、运输和其他经济实务的运作，都卓有成效。其奏议集中，仅《粮道》专题就有5篇。其他粮草、转运、发运、市场、市政等论议更多，大都中肯、积极。在《请救济江淮饥民》《请支义仓米赈给百姓》中，表现了其对事件的高度关注，请求"即令画时将义仓米速行赈济，以济贫民"。其果断坚决，高度体现了宅生的理念。

（二）军政吏治

包拯在这方面富有创见的言论和卓著的政绩，也表明他把相魁、节、敬简等使命感贯彻始终。他根据在端州的所见所闻，连上《请选广南知州》《请广南添差职官》两篇三章著名的奏议，还作《论蛮事》二章，另在《请选人知虔州》中议"南雄瑶贼"的问题。又报告"广南州郡并无城壁及攻守之具，加之兵力绵薄无堪用者"，请求下令，"于逐州界首可控拒之处，相度置寨栅屯兵防拒，以警备之"。这不仅是有关当时岭南民族问题、军政制度、军备情况的珍贵文献，

---

① 中国科学院《中国自然地理》编辑委员会．中国自然地理［M］．北京：科学出版社，1982．

② 王揆．肇庆郡龙图包公祠记［M］//肇庆市端州区地方志编纂委员会．肇庆市志．广州：广东人民出版社，1996．

而且充分体现了镇圭、牙璋和“畏此简书”的理念。

（三）直道廉明

包拯标举的“直道”在他一生的仕履中得到多人的肯定。司马光认定其“有廉棱”“刚而不愎”①；沈括认为其“峭严”②；江少虞判定他“刚严，不干以私”③；《宋史》本传评之为“性峭直”还有“直臣”“鲠直”“忠直”等。

他高度的廉洁不但只针对自己，还针对家人，并将这种理念明载于家训。在端州“不持一砚归”和制止“缘贡”端砚，被其墓只出土了一方普通砚台所证实，也足以表明他的“清心”老而弥坚。

三、结语

包拯在知端州期间标举的政治理念及其践行状况，有着政治文明方面的深刻意义。尽管其中属于经济实务方面的还不太多，有待深入发掘；但已被后人认知的一系列要言警语，千百年来一直在政治、道德领域发挥涤污去垢的强力作用。当今推动执政为民，反腐倡廉，仍然可以从中汲取发人深省的政治理念，为政治文明建设大业服务。

参考文献

[1] 包公年谱简编［M］//谢达怀．廉吏风仪何处求：纪念包拯诞辰一千周年暨包拯学术研讨会论文集．肇庆：肇庆炎黄文化研究会，1999.
[2] 张其凡．清官楷模　廉政典范：纪念包拯诞辰一千周年［M］//谢达怀．廉吏风仪何处求．肇庆炎黄文化研究会，1999.

---

① 司马光，邓广铭，张希清．涑水纪闻［M］．北京：中华书局，1989.
② 沈括．梦溪笔谈［M］．北京：中华书局，1985.
③ 江少虞．宋朝事实类苑［M］．上海：上海古籍出版社，1981.

郑成功家族与肇庆

台湾自古以来就是中国的领土。17 世纪的前 70 年，台湾虽曾一度被西班牙和荷兰殖民者占领，但 1662 年，明朝下令由郑成功率领精兵收复台湾，宝岛从此回归祖国的怀抱。这一重大历史进程不但折射出郑成功及其家族的爱国主义精神，而且其中交错着与肇庆的地缘和人事等方面的直接或间接关系。今天追寻那一段历史径迹，不但有助于后人加强对肇庆历史面貌的了解，而且能加强对明清时期政治、军事和社会错综复杂的变局的认识。

一、石室岩题诗展示郑芝龙功业径迹

郑成功的父亲郑芝龙于明崇祯十年（1637）在石室岩题诗二首：

偶缘开府抵崧台，奇石清泉洒绿苔。
群玉山头迎佛相，恍疑身已在蓬莱。

乳岩突兀五丁开，直把星辰摘下来。
金粟庄严真色相，肯渐能赋大夫才。

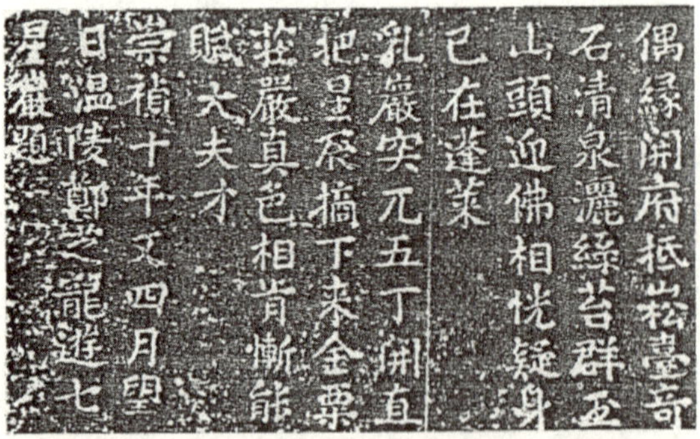

郑芝龙在石室岩璇玑台左壁上的题诗真迹

这两首诗意义隐晦，如果只从字面作解，那是扞格难通的，必须联系相邻的著名景点水月宫和宫内的大铜佛的来历，连同当事人郑芝龙和两广总督熊文灿等当年的经历和行事，才能解释清楚。

郑芝龙是福建泉州南安县石井（今石井市）人。其父郑绍祖（士表）是泉州府的库房吏员。郑芝龙10岁时有一次抛掷石子玩耍，不料击中知府蔡善继的额头，被捉拿究问。谁知一见面，蔡善继不禁赏识郑芝龙的俊秀仪容，认定这个少年日后有出息，于是不予追究。这一偶然的机缘，埋下了蔡郑二人结交的种子，成为后来明朝政府招抚郑芝龙的纽带。蔡善继在万历三十九年（1611）升任广东布政司参政，分守岭西道，天启年间又调任罗定兵备道，驻肇庆和西江十多年。

几年后，郑芝龙被逐出家门，与大弟芝虎一道投奔海上武装颜思齐部，之后迅速培养出属于自己的一支队伍。18岁时首次到达日本，然后往来于福建沿海、台湾和日本之间，以武装船只为后盾，贩运物资，控制贸易。在日本广泛结交，融入当地社会，掌握日语，并取得长崎、平户地区的隆信藩主及其将军德川家康的信任，在平户置有住所。同时与英国商人建立了密切的关系，获得当时火力最强的火炮作武器，形成一流的战斗力。日本人以他的小名唤其郑一官，称他所部为“一官党”。经过多年的追求和努力，终得隆信藩官员小川理右卫门做媒，于天启二年（1622）夏与医生田川氏松庵的独生女松子（中国文籍称之为翁氏）举行盛大的婚礼。婚后第三年生下长子，取日本乳名叫福松，中国名叫郑森，这就是郑成功。

天启五年（1625）颜思齐死去，郑芝龙被推举为头领，并承袭“甲螺”（日本语是首长的意思）的称号。从此“郑”字大旗招摇海上，部众达数万人，财雄势大。“官兵莫能抗。始议招抚”。天启七年（1627），福建巡抚沈犹龙利用蔡善继，让他出面招抚。郑芝龙参加了受抚仪式，却借口其弟芝虎所部哗变拒抚，而回归海上。这种“今日受抚，明日为寇”“机变百端，如鬼如蜮”的情况，在当时招抚海上武装时普遍存在。不过自从蔡善继出面招抚之后，郑芝龙对官府的对抗有所节制。沈犹龙后来任两广总督，也利用郑芝龙平定了动乱。郑芝龙这种在贼和官之间“持两端”的态度，直到崇祯元年（1628）熊文灿接任福建巡抚，实行“善遇芝龙，使为己用”的办法后，才彻底转变，这是郑芝龙功业的转折点，也是熊文灿建功立业的支点。当年九月，郑芝龙正式受抚，投诚报效。以后四年内，他先后制服了李魁奇、钟凌秀、钟彬等几股时服时叛的海上武装，熊文灿借此“亦叙功增秩焉”。崇祯五年（1632）二月，熊文灿升任两广总督，驻肇庆。当时闽粤沿海威胁最大的是刘香及其海上武装。崇祯六年（1633）刘香着重骚扰福建，崇祯七年（1634）后转向进犯广东。当年七月，刘香大举袭扰海丰，熊文灿无力进讨，只得采取招抚的旧法。过程中又中了刘香的计，奉命前往刘香船上议抚的参政洪云蒸、副使汪承祖、参将夏一本和张一杰四人被拘留。熊文灿指挥失当，大损官威，还在奏报中谎称这四个“道将”是“信贼自陷”，企图诿过。因此遭到弹劾，被贬官，并责令“戴罪自效”。处在这种严酷的困境中，熊文灿判定只有郑芝龙才能杀出一条生路。于是改用武力强攻刘香，设法求得福建方面派出时任游击的郑芝龙率部前来，与粤兵一道合剿。崇祯八年（1635）四月，郑芝龙大败刘香所部于田尾洋。据战报称刘香本人是“自焚溺死”，但不见尸体，崇祯帝一直怀疑其是否真正死去。那4个“道将”除洪云蒸抗命被刘香部下杀死外，都脱险归来。至此，猖獗一时的海上武装被荡平。郑芝龙立功晋升为参将，熊文灿将功补过，声誉大著，于崇祯十年（1637）四月，被任命为“总理南畿河南山西陕西湖广四川军务”，全责进剿张献忠、李自成等农民起义军。

第二年，熊文灿乘着石室岩南坡的观音阁拟议扩建，便筹集十万巨资，在山麓增建中殿，铸造铜质的摩利支（摩利支天）、观音、势至三个大佛像立于殿中，并重新命名为水月宫。联系这样复杂而曲折的社会和人事背景来诠释郑芝龙的那两首诗，可以约略了解熊文灿的良苦用心和郑芝龙的欣慰心境。

第一首的首句写应熊文灿之召而来，开府代指总督和“总理军务”。有的解释说是指总兵，说郑芝龙来就广东总兵一职。包括总兵在内的将军是可以称为开府的，不过谷应泰《明史纪事本末·郑芝龙受抚》载，崇祯十三年（1640）八月“加福建参将郑芝龙署总兵”才发生，平刘香时他的职级只是游击，因而不应是说就总兵职。《明史·熊文灿传》说他受命“总理军务”时，“大募粤人及乌蛮精火器者一二千人以自护”。乌蛮指欧洲殖民者雇佣的黑人或南亚人。郑芝龙熟悉这些人精火器的情况，很可能是前来会商有关事宜。第三句写在水月宫里新开光的观音铜像。群玉山是传说中西王母的坐镇地，观音是女性形貌的菩萨，以此类比作婉曲的表达。第二首的第三句“金粟庄严真色相”，是说眼前菩萨发出黄灿灿的佛光是真正明净的色相，这是就摩利支菩萨的形相不可见、不可取来说的。他的意译名称叫阳焰，意思是不可见、不可取，却有自在的通力。佛经说，如果人们念着他，便可摆脱一切灾难，特别是武士，可以敬他为保护神。再联系前一句“直把星辰摘下来”，诗意理应是关联的，就是既夸张写石室岩的高耸入云，又实写把天星摘了下来，一语双关。中国古代认为天文与人事感应连通，特定的星辰主理人间特定的行为，其中有盗星、贼星、妖星等负面的星。《（道光）高要县志》及其他本地史志记，郑芝龙进剿刘香，看见摩利支菩萨在空中现形，于是歼灭了刘香。由于“金粟庄严真色相”，因而把贼星摘了下来，沉入海底。诗句与记载正好互相印证。末句的“大夫才”也应是作者的现身说法。“大夫才”为“大夫材”的化用。“大夫材”，即现在泰山上的“大夫松”，是当年秦始皇登泰山避风雨的五棵松树。《白虎通义 · 爵》说："大夫之为言，大扶进人者也。"即大力扶掖、荐举人才的意思。大夫才也就是大力扶掖、荐举人才的见识和魄力。"肯惭能赋大夫才"，就淋漓尽致地铺陈大夫那种扶掖、荐举人才的功德，言外之意是对熊文灿提携自己的功德无法尽述而心有惭愧。可见这两首诗字面上似乎平庸，但认真阐释，则发觉其内涵丰富、情味隽永。

四年后的崇祯十五年（1642），郑芝龙再次在肇庆地区彰显战绩。那时"八排瑶乱"蔓延粤桂湘三省，持续十多年，官军疲惫。在前一年由福建巡抚升任两广总督的沈犹龙驻军肇庆，筹划粤桂湘三省会剿，调遣郑芝龙以总兵的身份率领漳州、潮州两镇部队 4 200 人开赴连州，分兵深入怀集县境内的却确寨、茶岩营追剿。郑芝龙所部平定了动乱，稳定了局势。

蔡善继、熊文灿、沈犹龙先后宽宥、赏识、提携郑芝龙，反过来郑芝龙又为三个大员解困、建功，这都有肇庆地缘的因素，带有较强的传奇色彩，至今仍有启迪作用。

二、郑成功举着永历名号收复台湾

经过多年筹划，郑成功在 7 岁时随母亲回到中国，留下小弟田川七左卫门居留长崎。回国后郑成功与家族子弟一起接受严格的教育，既读经史，又练武艺。15 岁时已入南安县学（秀才），21 岁成为贡生，进南京国子监求学，受到老师、著名学者钱谦益的赏识。南京福王政权颠覆后辍学回乡。1645 年夏，分任总兵的郑芝龙及其弟郑鸿逵以及同族拥有部队的郑彩等人以武装和财力作支柱，会同旧臣黄道周等拥立唐王朱聿键于福州称帝，建立隆武政权。郑成功随父入朝拜见，其仪容俊秀，思维敏捷，朱聿键大加赞赏，给他赐姓朱，改名为成功，此后有国姓爷的称呼，连英文也称为 Koxinga。

第二年九月，唐王政权覆没。清朝贝勒、统帅博洛向郑芝龙、郑鸿逵招降。许诺保留郑家安平镇的旧业，原部编入汉军，原地驻扎。郑芝龙贪恋巨大的产业，又误信清朝开出的条件，不顾郑成功和郑鸿逵的劝阻，最终投降了。几个月后，博洛奉命班师北返，行前一天晚上依旧邀郑芝龙饮酒，未毕而宣布立即拔营，并命令郑芝龙随行。郑芝龙离开后，清军派队突入安平镇，搜刮贵重财物，杀死几个家属，押走一批下人。郑成功的生母不甘威胁和侮辱，自杀身亡。

面对家破人亡的严酷现实，郑成功脱下身上的国学生儒服，穿上崭新的戎装，到孔庙里把儒服烧了，明示武装抗争。在几天之内召集部队 9 000 多人，在南澳（今广东南澳县）树起抗清的旗帜，标举"明忠孝伯招讨大将军罪臣国姓”，“背父救国”，并与叔父郑鸿逵、族人郑彩和郑联的抗清队伍在厦门、金门互为掎角，趁机袭击清军。

三年后的1648年，原来率领清军横扫两广的提督、广东巡抚李成栋和两广总督佟养甲宣布反正，回归明朝。当年七月在肇庆举行盛大的迎接永历帝典礼，除了国内各地的反清复明势力代表以外，还有吕宋、澳门等地的西班牙、葡萄牙代表到场致贺，“反清复明”声势高涨。从此，郑成功奉朱由榔为明朝皇帝，向清军发动进攻，协同各支抗清武装，起兵争夺闽、粤、浙、苏四省沿海、沿江州县。1647—1659年，北进江浙3次、南攻闽粤9次，收复过上百个州县。其中1659年夏秋间，统率83营、17万水陆大军，长驱直攻镇江，围攻南京，重创清军的主力，震动大江南北。只是后来由于轻信清方的假意谈判和其他失误决策，致使清军增援及时，战局逆转，郑军退守厦门、金门一线。

在这13年间，郑军与永历朝廷和肇庆方面一直保持着联系。

（1）从永历二年（1648）起使用永历年号。

（2）信使时有往来。1648年十一月，郑成功派官员陈士京来肇庆入朝。十二月，郑成功、郑鸿逵收复福建沿海的州县，派员来肇庆报告。1654年，永历帝派员册封郑成功为延平王，李定国附书约定会师广东。册文称郑成功“戈船浪泊，转战十年，腊表兴元，间行万里”。郑成功复书李定国表示：“宜速乘胜，并力齐举。”

（3）1653年和1654年，永历朝廷的军队主力李定国和郑成功所部合谋在肇庆和广州一带会师，企图从清军手中夺取肇庆和广州。第一年的四月起，李定国部围攻肇庆一个多月，不能夺而退去。一个多月后又相约会师进攻广州，因风向不利，郑成功的船舰受阻，也不能实现。第二年，李定国部从西向东连下廉州、高州，攻占高明，指向肇庆，屯驻在新会。郑成功派出林察和周瑞水陆两路攻向广州，也因故会师不果。联系此前的1649年郑成功军南下攻占潮州、惠州，1650年广州再次沦陷时，郑军也前来进援，可知其目的都是夺回肇庆和广州，迎回永历。

经过多年的争夺、对峙，时局终于逆转。1661年年底，郑芝龙和随行的家属共11人在北京被杀。事后当局又挖掘郑家的祖先坟墓。第二年四月，朱由榔及其太子朱慈煊在昆明被杀。这给了郑成功极大的刺激，加上台湾同胞备受荷兰统治者欺凌压榨，所激起的义愤促成郑成功作出收复台湾、开辟抗清根据地的决策。经过集议和策划，他于1661年年底率领大军攻取台湾，第二年二月，迫使荷兰殖民者按照投降协议，全部退出台湾。

收复台湾后，郑成功立即将台湾作为明朝的辖境，以永历朝廷颁授的名衔，参照明朝的政制，用永历纪年进行治理和开发。不幸5个月后，郑成功逝世，年仅39岁。

三、郑经参照永历时期的体制开发台湾

同年，郑经以郑成功世子的身份继位，至1681年逝世，也只有40岁。年仅12岁的嫡子郑克塽继位，主少政乱，无法抵御清军的强大攻势，于1683年投降。至此康熙帝实现了全中国的统一。郑成功一家统管台湾共23年，捍卫了中国的主权，在台湾进行社会和文化教育建设，开发资源，开展对外贸易，学习欧洲、日本和东南亚的一些先进技术。但在政治上始终保留着在肇庆建立的永历朝廷的标志和色彩：

（1）一直行用永历朝廷封授的忠孝伯、威远侯、漳国公、潮王、延平王等王号、爵号。郑克塽投降时交出的印信有"延平王"金印1枚，"招讨大将军"金印1枚，公、侯、伯、将军银信共5枚，并且"假由榔号便宜封爵"，就是以永历的名义进行封赏、授官。今存的长期主理政务的陈永华夫妇墓碑上标明"皇明赠资善大夫正治上卿都察院左都御史总制咨议参军监军御史谥文正陈公暨配夫人淑贞洪氏墓"，可见一斑。

（2）一直使用"永历"年号，有"永历三十七年"的纪年，而在大陆"永历"只记了16年。台湾地区多使用21年。

（3）铸造并使用始铸于肇庆的"永历通宝"铜钱，与其他货币一起流通。

郑成功家族与肇庆方面的种种关系和联结，在相当大程度上反映了明清之际政局的整合过程，深具历史意义。收复台湾并进行政府管治，为清朝建省奠定了基础。这些对今天正确认识台湾问题有一定的参考价值。

参考文献

［1］王钟翰．清史列传［M］．北京：中华书局，1987．
［2］张廷玉，等．明史：熊文灿传［M］．北京：中华书局，1997．
［3］计六奇．明季南略［M］．北京：中华书局，1988．
［4］高贤治．台湾三百年史［M］．台北：众文图书公司，1981．
［5］福住信邦．郑成功的日本母亲［M］．叶珠算，译．台北：稻田出版有限公司，1992．
［6］谢国桢．南明史略［M］．上海：上海人民出版社，1988．
［7］王夫之．永历实录［M］．长沙：岳麓书社，1982．
［8］鲁可藻，等．岭表纪年：外二种［M］．杭州：浙江古籍出版社，1985．

利玛窦在肇庆的遭遇及其启示

利玛窦及其耶稣会传教士终于得以打破壁垒，进入肇庆，建立传教会所仙花寺，满怀胜利的希望。但是前后不过七年时间，由于经历多次风波，他终于带着愤懑和沮丧转移至韶关。类似的遭遇其后在韶关、南昌、南京和其他地方也有不同程度的重演，但是不如在肇庆那样典型。因而利玛窦在肇庆的遭遇，具有中西交流史上的重要意义，对其研判之启示，对认识当今世界的焦点问题也有着参考价值。

在准入肇庆建立传教会所的问题上，明朝廷与耶稣会各有考虑，这是不言而喻的。只是耶稣会的进展颇为顺利，冲淡了明朝廷戒备的色彩。因而在头六年，耶稣会传教团与驻肇庆的两广总督府、广东省、岭西道、肇庆府的长官和有关官员以及到肇庆公干的其他官员，大体上都以礼相待，保持着良好的来往关系。其间执掌军政权柄的两广总督先后有陈瑞、郭应聘、吴文华、吴善、刘继文五人。前四任相对平静，到刘继文接任时，一改故态，采取了强硬措施，下令关闭仙花寺，利玛窦及其传教团转移至韶关，引起利玛窦的强烈不满。三年后的万历二十年（1592），刘继文调职往北就路经韶关，利玛窦上门拜见，不久刘继文在途中病逝。利玛窦有着异常的反应：第一，认为他"是个贪婪小人"①，"是靠贿赂和馈赠并通过他密友的政治策划，才得以晋升的"②；第二，说"他当时当地就被解除一切职务，并且罚款四万金币作为赃款而上交国库"；第三，他将仙花寺改建为自己的生祠。

关于这些指摘，情况与其他文献所载有出入，其中有的细节利玛窦自己的说法中也前后不一。关于第一、第二点，刘继文回调朝中任户部侍郎，说不上是晋升。因为他任两广总督时就带着兵部右侍郎兼佥都御史衔。这就使得靠贿赂和馈赠才得以晋升上京的说法失去了前提。何况刘继文在仕履上有着清廉的业绩。肇庆现在有立于万历十八年（1590）的《岭南平寇碑》和《平海碑》，以及立于后

---

① 利玛窦，金尼阁. 利玛窦中国札记［M］. 何高济，王遵仲，李申，等译. 北京：中华书局，1983：233.

② 利玛窦，金尼阁. 利玛窦中国札记［M］. 何高济，王遵仲，李申，等译. 北京：中华书局，1983：259－260.

一年的《两粤督抚司马中丞刘公祠记》，对其操守和在两广的业绩均加以肯定，其中说："公建节抚西粤，菲已恬素，以吴处默贪泉之歃自誓，藩臬郡邑吏，翕然向风。""此前任浙江省参政"，考满，"与海瑞并称为天下清官第三"①。关于第三点改建生祠的问题，实际上该提议是由当地士绅发起，生祠也是在刘继文离任后才兴建，基址只利用仙花寺的一部分地皮，并非全部占用，这在当地的文献与天主教史料中都有相同的记述。

徐朔方教授认为，天主教著作关于刘继文"以贿赂、送礼和经营、笼络得到高升"，及其在离粤进京途中被罢官、抄没而死等情节，于《明实录》得到证实。② 所引的兵科给事中王德完的劾疏，刘继文在申辩中一一否认。同科许子伟再严辞申斥刘继文狡辩，但所说的"有旨：着厂卫五城严刑缉治"，并无判决的刑罚记载。如果确实执行那样的重刑，上述三道由大批官员署名的碑记应早被销毁，不可能保存。

可见把勒令传教会所于限期内转移至韶关归咎于刘继文的蛮横和品行卑劣，是不合理的，主因还是当时的政治背景。

（1）两广的动乱仍然不时发生。"广东政局长期动荡是明朝政府仅次于'北虏'的心腹大患。"③ 万历初年，虽然以平定罗旁瑶乱为标志的平乱大战役结束，但两广的战事并没有完全停息。王泮到肇庆任职以来，"东抵罗旁，诸瑶出没不时，不容一日备弛以嬉"④。在罗明坚、利玛窦初来肇庆的万历十一年（1583）、十二年（1584），王泮就参与牵涉两广的"府江、怀贺之役"，围剿怀集、封川、开建一带的严秀珠、车延惠等叛乱队伍。特别是万历十七年（1589）韶州、南雄两府发生以僧人李圆朗、黄辛满为首用"妖术"蛊惑群众的叛乱，"持左道愚煽黔首"，刘继文新接任两广总督，当即着力对付，"设策擒捕之"⑤。这一披着宗教外衣的动乱，更引起刘继文的注意。同时南海和沿海地区自嘉靖以后局势一直相当动荡，倭寇、海盗、内地亡命者，与葡萄牙的不法商人、殖民主义者往往勾

① 肇庆市文物志编辑委员会. 肇庆市文物志［M］. 肇庆：肇庆市文物志编辑委员会，1987：102－179；台湾"中央图书馆". 明人传记资料索引［M］. 北京：中华书局，1987：859.

② 徐朔方. 汤显祖和利玛窦［J］. 文史，1981（12）：273－281.

③ 颜广文. 张居正治粤方略评析［J］. 历史档案，2004（4）：82.

④ 肇庆市文物志编辑委员会. 肇庆市文物志［M］. 肇庆：肇庆市文物志编辑委员会，1987：126.

⑤ 肇庆市文物志编辑委员会. 肇庆市文物志［M］. 肇庆：肇庆市文物志编辑委员会，1987：102.

结，狼狈为奸，纠合武装，横行海上。[①]

（2）境外潜伏着向中国发难的图谋。“其一二羯夷衅孽，伏萑苻，窜岛屿者，动辄尉佗、刘龚，自雄负而反，与西粤相辅车唇齿。”[②] “羯夷”是对外国人的蔑称。“伏萑苻，窜岛屿”，含有包藏祸心的外国人在潜伏伺机阴谋窃发的意思。事实上，就在仙花寺落成的1584年6月25日，澳门耶稣会长法兰西斯科·卡布拉尔致信西班牙国王菲利普二世，进言用武力征服中国，并透露为此一直在搜集情报的事实，反复申述“有正当理由向他们发动战争”，并指出“神学家对此已有广泛的讨论”。当年12月，印度孟加拉主教卡耀也向西班牙国王上书，鼓动通过武力征服中国。[③] 对于这样的密谋，明朝廷不大可能详细了解。但是嘉靖年间，“葡萄牙海盗商人与倭寇、中国亡命歹徒相勾结，多次窜犯我粤、闽、浙沿海，屡遭严厉打击”[④]，刘继文在任广西巡抚之前任福建布政使，这种严峻的事情不能不给其留下印象。

（3）关于耶稣会传教团驻守肇庆的流言纷传，事端频生。广州和肇庆都有种种流言，说仙花寺那有一条轻舟与澳门常常来往，向葡萄牙人传递消息。正在编撰《肇庆府志》的叶春及更认定“夷僧阑入近郊，创招提，奉天主，以左道惑民，为岛夷中诇”[⑤]。加上官员与耶稣会传教团之间进行的洋货交易、馈赠又容易引起是非，都可能成为朝廷中那些御史、给事中参奏的材料。这些不安定、有风险的因素，不能不预先应对。这种情势对刘继文处置耶稣会传教团驻地应有较大的影响，即传教会所不许建在政治军事重镇肇庆和广州，只准建在离海岸较远的韶关或广西，核心就在于守护地区安全，要从政治上进行戒备。当然，西班牙国王并没有采纳用武力征讨中国的建议，刘继文那样的戒备的确显得过度紧张。

---

① 裴化行. 利玛窦神父传：上册［M］. 管识潮，译. 北京：商务印书馆，1998：5－6.

② 肇庆市文物志编辑委员会. 肇庆市文物志［M］. 肇庆：肇庆市文物志编辑委员会，1987：102.

③ 顾卫民. 中国天主教编年史［M］. 上海：上海书店出版社，2003：80－86.

④ 裴化行. 利玛窦神父传：上册［M］. 管识潮，译. 北京：商务印书馆，1998：5－6.

⑤ 叶春及. 石洞集［M］//纪昀，等. 四库全书：第1286册. 上海：上海古籍出版社，1987：1286－1651.

一、观念上的龃龉

利玛窦在肇庆的七年间全力为天主教传道，想方设法向尽量多的人宣讲天主教的义理，并且针对所流行的儒、道、佛三种教派在不同程度上予以贬抑或抨击，其中抨击最多的是“偶像崇拜”。当时肇庆正处于建设高潮之中，除了兴建水利设施之外，还开展了几宗大型的文化建筑工程，在西江南北两岸分别兴建崇禧塔、文明塔，修建肇庆府和高要县的“两学”，重建供奉禅宗六祖慧能的梅庵，声势盖过了仙花寺的建设。这些庙堂塔院或多或少有着利玛窦所称的“偶像崇拜”，他都不愿认同，但除了崇禧塔与仙花寺毗连曾引起风波之外，其余并没有因此而发生矛盾，引发冲突。甚至神父巴范济、罗明坚初次来肇庆时，被安排入住天宁寺仍相安无事。当时肇庆城内外“两学”、佛寺、道观四布，天主教与之相比势力悬殊，但是双方和平相处。这显出肇庆原有的宗教信仰和天主教的观念基本上都是互相尊重、互相包容的。

但是宗教、信仰都属于主观范畴，按照“差异就是矛盾”这样的认识，基于观念、意识的歧异积累到一定程度，如果矛盾不能及时化解，那么冲突就难以避免了。崇禧塔与仙花寺之间发生的风波，实质就是观念、意识上的龃龉。对于这一点，《利玛窦中国札记》《利玛窦神父传》并没有记述，今天笔者进行分析，或有助于把观察引向更深处。

原来从万历初年起，经过士子们长久的酝酿，向官府积极争取，肇庆内的有“三浮屠”之建。[①] 就是从万历十年（1582）至十六年（1588），除肇庆建崇禧、文明两塔之外，高明县也建文明塔，以形成文场兴旺的风水，“图文运之昌”，使“济济多士，应运而生”。其中崇禧塔费银三千多两，比仙花寺多五倍，是当时府内最大的建筑工程。塔身从底层至第五层都有佛龛，共四十六个。基座八面镶贴着石浮雕“二龙戏珠、鲤跃龙门、麒麟献瑞”等民间信仰的祥瑞图案，带有道教色彩，寄托着举业告捷、文场振兴的愿望，成为当时从知府、知县、士子以至社会各界注视的焦点，正当雄伟的高塔成形的时候，仙花寺却在脚跟冒了出来，这是以谭谕为代表的建塔绅董所不乐见的。加上广州方面传来的流言中又有“番塔”“洋人塔”之类不实的说法，更使他们对耶稣会传教团的不满情绪上升。利玛窦没有掌握本地人士热望科举业绩振兴的迫切心理，这种认识上的歧异，导

---

① 叶春及．石洞集［M］//纪昀，等．四库全书：第1286册．上海：上海古籍出版社，1987：1286－1651.

致观念上的对立深化，从而症结难解。

二、科技上的认同

利玛窦来华前在科学技术的多门类学科和工艺方面都有稳固的理论基础和扎实的基本功。为了推进传教，他在科学技术和学术上做了许多准备，特意修习了16世纪新兴的科学技术，也对这一方面的动态、资讯及时关注并加以掌握，具有运用前沿技术的能力。肇庆是他进入中国内地的第一站，所展示、推介、传授和应用的科学知识、技术及其制品，大多是在中国首次出现，因而具有开创性，有着重要的意义。试列举几例：

建筑：仙花寺这幢仿欧式的建筑外墙砌有装饰，有排列整齐的窗，又有安放时钟的钟楼，这是中国传统建筑所没有的。

天体知识和模型：有天球仪、日晷、星盘等。

地球知识和绘图、模型：有地球仪、世界地图。绘制的《山海舆地全图》不但在地图绘制上具有多方面的首创意义，而且所体现的世界地理知识对中国人科学认识世界作用巨大。由于图中对中国的海岸线、城市、山脉和水系绘得比较翔实，也有助于中国人认识自己的国土，所使用的投影作图法比中国原有的绘图法先进。中国无疑也有悠久的地理测量和地图绘制历史，也曾在世界领先，如近年发掘出的《大明混一图》以明朝版图为中心，东起日本，西达欧洲，南盖爪哇，北尽蒙古，所显示的非洲地域图要比欧洲人最早的非洲地图早一百多年。专家推断该地图绘于洪武二十二年（1389）①，认为这是古代世界地图，比利玛窦的《山海舆地全图》早近二百年。不过该图并没有来得及反映世界地理大发现后中国人对地球的认识，理论指导和绘制技术也相对落后，这应该以科学的态度对待。以上三点是利玛窦向中国传播欧洲的先进文化中最重要、也是影响最大的一个方面，都先在肇庆开创和奠基。

钟表：西洋钟表是机械装置而成的计时器。万历十年神父罗明坚和巴范济首次获准到肇庆时，就将一个带车轮的大自鸣钟送给两广总督陈瑞。它是中国内地首次出现的西洋机械钟表。此后利玛窦在肇庆多次展示和赠送这类钟表。其中万历十二年，分巡领西道员王泮托前往澳门筹款的罗明坚以善价定做一个时钟，不料钱款领不到，无法制作时钟，只得把印度果阿籍的制钟匠带回肇庆。王泮马上

---

① 李宏为．沉寂数百年，一鸣传天下：大明混一图引起世人关注［J］．历史档案，2004（1）：133－134．

把城里最好的工匠找来协助，终于把时钟制成。这是中国内地第一座有中国工匠参与制作的欧式机械钟表。《利玛窦中国札记》多次描述肇庆的官绅百姓见到时钟时惊奇的情状，其实近年中外学界提示，东汉永初年间（107—113）我国著名科学家、文学家张衡就制造了堪称“世界第一个有齿轮的机械钟”，中国“在世界上是首先制造机械钟表的国家，后来传到欧洲才有了欧洲的钟表制造业”①。与此类似，利玛窦在肇庆所展示和赠送的日晷、沙漏，中国原来也有，而且历史更久远，不过不及当时欧洲所制造的那样精致。这些历史真相，今天有必要展示其本来面目。

三、文艺上的共鸣

以利玛窦为首的耶稣会传教团在肇庆所展示的西洋美术、西洋音乐和印刷品等，也是中西文化交流的重要部分，曾引起当时社会强烈的反响，不少艺术品影响深远。仙花寺本身就是一座欧式综合艺术品，所展示的美术品多色多样，天主教人物画、塑像、浮雕、石刻、插图、图案、装饰，连同图书的装帧、编排、印刷，都与中国的传统在风格、色彩上迥然有别，具有令人赞叹的魅力。仙花寺不时奏乐歌咏，吸引着听众“也羡慕我们的乐器，他们喜欢它那柔和的声音和结构的新颖”②。

耶稣会传教团展示科技艺术品和科技制品所显现的美感，在途经肇庆的剧作家汤显祖身上反映得特别强烈，他不但写诗抒发深沉的感受，而且将在肇庆与利玛窦会晤所获得的印象和体会与在澳门所作的观察和思考，渗透在戏曲《牡丹亭》中。

汤显祖在肇庆所作的《端州逢西域两生破佛立义·偶成二首》诗中“西域两生”，徐朔方教授认定其指利玛窦和特·彼特利斯神父（或作裴德立·石方西），这是准确的。因为韶关的传教团被匪帮在夜间破门强抢，两位神父被打伤，到肇庆的岭西道应讯，在万历二十年（1592）春天又来到肇庆。这时汤显祖从贬官处徐闻县北返任职，途经肇庆，因而得以与他们会晤。诗的第一首吟咏耶稣像：“画屏天主绛纱笼，碧眼愁胡译字通。正似瑞龙看甲错，香膏原在木心中。”说耶稣面带愁容，外表像龙脑树错杂粗糙的表层一样不太顺眼，但其内心像树心

① 曹增友．传教士与中国科学［M］．北京：宗教文化出版社，1999：157.

② 利玛窦，金尼阁．利玛窦中国札记［M］．何高济，王遵仲，李申，等译．北京：中华书局，1983：216.

一般蕴藏着芳香的龙脑香。第二首吟咏两位神父，昵称他们是“生”，是“子”，归于学人一类。后两句又把他们置于僧佛之外，看作远道履奇迹、持金宝作信物的友好使者，是善类，这表明汤显祖对利玛窦及其同伴不但友善信赖，还有几分敬重之意。至于“黄金作使更何疑”中“黄金”的含义，徐朔方教授认为：“可解包含两层意思：一是指这些洋商远涉重洋为的是发家致富；二是指当时人们认为欧洲传教士掌握炼金术。”① 关于第一，称为“两生”“二子”，实际上已暗指不涉商；关于第二，当时确有人这样看待，肇庆就有这样的流言，不过肇庆所说的“黄金”常同“宝”混同起来，而所称说的“宝”实际上是指那些三棱镜、日晷、星盘之类稀罕的科技制品，正如《牡丹亭·谒遇》所描述的澳门多宝寺的“宝多罗多罗”那样。也正是这样，表明这两首诗与《牡丹亭》对耶稣会传教团的认识有同源痕迹。徐朔方教授认定《牡丹亭》“明显地带有他在肇庆、澳门会见利玛窦和其他传教士及外商的印象”②。这是将近三十年前中肯的论断，到今天有更多的事实证明他在肇庆与耶稣会传教士有接触，在肇庆“荡舟星岩游”“梦里乘槎是此年”“留题共醉星岩客”，这些岭南风光连同“多宝”“宝多”、圣母像和何仙姑等“南海女子”所触发的“西方美人之思”，熔铸成《牡丹亭》奇妙的构思、浓艳的幻境和“至情”的浪漫主义画卷。

上述得出的启示，大多可以与国际关系、中外交往的现实对应。这样一项极具价值的历史文化，我们必须认真总结，提取其中有益的成分供当世借鉴。

---

① 徐朔方. 汤显祖和利玛窦［J］. 文史，1981（12）：273－281.

② 徐朔方. 汤显祖和利玛窦［J］. 文史，1981（12）：273－281.

勤政廉明的苏廷魁

一、世代书香

苏廷魁（1800—1878），字德辅，号赓堂。出生于肇庆市新区长利村青云坊一个书香世家。父亲苏灿举生于清乾隆三十八年（1773），终年72岁。苏廷魁生性聪颖，从小刻苦攻读，嘉庆二十二年（1817）补府学生，道光元年（1821）举人，道光十五年（1835）进士，选翰林院庶吉士。散馆授编修，充起居注协修、国史馆纂修。

苏廷魁所属的苏氏家族，在清代就已有“三代九科甲”之誉，苏氏家族发展至今天，仍是世世代代人才辈出。如苏廷魁的玄孙苏耀祖执掌香港文康广播公司，苏铭祖在美国国防科研部门任职，苏绳祖是香港医学界著名的脑外科专家等。

苏廷魁，才情出众，为官操守廉洁，秉性朴直，敢于犯颜直谏，因此广受称道。

二、弹劾穆、赛，身当“谏垣三直”和“四虎”

道光二十三年（1843），苏廷魁应召回京，授协理京畿道，当年十二月署兵科掌印给事中。这一年，英国又强迫清政府签订《虎门条约》，西方列强在中国大肆搜刮生产原料，同时又大量倾销商品。手工业者失业，生活无着。加上灾荒连年，各地起义事件此起彼伏。苏廷魁忧国忧民，心急如焚，怒不可遏，就“时政乖忤”，上疏数千言，谏议罢黜穆彰阿，“请下罪己之诏，开直谏之门”。道光帝“览奏动容”，“嘉其切直”。但是，由于穆彰阿在朝中气焰正盛，苏廷魁人微言轻，因此他的这一举动并未产生什么实际效果。道光帝虽然嘉许他敢于“直谏”，但是无“罪己”的具体行动。而苏廷魁犯颜直谏，语多恳切之言，赢得了朝野许多人士的赞许。他与朱琦、陈庆镛屡次挺身而出，上书论政，力主销烟抗敌，以直言敢谏而被当时舆论誉为“谏垣三直”。他们三人，再加上较早时出名的金应麟又被称为“四虎”。“保位贪荣，妨贤病国。小忠小信，阴柔以售其奸；

伪学伪才，揣摩以逢主意”的穆彰阿，“终道光朝，恩眷不衰”，因此苏廷魁等正直之士饱受压制、打击。然而，民心不可欺，民意不可违，在道光帝死后不久，穆彰阿终被褫职，落了个身败名裂的下场。

三、“公负国，某不敢负公。”

同年四月，大学士、首席军机大臣赛尚阿出任督师，镇压太平天国军，但他屡为太平军所败。赛尚阿也是个贪权误国的鼠辈，他趁到前线督军镇压太平军之机，“援引内阁侍读穆荫擢五品京堂，在军机大臣上学习行走”。苏廷魁疏劾其坏旧制，用私亲，超擢太骤，易启幸进之门，请赛尚阿还京，令回章京本任，并斥责其擅预黜陟之罪。咸丰皇帝先隐上疏者之名，出疏示赛尚阿，赛尚阿退，饮台垣酒，问：“谁实弹我？”苏廷魁出席曰：“公负国，某不敢负公。”在场的官员都佩服苏廷魁刚正不阿的精神。

四、参与督办团练抗击英法联军

咸丰七年（1857），第二次鸦片战争爆发，英法联军再度占领广州。

咸丰八年（1858）二月十五日，清廷命苏廷魁火速赶往顺德，与在籍户部侍郎罗惇衍、太常寺卿龙元僖等督办广东团练总局，招募东莞、三元里、佛山练勇数万人，奋起反抗英法联军的侵略，收复被侵占的广州。

苏廷魁和罗惇衍、龙元僖以团练总局的名义发起大罢工，规定“粤中各府县乡村耆老首事通饬民间男女有在香港、澳门等处为洋人教书、办理文案及一切雇工服役人等，限一月内辞退回家”，号召在广州替洋人服役执业的所有人员一律归家，商民迁徙一空，原先繁华的广州西关，白天变得冷冷清清。再派团练壮勇严密封锁港口，断绝盘踞在广州城内英法联军的柴、米、油、盐、蔬菜和其他食物的供应，要把敌军活活困死、饿死。派人夜间潜入广州城袭击小股分散的敌人。英法联军的士兵被杀、被俘的事件时有发生，搞得敌军风声鹤唳，心惊胆战，即使在白天，如果不成群结队，根本不敢上街。英法联军不甘心被动挨打，分路出城进攻团练。团练的壮勇预先埋伏在有利的地形迎战。他们边战边退，诱敌深入，等敌人进了树林僻静的伏击圈，突然锣声震天，枪声大作，埋伏的团练壮勇从四面八方冲杀出来，原先撤退的团练壮勇呐喊着杀了个回马枪，中了计的敌军心惊肉跳，纷纷逃窜，有的慌不择路陷入水田的淤泥之中，难以逃脱被活捉。侵略军被打死打伤100多人，剩下的狼狈撤回。此后，敌军躲在城内，避战不出。但团练的壮勇常常潜入城内袭击敌人。他们有的埋锅箭，有的布地网，晚上将火箭投射到敌军营地，敌军防不胜防，惊恐万分。

咸丰八年（1858）七月二十一日，苏廷魁和罗惇衍、龙元僖命令石井、冈村、大江、安良各路的团练壮勇 7 000 多人攻打广州城。团练壮勇们枪炮火具齐放，击毙击伤侵略军多人。骁勇剽悍的团练壮士乘胜登上广州西北角的城垣，又攻下了通楼，打得敌人晕头转向。北路团练壮勇各团分队冲进了西门，敌军拼死抵抗。观音山上的敌军，以及珠江上的敌舰一齐向团练壮勇攻占下的地方放炮，城墙上的敌军也不断向团练的阵地抛掷火盘、火弹，众多壮勇英勇牺牲。相持了三昼夜之后，由于团练壮勇伤亡过大，已登上城墙的壮勇无法立足坚守，被迫撤退。

《天津条约》签订后，侵略军仍驻广州不退，苏廷魁等奏请保留团练局，以防侵略军再犯。广东团练总局还贴出告示悬赏取为非作歹的英国领事巴夏礼的人头。八月十一日，英军 3 000 多人前来报复，他们开炮轰击新安县西门城墙，炸开了一个十几丈的缺口，并一度冲入城内。广州民众拼死抵抗，团练壮勇和军民奋起反击，在城外防守的壮勇火速驰援，与敌军激战 3 个多小时，击毙来犯多人，保卫了国土，捍卫了民族尊严。

五、治水结余 30 万：上缴还是瓜分？

同治元年（1862）清廷重新起用苏廷魁，授河南开归陈许道道员。同治三年（1864）正月，苏廷魁署理河南布政使。同治五年（1866），苏廷魁署河东河道总督，管治河南、山东等境内黄河、运河的水利以及军务。几千年来，黄河有过 1 500 多次决口的记录，历代都设专门机构管理黄河堤防。苏廷魁到任后，勘察各处河堤地势，会同三省督抚筹议。但是黄河洪流将河南荥泽县西北的堤防冲决，苏廷魁受到撤职留任的处分。他加意报效，千方百计将河堤修复，与河南巡抚联名上奏批拨白银 100 万两作治河经费。他“亲督工，买料俱亲经手”，结果不出三月，河堤修复，因而官复原职。但结余有 30 万两白银，在如何处置这些银两的问题上又生纠结。河南巡抚主张瓜分，苏廷魁坚持余款奏缴国库。这个巡抚因为“未遂其欲，恨甚”，“弹奏之”。朝中的户部也因“向来河工告成，无不浮冒虚报者，利得十分之七，大小瓜分，以三分贿部遂不驳。今苏公缴还余银，除此陋规，部中亦恨”。于是户部想方设法在苏廷魁的奏折里挑出“不合例数条”，与河南巡抚联手参劾苏廷魁。结果这样一位不愿贪污的二品大员竟被革职。后来任道镕任河南巡抚，因复堤工程有余银而“请缴余银”，结果也“被弹劾，革职去”。对于清末朝政的腐败，当时头脑清醒的人士一针见血地指出：“二公于污秽之中，独欲显其清廉，宜乎犯众忌而不得安于其位也。”

六、身当河工肥差，却无豪宅大院

不过，苏廷魁治河有功，操守廉洁，受到河南、山东等地百姓的敬仰，自发地在庙宇中立苏公（廷魁）像供奉。同治七年（1868）六月，他与各将领督率“仿古人治河成法”，“分段挑浚旧河，一律深通”，加固上游薄弱处的堤围。他号召农民开垦河滩的荒地，许诺三年之内的收成全归开垦者。一千亩以上的大片荒地由军队开垦，化兵为农，节省军饷。这些利国利民之举，成绩斐然，朝野称赞。

同治八年（1869），朝廷念及苏廷魁修复荥泽堤围决口有功，内召，官复原职并嘉赏二级。苏廷魁平素一贯勤政清廉，虽然一度位高权重，主管河工肥差，但家无豪院大宅，只有一栋老旧的占地约100平方米的瓦房屹立在长利涌边。

七、“下笔千言立就”与“诗而史者也”

苏廷魁喜好学术，善于著文。高中进士的那年十月，他结集刻印了《守柔斋诗钞初集》三卷。他写有《西湖杂诗》百首。清何曰愈所撰的《退庵诗话》就此评述说：“苏河帅（廷魁），字德辅，乙未入词垣。立朝敢言，所奏多关国家大体，有鱼头铁面之目。博通群籍，诗才敏妙，不假思索，下笔千言立就。上溯汉魏，下涉唐宋，力追《风》《雅》，著有《守柔斋集》若干卷。余尝见其《西湖杂诗》百首，搜罗逸事，诛奸刺佞，发潜阐幽，盖诗而史者也。”他还著有《守柔斋行河集》二卷、《守柔斋诗钞续集》四卷。《清人诗集序录》一书评价他的诗作“雄直壮阔”“力开生面”。就其诗文的内涵来看，其作品不仅仅是对传统文化的简单重复，而且也敏锐地捕捉到了当中由中西文化碰撞所产生的火花。例如，他写有《主人为作西洋筵有赠》等新颖的好诗，为当时的诗坛增添了鲜活的气息。除此之外，他还著有《五经择要》《手批东莱博议》《中州奏议》等。

以光耀始、以失意终的书画鉴藏家冯誉骥

他历充道光编修，咸丰侍读侍讲，同治光绪内阁学士、侍郎、巡抚，他的诗、书、画载誉国内，他就是出生于肇庆城区的清代名家冯誉骥。

冯誉骥从小颖异，被视为“神童”，十六岁中举，二十岁登科入翰林院。此后历道光、咸丰、同治、光绪四朝，官居“词垣”“枢垣”“卿贰”、学政、主考、巡抚四十年，诗、书、画载誉文坛、艺坛。从青少年时起即受到年长他三四十岁的名臣和名家林则徐、张维屏、彭玉麟等“诸老宿咸推重之”，引来“君才俊逸起南海，弱冠已号金门仙”的艳羡。这样卓异的人物，祖籍至今称说不详，连他的主要仕履、事迹、著述、终老等要项也还没有著录，史料也没有梳理。笔者现撰文，简述其历史面貌。

冯誉骥字展云，号仲良（一作字仲良，号展云），过了十岁不久便作生员（秀才），进状元林召棠掌教的端溪书院深造，又赴广州学海堂受名师指导，科举连连告捷。道光二十四年（1844）进士科列前茅，得进翰林院，从此在院屡考屡列优等。先任编修，时才二十岁，还没有结婚，与一般的翰林人物妻妾“齐人”子女成群，甚至儿孙满堂大异其趣。道光二十五年（1845）中进士的广东清远人郭志融在《送冯展云太史归娶》一诗中，热情洋溢地称说这一罕见的佳话。清代何曰愈《退庵诗话》称：“的皪君身明月珠，金闺聘得窈窕姝。承帝曰俞汝往谐，百两迓之南海隅。……锦衣玉貌万人看，马汗车尘九街哄。玉堂济济罗高真，如君盛年富贵新。羊车不数卫叔宝，锦伞岂艳冯夫人。”

冯誉骥一生的仕履历程，有钱实甫《清代职官年表》列载，根据《广东文征》第五册、《退庵诗话》、《岭南画征略》等文献，也可以得出大致的轮廓。

冯誉骥道光二十四年进翰林院，定职编修。道光二十八至二十九年（1848—1849），以编修衔出任山东学政，回翰林院任侍讲（学士）。咸丰四至五年（1854—1855），戴衔出任湖北学政，回翰林院任侍读（学士）。咸丰十一年至同治二年（1861—1863），戴衔出任江西学政，回朝任内阁学士。同治十二年（1873）以詹事府少詹事出任福建学政。光绪四年（1878）调任礼部右侍郎、刑部左侍郎。光绪五年（1879）出任江西乡试正考官，同年八月升任陕西巡抚，光绪九年（1883）十月被免职，侨居扬州而逝世。整个历程四十年，其中除外任学政、乡试正考官、巡抚的十年多一点以外，在翰林院、阁部供职近三十年，升至

内阁学士、侍郎，进阶从二品，再充封疆大吏，这样的人生阅历称得上是丰富而辉煌的，在西江流域的历史上屈指可数。而且在政绩上，“屡为考官，号为得人”，就是屡次充任学政、主考，被称为选拔人才准确的官员，他还被特别派往江西两次，显然非常受欢迎。他升任陕西巡抚是由彭玉麟上疏荐举的，并非靠奔走得来。冯誉骥为官四十年，《岭南画征略》引《煮石山房笔记》《留庵随笔》，称他“平生廉洁”，这从他身后并无同时代的一般封疆大吏那样或庄园连片，或豪宅杰构，或资产巨万中可以得到印证。

冯誉骥一生同样光彩的是在文学艺术上成绩卓著，声誉隆盛。

他的诗歌、文章都富有特色。张维屏早在冯誉骥少年时期就已洞察到他优秀的作诗潜质，在送他北上会试时作的《赠冯展云孝廉誉骥，即送北上》一诗中寄予深切的厚望：“访我话宵分，高歌一赠君。才华洞庭水，事业泰山云。骨要冰霜炼，诗应兰茝薰。可容夸老眼，早识马空群。”《退庵诗话》概括冯誉骥的诗作为“调高格老，瓣香少陵而入其室者”，“五律逼近唐贤，七言亦抗衡有明七子之间”。他的“文章丰采，为后进眉目”。《广东文征》在选录他的代表作时特别指出其所具有的典范性。从有关文献得知，他有《显志堂文钞》《绿伽楠馆草稿》两本结集，但《广东文征》说：“遗文散佚，存者惟只鳞片羽而已。”《高要前代名人著述汇钞》也说他“遗稿惜多散佚”，只能“从县志文征中录得其诗数首”。可见那两本集子并没有在肇庆出现过。肇庆是他的故乡，有搜求其散佚作品的责任。

冯誉骥“嗜书画”，二者都出色。特别是书法，《广东文征》称“逼真欧阳率更（询），晚效李北海（邕），世争宝之”。在绘画方面，他师法前代名家，“均酷肖”，“秀润工致，世咸珍之”。

与青年时期春风得意反差鲜明的是，冯誉骥最后一任官职不保，即陕西巡抚一职“着开缺交部严加议处”，遗缺由边宝泉接充。处置冯誉骥的理由，《光绪朝东华录》光绪九年（1833）十月第十二条所载的上“谕”称，据御史刘恩溥奏参，冯誉骥任职“声名平常等情”，已派额勒和布与张佩纶查办复奏，冯誉骥“不能屏绝馈送、不知约束家丁，尚无贿赂公行确证”。“于吏治、征徭、厘捐、垦荒诸要政，任用非人，粉饰废弛，以至属吏家丁因缘为奸，弊端杂出，实属有负委任”。一系列的指责，实在是过于严苛。既认为“尚无贿赂公行确证”，则“不能屏绝馈送”，这一清朝官场风气不能归咎于冯誉骥一人。所列举的多名知县、同知、粮道等的失职、舞弊、过失，也实在不能全部归咎于巡抚“任用非人”，因为他们都是朝廷命官，并非巡抚任命，何况其上还有知府、布政使、按察使等责任人，但奏折并没有追究他们，而且类似的事情在清朝各省官场上普遍存在，但很少出现总督、巡抚因此而被撤职查办的，对冯誉骥的处分显然过重。当时他还不满六十岁，便已失去任职资格，而按清朝通例，除非身体不能胜任，高阶品官员要到六七十岁，甚至八十岁才能退休。朝廷对他处置不公，使他心怀不平，这可能是冯誉骥回避故里、寓居扬州而辞世的原因所在。目前有书就此事称“冯誉骥被朝廷革职”，但汪兆镛《岭南画征略》只说“被议致仕”，《中国美术家人名大辞典》同此。“致仕”相当于民国后的退休。该书所引额勒和布与张佩纶的复奏，并不摘录“尚无贿赂公行确证”，又无视《光绪朝东华录》所载上谕只裁定“交部议处”，并不宣示革职。《岭南画征略》以粤地人说粤事，了解交吏部议处的结果是退休，才会这样作记。可见清朝晚期腐朽，像张佩纶这样狂妄自大的御史，在之后的中法战争中，胆敢请缨领军作战，以致全军覆没，不但误国，而且害人，最终也落得受严惩的下场。作为个案，这就折射出晚清朝政的昏庸和腐败。

总之，冯誉骥的经历以光耀始，以失意终，他的业绩记载、文学艺术作品因被革职而散失，然而，这不能磨灭他在学术和艺术创作方面取得的成就。

清誉远播的彭泰来

在肇庆、高要，稍微留意本地历史人物的人，大都听说过彭泰来。

一、与孔子、乾隆帝同日生

彭泰来（1790—1867），字子大，号春洲，自幼聪慧。他于清乾隆五十五年（1790）八月二十七日生于英德县城。八月二十七日是孔子的生日，在孔子被当作圣人的时代，这一天是“圣诞”。凑巧的是，乾隆帝也生于这一天。彭泰来的《自题风雪卷怀》诗说：“记得臣生天下庆，乾隆五十五年秋。”

二、早慧但乡试受重挫

当时彭泰来的父亲彭辂任英德县教谕。彭泰来虚岁三岁时的一天，家人抱他到父亲的书斋，他看见屋内摆有当地著名石品英石，便索取。大家说：“你能诵出诗句就给你。”他立即背诵：“求之不得。”同月，学署被水淹，看见水退，他又吟诵：“土反其宅，水归其壑。”这两句原是《礼记·郊特牲》蜡祭的祝辞，按当时学塾的一般进度，中年级以上才讲读，不是低年级的《三字经》《千字文》《幼学诗》可比的。嘉庆九年（1804），15 岁的彭泰来参加文童考试，一举列于肇庆府学的“案首”，也就是榜上第一，成为府学生员，被称为秀才。但是往后在正式的科举考试征途上，彭泰来不再顺利，几经挫折，致使他心灰意冷，最后退出科考，积下对科举制度深深的不满，一再拒绝官府给予的荣誉性名号和礼遇。

三、坦陈科举流弊

清道光年间，李棠阶任广东学政。他了解到彭泰来科举失意，弃绝功名和仕宦已经二十多年，行年五十开外，“而日抱优生之嗟”，便在离任前夕的道光二十三年（1843）年底，专程来到广利龙头村，登门拜访，馈赠慰问。其后，他又致信高要知县瑞宝，叮嘱日后多予其照顾。彭泰来为了表示谢意，写了一封回信，就李棠阶和其他官员对自己功名和出路问题的关心，“冒嫌奏记左右”，表达了自己的见解。

这封回信首先从制度上指出科举以时文取士与朝廷用人的本意相违背，对科举制度在选拔人才中的严重弊端予以深刻批判。其次，又批评了科举考试的出题范围、内容与朝廷对人才任用的要求不一致，造成应考者只知“圣贤之言”而不能灵活应付世事。参加科举考试者只知背诵“语录”，以之作为过关的敲门砖，也就是谋求利禄的表面文章，却与社会实际无直接关联，从而造成“工时文者未必无学，而所验则时文之学”的尴尬局面。最后还特别指出，由于科举考试结果关系到应考者的命运，所以士子们往往费尽心机、挖空心思以求榜上有名，因而引致舞弊犯规，严禁而不绝。尽管“乡会大比，禁防百端，如鞠大狱，如治军旅”，但“卷中之圣贤，即胸中之宫室、妻妾，非搜牢逻察所能禁，糊名易书所能防也”。

在科举制度还被社会上一般人认为是盛世崇文兴学之大制的时代，彭泰来敢于向直接掌握科举事务的高官直言其流弊，展示了历代士大夫所推崇的那种凛然正气。

四、文学成就出色

与科举事业的不顺相比，彭泰来的学术研究和文学创作之路则是顺畅的，不仅成果丰富，而且成就出色。他勤于治学，著述繁富，结集有《诗义堂后集》《昨梦斋文集》《天问阁外集》《高要金石略》《读史餱笔》等；另外曾编有《端人集》。其中《诗义堂后集》是诗集，《昨梦斋文集》和《天问阁外集》是散文集，《高要金石略》收录当时高要县境内明代以前的金石文字并加以考订，这些著述展现了彭泰来出色的文学和学术才能，其中尤以诗歌和散文两方面的成就令人称道。

五、诗歌：“炼钢熔精自铸”

清代咸丰年间进士，同治年间主讲端溪书院、一生著述丰富的李光廷曾撰文附录于《诗义堂后集·诗谱》，高度赞美彭泰来的诗歌，他说：“盖出入于少陵、昌黎、香山、长吉、东坡、遗山、梅村诸家，炼钢熔精自铸，一子樵夫，以后恐无旗鼓矣。”

在他所留下的诗歌中，直面社会现实、揭露世道不公、讥讽官吏作威作福、感叹动乱灾害的诗，占有相当的比例，这些诗作有着厚重的文学和历史价值，一直受到省内甚至国内学术界的重视。道光年间西江洪水频繁，彭泰来身陷决堤淹村的泽国之中，苦楚深重，连歌沉吟，作诗数十首，反映水灾程度之深广、过程之具体细致，在本地的文人中尚无人超越。诗歌题材丰富多彩，对时令、节气、气候、人情、世态、习俗等的吟咏不少，对花草、瓜菜、树木及种植、园艺等的吟咏也有百十首。此外还有对书法作品、画幅画卷、古董器物、金石文字的题咏，内容也往往别开生面。

六、散文：简练雅洁，“为时而著”

彭泰来的《昨梦斋文集》四卷，收录文章71篇，加上本地现存的石刻文章和书序共近80篇。数量不算很多，但已包括通用的文体，涵盖了散文领域的大部分，因而可以把这一文集作为体现彭泰来文学成就的重要方面。

其中的6篇记，有4篇是记述洪水灾难和灾后复建的，以《葵廊日记》的内容最为丰富，记事、抒情最为深刻、动人。事情发生在道光二十四年（1844）夏季，特大洪水暴涨，堤围崩溃，四乡顿成泽国，灾难惨重。彭泰来从四月十六日洪水初起便开始逐日作记，历55日。在此期间，他曾结伴乘小船泛行几日，行遍几个堤围区，从目击、耳闻等多个渠道收集信息，加以或详或略的记述，从而实地、实时地记录了水情、灾情、社情、人情以及市场、物价、治安等方面的动态。这样一篇近5 000字的记述，是富有价值的历史文献，在水灾史、水利史、气候史和地方史研究中具有一定的参考价值。

传记和记述个人身世、事迹的碑碣、碑志、铭表等文章有33篇，占总数的近一半。所记人物除了高要籍的以外，还有新会、恩平、南海、新兴、西宁（今郁南县）及广西梧州的，甚至籍贯不明的，当中大多数是中下级官吏、中下层功名人物、节妇、孝子或其他有绝技异行的人物。文中对他们不平凡的事迹、不幸的身世、不平的遭遇，或表示赞颂，或给予深切的同情，娓娓道来，感人至深。

其他的序跋、书信、论说，也有着不同的特色和价值，都具有白居易标举的“文章合为时而著”的针对性、时效性，都有着简练雅洁的特色和耐人寻味的意蕴。

七、书、画、印俱擅

彭泰来多才多艺，不但学问深厚，而且在书法、绘画、刻印等方面也有较高的造诣，作品广为流传。

彭泰来擅长书法，其作品已入载于通行的全国历代书法家名录。他熟练地悬腕写字，擅长多种书体，楷、篆、隶、八分、草书都纯熟，而且篆、隶、草书在一定程度上独具个人特色。他的书法作品有条幅、横幅、诗幅、扇面等，手迹分布更广的是为书院、寺院、祠堂、庙宇、墓地题书的门额、楹联、碑记、墓志。这些作品和手迹至今仍有保存。其故居保存的自作诗的书幅，行草洒脱秀逸，足令观者驻足，凝神细品。

彭泰来自书、自刻印章，作品量多艺精，风格鲜明。曾编有《天问阁印谱》，印章刻文众体兼备。他的故居就保存了各种各样的印章作品，章体有大有小，刻式有阴有阳，字体有篆、隶及其变体。

关于彭泰来的绘画创作之事见载于他的《诗义堂后集》卷三，有《戏画〈九九消寒图〉送别二首》诗。《诗谱》又提到陈旦作有《题春洲先生〈梅花人月图〉》诗。可见他有绘画作品面世。

八、金石：开肇庆考据之先河

彭泰来生于清代汉学兴盛之际，乾嘉考据学如日中天之时，受“辞章、义理、考据”并重的影响，他在进行文学和艺术创作的同时，也开展学术研究，着重在考据上发力，从事考证、考订，对史实加以发幽索隐。所撰的《高要金石略》按照传统的金石学体例，收录了高要县境内元代以前的金石文字，尽管收录不够齐备，但已囊括了主要的部分，并对之进行了适当的考证、辨析、阐释。道光四年（1824）秋，他亲自来到河台罗建村东晋和南朝宋墓现场，实地进行勘察、测量、访问、记录，这在肇庆的地方史上尚属首例。

九、清誉不胫而走

彭泰来在科举功名上只不过是拔贡，又没有任何官职，但《清史列传》《清史稿》等都将他收载其中，这显示了清代官方和当时学术界对他的高度肯定。

他在世时因“文行卓异”，除了受到总督、布政使、学政等大员赏识厚待之外，还博得同时代的文人、雅士的推尊。除高要本地人之外，与彭泰来交往的文人雅士还有来自广州、珠三角其他地区甚至广西梧州的。他们常常互赠特产、信物，或者作诗撰文致意，或者向彭泰来咨询、求解、评论作品。广东省立中山图书馆地方文献室藏有《倚树楼诗会卷》一书，封面印明“彭春洲先生鉴定”，表明这些诗作是诗会成员所作，诗稿由彭泰来评定后结集刊印的。这更进一步表明了彭泰来在当时的文坛上享有很高的声誉。因而有人的遗愿会特嘱要彭泰来为其作文，上述的碑、碣、表或墓志铭、行状中就有一些是请彭泰来撰写的。

至于本乡的民众，对彭泰来更有好感，普遍称他为“春洲先生”，常常馈赠鱼、肉、酒、菜等物品，帮其做工、办事。彭泰来去世之后，一些文人雅士继续以不同的方式表达对他的敬意。他的集子都是他人出资刊印的，可见其在当时的政界、学术界中的影响力。

孔门大师陈焕章

陈焕章身兼中国传统科举考试的进士和美国名校的博士两个最高级功名和学位，学贯中西，不仅可以直接阅读英文原著，还用英文在哥伦比亚大学出版了自己的博士论文，受到欧美学术界的推重，且用流利的英语在世界和平大会上演讲，并因此而轰动一时。

一、十二岁成为秀才

陈焕章（1880—1933），谱名嘉让，又名光然，字重远，出生在砚洲岛上俗称“南边陈”的村落。“南边陈”的意思是坐落在岛的南部西江岸边的陈姓村庄。他家世代耕读，曾祖父是县学生员（秀才），一生从教，祖父和父亲也读书明理，因家道中落，要终年操持营生。母亲要日夜进行手工劳作来维持家计。难得的是他有个杰出的母亲，在他 3 岁的时候便教这个长子读《三字经》，随教随念。陈焕章自幼聪慧，竟然也句句上口，显示了不凡的才智。他有时到私塾外听师生们读书，并跟随琅琅书声大声诵读，表露出聪敏的资质。正式入馆就学才几年，老师就看出他已初具童子应试的文化程度。光绪十八年（1892），12 岁的陈焕章来到肇庆参加院试，经学政最后考录，成为县学生员。后来依例补作廪生。

二、康有为的得意门生

为了深造，陈焕章与乡中有志于求学的青年学生一样，到广州拜名师，进名馆，并得到舅舅的资助。他的父亲陪他到省城就学，辗转几次，最终进入了声名鹊起的康有为所办的万木草堂，与梁启超、麦孟华、徐勤等成为同学。由于陈焕章比那几个学生年轻六七岁，因此倍受器重，被康有为视为得意门生。后来陈焕章出了名，康有为更称之为“吾弟”“仁弟”。1894 年，甲午中日战争爆发，中国战败，民族危机深重，爱国心切的知识分子们思考着挽救民族危难的办法。第二年乙未属于会试年，康有为、梁启超在北京联合参加会试的举人“公车上书”，提出变法图强等三项主张。又过三年逢戊戌年，康有为、梁启超推动变法维新运动，举国震惊。在这个现实背景之下，万木草堂不再平静了，学子们不再只是埋头读书求知识了，陈焕章也投身到变法图强的宣传热潮中。

三、办报教学，历练新学

由于“百日维新”失败，康有为、梁启超都逃亡日本，万木草堂停课，陈焕章不得不走出书斋，先回家乡活动，不久后到澳门参与宣传变法维新的《知新报》的社务，撰文编稿，主持专题论述。三年后，他转往广州时敏学堂，先任教习，第二年任监督，重新回到学校进行教学和研修，这使他的学业有了很大的长进。

四、科场连捷，金榜题名

光绪二十九年（1903），乡试开考，陈焕章顺利中举。

第二年的甲辰年正科会试仍然如期举行，适值慈禧太后七十寿辰，故这一正科被冠上“恩科”以示皇恩浩荡。这对于一心盼望举业善终的举子来说无疑是头等福音，对陈焕章而言更是绝好的机遇。因北京贡院还没有修复，所以会试改在河南开封举行。结果陈焕章成为贡士。五月二十一日，陈焕章依旧例到北京参加殿试，并于二十五日金榜题名。陈焕章列名为三甲第131名，得正式名衔为赐同进士出身，顺利地走完科举全程。这一年，他24岁，是最年轻的进士之一，同试之人大多比他大5～10岁。放榜后朝考，陈焕章得用为内阁中书，在清朝定制分用进士的四项中居第三项，居即用知县之前，因而虽然他排名靠后一点，但仍然得以在朝任职。有机会进入新设的进士馆，报名留学美国获准，在光绪三十一年（1905）九月随考察宪政五大臣一行赴美国，年底到达，入读库克学院。

五、哥伦比亚大学出了进士博士

1907年，在通过考试之后，陈焕章顺利进入了哥伦比亚大学，在该校经济学系学习。1910年冬，在不到4年的时间里，他竟然完成了博士学位论文《孔门理财学》，并且通过了答辩，由哥伦比亚大学出版社在1919年出版他的博士论文，编入该校收录教师研究成果或著述的“历史、经济和公共法律研究丛书”。就这样，陈焕章在中国取得了进士身份之后，又循正常途径在美国名牌大学获得了博士学位，其博士学位的全称是政治经济学哲学博士。其中“哲学博士”是美国博士类别之一，与“科学博士”并列，并非专业的标志。在1929年农历七月十二日，陈焕章母亲71岁生日时，朝鲜汉城大东斯文会会长宋之宪致贺序中就已指出："中华人之以进士出身，能考外国博士学位者，唯陈君一人而已。"近年学术界重新揭示了这件奇事。

六、《孔门理财学》举世瞩目

陈焕章的博士论文和专著《孔门理财学》直到近年才有多种中文译本面世。该书的英文原名直译成现代汉语是"孔夫子及其学派的经济原理"，意译为"孔门理财学"。"孔门"的意思是孔子及其所开创的学派，包括孔子本人、他的弟子、再传弟子以及传承孔子学说的其他儒生。"财"指财富，"理财"原是中国传统术语，按本书所说的内容，学者们认为"理财"相当于经济学中的"经济"或"社会经济"，而不仅仅是个人财产。从篇幅来看，英文原书有800页，译成现代汉语有四五十万字，分量相当厚重。

陈焕章的这一部取材于中国古代典籍、撰作于美国著名学府的洋洋洒洒的论著面世不久便受到欧美经济学界的重视，各经济学名家也纷纷发表书评作正面、积极的评价。哥伦比亚大学华文教授夏德、政治经济学教授施格都为该书作推崇的序言。我国首位法学博士，曾任中华民国临时政府司法总长、北洋政府国务总理、广州护法军政府外交部长的伍廷芳为该书作跋称："是书阐发精微，考据详赡，以新学之诣，力发旧学之幽光。""使非学有根源，才通经济者曷克臻此。际兹民国财政困难之秋，此书洵为出色当行之作。"美国《东方评论报》在1912年5月的书评称："是书也，有莫大价值于西方世界者也。""是书之题目，虽含义甚广，而作者独自显其能，使凡西方之通儒及学生，与乎普通之读者，皆能明了，此诚华人未有之著作也。其永垂不朽，真可作为纪功碑矣。将来译作华文，必可证明其有益于华人，而为无价之宝，美哉是著乎。"当时在英国剑桥大学经济学讲坛上崭露头角、主编经济学权威刊物《经济学杂志》的约翰·梅纳德·凯恩斯也在该杂志上发表书评，对《孔门理财学》中引述的论点、事例加以评论，表明中国古代的经济状况已被这位独创性很强的经济学家摄入视野之中。瑞士日内瓦高级国际问题研究院相蓝欣教授近年所著的《传统与对外关系——兼评中美关系的意识形态背景》一书，也给予了高度评价："陈焕章是接着传统经济思想系统讲的第一位学者。他的《孔门理财学》不但是中国人在西方正式出版的第一本经济学著作，而且是唯一一本全面诠释传统，并有重大创新的鸿篇巨制。"

七、备顾问、参议政，“介然君子儒”

兼有本国进士和美国博士两项名号，一时声名鹊起的陈焕章，如果按照中国官场的习惯，运用权术或者其他逢迎手段，谋个显官肥缺本非难事。但他选择付出全部精力来谋求定孔教为国教，始终局限在为传教而传教的范围内。就以所涉足的政治领域来说，他先后担任袁世凯、徐世昌、曹锟三任总统的顾问，充当1918 年由中央单位推举的国会参议院的参议员，并且在 1923 年 1 月获得北洋政府授予的“大绥宝光嘉禾”勋章。这些履历和行事表明，他与操控北洋政府的各派系之间都保持了良好的关系，可以说是几朝受信，善始善终。但是他一直没有担任内阁中的实职。特别是在北洋政府后期，从在“安福国会”开始担任参议员期间，他的政治倾向已经发生偏转，坚守“澹泊廉退，介然君子儒”的立场。

八、为家乡出力谋福

陈焕章出生、成长在砚洲，他家并无多少财产，除了房舍有励刚楼之外，几无其他不动产。抗日战争期间，他留在故居的家属甚至要靠挑担出卖劳动力来维持生计。环流的滔滔西江绿水，曾经滋养了他，使他远在大洋彼岸也惦记着砚洲故里。他 23 岁在广州任时敏学堂监督，第二年中了举，开始独当一面，科场和学业都有所长进，于是便把握时机开始为家乡谋福利。当时兴办新式教育已成为变法维新的首要任务。1903 年朝廷颁行“癸卯学制”，他便回到家乡创立了颍川两等小学堂。这是西江地区第一所新式学校。所需的经费，小部分由陈氏本族拨充，不足的部分则由他想方设法筹措，几经努力，终于筹到鼎湖山庆云寺所提供的白银3 000 两，满足了学堂开办和建设的费用之需。该学堂保障离家较远的学生可以寄宿，特别是校内还设有女学一所，吸收妇女编班读书识字。为了保证教学质量，陈焕章从珠江三角洲等地聘请了教员，其中有留学日本的、有擅长讲解英语的，师资力量堪称上乘。陈焕章还在门屏上题“敬教勤学”作为校训，又撰作校歌，对学生寄予殷切的期望，在这之后，他一直为该校募集经费。

后来袁世凯在北京复辟帝制，他便于 1914 年回到砚洲老家暂避。当年夏秋季节，肇庆一带暴雨成灾，史称“甲寅大水”。第二年乙卯，又发生了更严重的“乙卯大水”，西江中下游四处堤坝崩决、房舍倒塌、作物失收、灾户饥民遍野。陈焕章痛心疾首，四处奔波募捐钱粮，又特地前往香港，想方设法访求香港的善堂、慈爱社团伸出援手。值得一提的是，经他的奔波、求援，香港“九大善堂”主持人、英国人活雅伦来到砚洲实地勘察，认定实况，极大地推动了以后的募捐、赈灾工作。几经波折，陈焕章终于在香港和海外筹到款项，并在砚洲和高要境内施行赈济，同时利用经费在砚洲首次兴筑堤围，还资助了高要、高明两县的其他水利设施。

九、断然避开两次复辟帝制

陈焕章虽然推行孔教，但在阐释儒学经典时并不提倡“君臣之义”，相反，他认为儒学经典中就有提倡民权的精义。《孔教论》说：“夫孔子者，渴望共和者也，憎恶专制者也，提倡革命者也。”“自号素王，以躬作民主。”他虽然在年轻时受教于康有为，并在康有为的主导下做事、任职，但在辛亥革命后袁世凯和张勋的两次复辟帝制的过程中，他都断然避开。袁世凯复辟帝制期间，他虽然身为总统顾问受了一点“恩惠”，但坚决不参加“劝进”“筹安”活动，顶着被特务跟踪的风险，南归砚洲故里躲避。张勋复辟帝制时，尽管康有为积极参与，但陈焕章始终敦劝这位老师不要介入。不久，复辟闹剧落幕，康有为逃入荷兰驻华使馆暂避。陈焕章又为康有为的安全而奔走，终于得到美国驻华使馆的允许，康有为入住“美森院”，并且陈焕章陪康有为渡过难关，此举令康有为大为感激。

十、呼吁团结，高歌抗日

20 世纪 30 年代，日本帝国主义疯狂侵略中国，“九・一八”、“一・二八”事件以及其后的长城抗战期间，陈焕章写下了几十首诗歌，呼吁民族团结抗日，颂扬守土御敌，抒发了其激昂的爱国情怀，弘扬了崇高的民族气节。其中有五言四句：“霜雪满山高，将军夜带刀。从今收失地，乘胜袭匈奴。”该诗题目已失载，经查考，有“将军夜带刀”而取胜的战役应是 1933 年 3 月的长城抗战。当时日本侵略军占领热河省后直逼长城，企图突破关隘，一举进占华北。国民政府部署军队，在预计敌军来犯的冷口、喜峰口、古北口等地组织坚强的抵抗：其中 29 军 37 师 109 旅旅长赵登高将军在 3 月 11 日指挥反击战中，与数千士兵一道举着大刀顽强拼杀，大败敌军。该诗传承唐代边塞诗爱国抗敌的传统，活用典故，表达了上下一心、气壮山河、寸土必争、打败日本侵略者、光复河山的殷切期盼和崇高的爱国情怀。

十一、重新认识这个唯一的进士博士

由于历史、时代、社会环境的影响和自己的创新禀赋，陈焕章在学术上拥有多个“第一”甚至“唯一”，有着浓重的传奇色彩，他是对孔子学说和儒学进行现代性阐释和论述的第一人，是将孔子学说和儒学以现代的理论视角向国际社会全面宣扬的热心人，所宣达的学术层次之高、社会层面之广、受众之多，均是前所未有的。他的《孔门理财学》第三十章论述的常平仓制度，在 1934 年被美国农业部长华莱士推动纳入总统罗斯福的新政之中，也吸收进《农业调整法》。近年学术界对陈焕章的研究取得了重大进展，对他的积极评价与日俱增，因而，身为岭南热土上直受其福荫的后人，我们更有必要对他重新认识、深入认识、透彻认识。

陈焕章是进士和欧美博士唯一兼有者解读

长期以来说到陈焕章，往往会称他是兼中国进士与美国博士的第一人。按照“第一人”的含义，必然还有第二、第三，并递延下去。事实上再也没有中国进士留学外国获得过博士学位，所以陈焕章是唯一者，前无古人，后无来者。

一

陈焕章像

朝鲜人宋之宪在1929年农历七月十二日为陈焕章母亲李蓬仙71岁寿辰作序祝贺时指出，陈焕章由优良的廪生考上举人，第二年会试连捷成进士，不久留学美国“攻苦七年，竟得哥伦比亚大学之哲学博士学位。中华人之以进士出身，能考得外国博士学位者，惟陈君一人而已”。宋之宪当时是汉城大东斯文会会长，对中国传统文化和学术造诣深厚，文言文畅达，所负责的大东斯文会也致力于儒学。他与陈焕章有交往，清楚陈焕章的履历。他所说的陈焕章是中国进士兼外国博士唯一者的认定，是可信的，也是符合事实的。在这里可提供一些依据。

（1）近年广获好评的李喜所《近代留学生与中外文化》2006年版，列留美学生《博士学位者简表》，共47人，其中最早赴美时间是1887年，最早获得博士学位的时间是1893年，都没有注明此二者曾经是中国的进士。

（2）《文科博士论文表》列出23人，也没有注明其中有中国的进士。

（3）进士由官派留学的只有光绪三十年（1904）始设的进士馆学员，陈焕章的“同年”，没有其他公派到美国的留学生。

而且从社会背景分析，进士馆设立之前，进士们一般都有举业功成名就的心态，不屑于千里越洋重做老学生。即使有个别人有志于出国留学，又往往因外语不过关，只能作罢。二来能够成为进士者，一般都已人到中年，如果从头学习外语，容易裹足不前。所有这些客观因素都是进士成功攻读博士的障碍。因而进士兼有欧美博士学历者只有孤例，也是意料中的事。

而根据《癸卯学制》，进士馆学员出国留学可自报志愿，由于欧美语文不过关，而日文与汉文比较接近，较易入门，因而绝大部分人都选报留学日本，且又大都报读政法类专业。甲辰（光绪三十年）科一甲前三名刘春霖（状元）、朱汝珍（榜眼）、商衍鎏（探花）都同报留学日本，而且都读大学法律专科。这些留日的进士一般都没有取得学士学位，对博士学位更不存奢望。

可见清末进士留学生能获外国博士学位者，留学日本这部分可以略而不计。留学欧洲的还不见相关近代留学史书籍记载。而留学美国的则记述比较清楚，与宋之宪的指称相符。

二

中国进士再加上美国名校的博士，兼领叠加，是前无古人、后无来者之事，无疑带有传奇色彩。但是这样的传奇色彩，并不纯粹是天意神差，从陈焕章的科场和留学进程上也可以找出因由。

在科场上陈焕章是苦心孤诣的。他12岁得入高要县学，因成绩、操行优良，被定为领津贴的廪生。然后到广州拜名师、进名馆、求深造。即使不是全部，也会有部分是为了求取功名的上升。因为他所在的万木草堂，尽管讲求变法维新，对八股文加以鞭挞，但师生们还是照例参加乡试、会试。老师康有为先后多次上京会试，发起公车上书的那一次会试才考取进士，了结举业进程。同学梁启超、徐勤、麦孟华等也考取了举人。陈焕章在《孔门理财学》中也曾评述八股文的负面影响，但是他对考试制度并不否定。他在求学和教学、办报之中，一直坚持个人修学、钻研，以待厚积薄发。等到朝廷实行新政，废除八股文、试帖诗，改考策论、中外时政时，他认为时机已到，于是一跃而起，在癸卯科乡试中举。紧接着又备战下一年的甲辰会试，结果连捷。尽管名次列在第131，在273人中居中，不算前列。但接下来的朝考他得了一等，不久分派作内阁中书。尽管职级低，但毕竟是朝官，有资格进入新设的进士馆，从而得到了出国留学的机会。假如朝考的成绩稍差，无职派出，或者有职派出，只分为知县，属于地方官，不能入进士馆，也就没有公费留学的机会。可见陈焕章能够科场连捷，进入进士馆，决定性的因素还是其学养的厚积，而不是侥幸。

在留学读博上陈焕章更是刻苦拼搏，付出超越常态的努力。他在美国7年，先在库克学院学英语，补习大学前的相关文化知识和课业，两年完成。这对于一个在本国不曾进过新式学校，对英语和自然科学没有系统学习过的成年学生来说，必定需要花费超常的精力才能实现。1907 年进入哥伦比亚大学，到 1911 年获得博士学位证书，前后也只有 5 年，实现了本博连读，比逐层进考的时间缩短至少 3 年。其博士论文《孔门理财学》中文译本有四五十万字，内容除了中国的诸子百家文献之外，又有如作序的施格教授所说的，引用“作者广泛熟知的英文经济学文献”，所耗精力之巨可想而知。而且从内容来考量，李喜所《近代留学生与中外文化》第三章《文科博士论文表》所列的 23 人名单中，1918 年前 23 篇论文，有 19 篇是以中国问题为中心的，其中属于古代的有 8 篇，冠上“孔门”的就另有《孔门社会学》。胡适的《中国古代哲学方法之进化史》也属于相同的类型。但这些中国古代学术课题的论文，其成效和影响大都比《孔门理财学》逊色。可见陈焕章留学所获得的不仅仅是博士学位而已，更重要的是学术上的成功。

三

在科举和博士学业的历程中，陈焕章在品格和个性涵养方面也体现出了一些积极的价值取向。他确定志向之后，坚定不移。选择留学美国仿佛是单枪匹马走沙碛，置身荒原，前途未知，困难重重，但他毫不畏缩，逐一排解，终于达成所愿。同时作为从小立志于举业报捷的传统文士，他竟然敢为天下先，越洋走入英语世界，深入英文著作中探求学理，在心理上也显得健全、成熟。在人格修养方面，与陈焕章同在广州时敏学堂任教的陈仲篪、汪凤翔，在为陈焕章母亲 60 岁寿辰作序致贺时，称道他“澹泊廉退，介然君子儒”。其中“廉退”二字所体现的谦让，是君子式的儒者涵养，也是高洁的境界。陈仲篪是广东人，1893 年获得美国俄马哈大学博士学位，在时敏学堂任教期间曾教陈焕章英语，可以算是陈焕章的学长。他不以学长自居，却称道后学的品格，其涵养也值得钦佩。廉退应世是陈焕章人生的光彩亮点。

总之，陈焕章的进士与博士经历对后世有着启发作用，其唯一性是宝贵的，他却从不骄矜，更不欺世盗名，坚守“介然君子儒”的准则。学贯中西是令誉，陈焕章在“西”方面的学术却很韬晦，将之融入“中”的方面，也就是坚持宣传儒学，发挥儒学的核心价值。这个层面上的启发，应被当今中国吸取，利用到实现民富国强的事业之中，充分发挥其积极的作用。

希圣巾帼李蓬仙

李蓬仙是中国末科进士、美国哥伦比亚大学政治经济学哲学博士陈焕章的母亲。她的前半生是高要县农村的一名普通家庭主妇，主理繁重的劳作和家务，后半生跟随陈焕章在北京居住，支持儿子推动孔学的传播。在60岁和71岁两次寿宴中，李蓬仙收到过当时在任或离任的三位总统，五位总理，百十位前清尚书、总督、巡抚、将军、民国部长、省长和相当级别的其他官员政要、社会名流、著名学者，以及中国少数民族人士、华侨和外国人士寄来的祝寿辞。时人高调称赞李蓬仙“教子能为天下重，传经尤见古来稀”。

李蓬仙，字观宝，娘家在清代高要县龙头乡（今肇庆市鼎湖区广利街道办事处龙头居委会），父亲李兆云，家道小康。李蓬仙17岁时与砚洲乡陈锦泉结婚，落户夫家。当时陈家有祖父陈征兰，是县学生员（秀才），居乡设教馆为业。还有祖母李氏、家公陈芝云、家婆苏氏。李蓬仙作为主妇，要全盘操持家务，既服侍家中两代老人，又先后抚育六子一女，最后养大三个儿子成人。养老送终，育儿教子，一一理顺。

长子陈焕章知道八月二十七日是孔子诞辰，要求母亲备礼品祭拜，以后每逢这个日子，李蓬仙必定备足，虔诚祭拜从不间断。陈焕章小时候，李蓬仙日夜做手工帮补家用，不时检查儿子的功课，前后十年，家中困苦到了极点，幸而癸卯（1903）、甲辰（1904）两年，陈焕章举人、进士连捷，科举冲刺成功。就在长子金榜题名之时，丈夫不幸病重，等不到长子陈焕章归家便辞世了。第二年秋天，陈焕章按规定进入进士馆，申请留学美国。南返经过上海时，获悉三弟成章在家病重，紧急赶回，然而三弟的病已无法救治，9天后辞世，年仅21岁。两年之中丈夫、幼子接连丧亡，李蓬仙悲痛至极。不过丧痛平静之后，她能节哀顺变，割慈忍爱，支持陈焕章在冬季启程。陈焕章中举那一年，在砚洲南边创办颍川两等小学堂，李蓬仙的丈夫陈锦泉（丽江）及其弟渭泉出力最多。不料陈锦泉中途辞世，而陈焕章又赴美留学，独留李蓬仙居乡。别无可托，陈焕章只得请求母亲完成主理学堂的使命，并请母亲增设女学一所，由她领头，发动族中妇女入学。李蓬仙果敢地肩负起重任。女学所教比较简易，不足以满足她的求学上进之心，她就到颍川两等小学堂旁听经史课。不论寒暑，每天都到课堂，实在是老而好学。在办学堂的过程中，经费和教师的问题最棘手，但因为陈焕章出国7

年，短绌的经费得以勉强应付；聘来的教师，也甘心任教下去，以至于到清朝结束，学堂已有 5 届毕业生，并且一直办下去。这是李蓬仙全权负责的成果。20 世纪 20 年代，陈焕章在北京甘石桥领到官地，开办孔教大学，建校的工程，李蓬仙都亲自在工地督工，不容敷衍。

特别是在思想意识方面，李蓬仙设法使长子顺着自己的指向发展。1911 年年底，陈焕章获得博士学位离美，经欧洲各国回到香港。母子见面之后，李蓬仙阻止长子进入内地，以免冒险。一个月后，陈焕章提出“绝意仕进，专心办理孔教会为务”。15 年后的民国十七年（1928），美国纽约的基督教联合会向中国孔教会发函，邀请派代表列席在瑞士日内瓦举行的世界宗教和平大会筹备会、在法国巴黎举行的世界宗教和平大会执行会议。孔教会决定派陈焕章前去。但陈焕章以母亲已年届七十，正准备举行生日礼，不便远行为由欲推辞。李蓬仙对自己满怀自信地说：“我虽然身体衰老，但精神还健朗，你可以远行，不必担心我！”于是陈焕章坦然成行，获得机会被选为大会副会长，这在华人中又是首次。继而得以在英国伦敦举行首次“世界祝圣大会”、广邀各国代表参加时，设宴宣传孔学。李蓬仙 71 岁寿辰，朝鲜大东斯文会总务鱼允迪作寿序，就这件事感叹说：“博士此行，实为世界共认孔教为宗教之大关，博士之能事庶乎毕矣，此皆太夫人成就之。呜呼！至矣。”

李蓬仙生性恬淡，不慕荣华，相当简朴，吃穿都很简陋，把好东西都留予后辈；勤劳终日，没有一刻闲暇；同时好施与，赈济、公益都能量力分担，从不吝啬。她曾经同时抚养 3 个侄子，给予他们饮食、教诲，经历几年时间，又着长子将父亲晚年拥有的祭田交由族中收益，作族人丧葬费用。李蓬仙立心正直公平、态度严肃认真，邻里有细故争执，都来投诉要求仲裁，一经排解，往往双方服帖，可以说是那个时代女性中的“乡先生”。

民国七年（1918）农历七月十二日是李蓬仙 60 岁寿辰，陈焕章和弟来陈大章在北京宴请宾客，宴席不像北京流行的那样到戏院开场演戏唱曲热闹一番，而是作特别的安排，敦请几位名儒自由讨论儒学要义，别开生面。11 年后的民国十八年（1929）农历七月十二日，又在北京举行李蓬仙 71 岁寿庆。由于事前两个月发出《征文事略》，讲述了寿主的生平事迹，因而收到的寿言的地域来源范围比上一次更广。两次的寿言编成《高要陈母寿言》印行，内含文、诗、序、记、讲义、函、联、题等。贺者及其寿言可作大致归类：

民国总统有黎元洪、冯国璋、徐世昌三人。

六十寿辰黎元洪贺联：“绰楔风高诞麟育凤；旃坛香远多福遐龄。”

同次徐世昌贺联：“绛帐传经韵锵珩珮；白华补雅气扬兰馨。”

北洋政府总理有梁士诒、王宠惠、靳云鹏、段祺瑞、熊希龄五人。

前清尚书、总督、巡抚、将军，民国部长、省长及相当级别的其他显要官员、人物有梁敦彦、阎锡山、叶恭绰、马叙伦、张嘉璈、周自齐等百十人。

社会名流有康有为、郑观应、孔令贻、孔德成等百十人。

著名学者有林纾、严复、陈垣、梁启超、黄节、傅增湘、潘飞声等几十人。

陈焕章的进士同年、万木草堂同学和其他亲朋好友，超过一百人。其中标明高要籍的，有表弟苏志纲偕男曾贻（贺联）：“传经推寿母，卫道有真儒。”

世侄梁赞燊、吴远基（贺联）：“贤母生哲嗣，教尊东鲁，日月经天，六一成名由画荻；宝婺焕祥光，寿宴西池，春秋不老，三千客集共称觞。”

世侄陈德彬孔昭浦（贺联）：“尹母以善养代禄养，陶母唯义高获寿高。”

中国少数民族人士有蒙古族和满族六人。

华侨多人。

外国人士有朝鲜四人；日本一人；美国二人，其中前驻华公使，加利福尼亚大学教授卫理的英文祝函称：“非徒颂其高寿，尤颂其为世界生一贤子。”英国二人，其中剑桥大学教授翟理斯祝函题：“延年益寿。”结语：“我今发愿向天矢，我所愿兮学孔子。”牛津大学教授苏慧谦祝函称：“最堪敬重如君也。”德国卫礼贤一人。

李蓬仙出身平平，但资质不凡，从青年开始虔敬孔子，希圣不懈，社会精英誉其“诞麟育凤”，教养出陈焕章这样的英才，所蕴含的意义，实在有待后人深刻发掘、认识。

物理学泰斗吴大猷

一、科举名门，传承书香

吴大猷的祖父吴桂丹（1855—1902），字万程，号秋舫。清光绪二年（1876）应考秀才名列第一；光绪五年（1879）赴省应乡试中举人；光绪十五年（1889）赴京殿试中进士，选翰林院庶吉士；光绪十八年（1892）授翰林院编修，历充国史馆协修、功臣馆纂修官；光绪二十七年（1901）以记名御史用；光绪二十八年（1902）六月十二日病逝于京邸，享年48岁。生前设专室珍藏书籍金石以承传，是名副其实的书香世家。

吴大猷的父亲吴国基（1879—1911）于光绪二十六年（1900）中举。曾任驻美国使馆随员，到东北办洋务，逝于任所，享年32岁。此时，吴大猷年仅5岁，母子由其伯父吴远基（1876—1956）供养，吴远基在光绪二十三年（1897）成为拔贡，官至曲周县知县。辛亥革命后从事工商业，在天津开办油厂，任天津广东学校校长。吴远基兄弟情笃，其弟吴国基去世后，他把年幼的侄儿吴大猷从广东带到天津，负责供养母子俩，还让吴大猷就读于南开中学。

二、高分跳级入读南开大学

1925年春，吴大猷读高二，决定以同等学力去考南开大学的矿科。结果以高分录取，跳级成功，就此进入大学之门。后来他转入物理系，得到饶毓泰教授的悉心指导，从此在物理科学上开拓进取，以至后来教学育人，研究攻关，毕生奉献，获得卓越的成就。

大学三年级时，吴大猷开始做助教，用所得的收入去买英文原版的物理书籍。1929年以理科成绩第一名从南开大学毕业。当时学生人数不多，师生之间的关系很融洽，饶毓泰和吴大猷因而成为挚友。

三、在密歇根大学读博士和博士后

吴大猷

1931 年，在饶毓泰及叶企孙两位教授大力推荐下，吴大猷获得了中华教育文化基金董事会（中基会）乙种研究奖学金，去美国密歇根大学求学。

20 世纪 20—30 年代，物理学的主流是原子和分子结构研究。密歇根大学物理系是红外光谱研究的发祥地。吴大猷于 1931 年 9 月到密歇根大学。他先随系主任蓝得尔教授进行红外光谱实验研究。几个月的研究使他不仅受到了良好的专业训练，并且在二氧化碳、氧化氮等分子的红外光谱方面获得许多研究成果。在这期间，他把红外光谱仪的直线狭缝改成弧形，提高了它的分辨本领。他的这项发明后来被制造红外光谱仪的帕金·埃耳末工厂采用。1932 年 6 月获硕士学位后，他在理论物理学家高德斯密的指导下作博士论文，1933 年 6 月获博士学位，成为中国历史上第三位获得博士学位的理论物理学家。之后，他回到祖国，并应邀到北京大学物理系任教。不久，他又在中华教育文化基金会的资助下赴密歇根大学再进行 1 年的博士后深造，研究原子及分子理论和实验。

四、把量子力学带到中国

1934 年夏天，年仅 27 岁的吴大猷接到已荣任北京大学理学院院长、兼任物理系主任的饶毓泰老师寄来的聘书，不久即乘船回国就任北京大学物理系教授。吴大猷到了北京大学后做的第一件事就是把他在密歇根大学学到的最新的物理学引进中国。吴大猷刚到北京大学就得到一笔不少的经费，开始把物理系建立起来。当时最重要的物理学科是光学，在量子力学中的实验几乎都和光学有关。吴大猷利用他在美国求学时建立的关系，向最好的制造商购买了当时世界一流的仪器。在北京大学的 3 年中，吴大猷完成了许多重要的理论工作，研究成果都刊登在世界级的物理学报上，共发表了 15 篇论文，其中有不少是非常重要的论著。吴大猷就是这样在中国国土上奠定了其学术地位，几乎所有从事高等物理研究的学者都知道吴大猷其人，还知道他的工作的重要性。这对当时落后的中国物理学而言，具有十分重要的奠基意义。

在这段时间，吴大猷最重要的教育工作是把量子力学带到中国来，在北京大学进行系统的教学。仅仅就把量子力学介绍到中国来这件事本身，吴大猷已经可以当之无愧地成为“中国物理学之父”。当然，在吴大猷对中国物理界的无数贡献中，这件事还是次要的。

“七七事变”发生后，日本军队越过卢沟桥，全面发动侵华战争，北京大学、清华大学辗转搬迁到云南昆明，与南开大学合并为国立西南联合大学，把三所大学疏散的教授集中在了一起。1938 年冬，吴大猷写了一本关于“多原子分子的结构及振动光谱”的专论。书在内陆印刷困难，因此吴大猷托饶毓泰老师去上海探望女儿的时候，将书稿带去上海尚未被日本占领的租界中的出版公司出版。这本在半年内、战时极为困苦的环境中写成的书，成了多年来多原子分子这一学科的权威教科书及参考书。在当时，它甚至是唯一讨论到多原子分子的书，那个时代的物理学家都读过这本书。由于这本书，吴大猷得到了世界的青睐。

在北京大学和西南联大任教期间，吴大猷指导的本科生、研究生中成就卓越的众多，除了早已闻名于世的诺贝尔物理学奖得主李政道、杨振宁之外，还有黄昆、朱光亚、马大猷、张守廉、黄授书、李荫远等著名的资深学者、教授专家。此外一些外国杰出的科学家也称自己曾受吴大猷的教益，1951 年诺贝尔物理学奖得主西博格在 1985 年见到吴大猷时高兴地说：“当年能获得诺贝尔奖，应该归功于您的论文。”足见其影响深远。

五、在美国：使“野鸡大学”升级为“凤凰大学”

从 1949 年秋季起，吴大猷在加拿大国家研究院主持理论物理组，共发表论文 50 篇，还与日本物理学家大村充（T. Ohkura）合作出版了《散射的量子理论》一书。

1963 年秋，吴大猷辞掉了加拿大国家研究院的职务，前往纽约布鲁克林理工学院，名义上是物理学教授，实际上是在其太空及气体动力学研究所讲授气体运动论。他讲的内容是以洛桑大学讲课的讲义为蓝本加以增删的，不久，《气体和等离子体运动方程》出版。1965 年秋，吴大猷考虑再三，决定到纽约州立大学水牛城分校任物理系和天文系主任。这时水牛城分校正处于半真空状态中，原有的校舍过小，开始在郊区建新址。州政府已拨6.5亿元经费去建新校舍，可仍要数年后才能建好迁去。吴大猷到了原校址一看，物理系并没任何实验设备基础，因此要等到新校舍建好后才能进行物理实验，而要充实实验设备，需要大笔经费。当时也没有这笔经费，而理论物理不需要实验设备，容易聘请到学者。和系中同仁讨论后，大家一致决定先发展理论物理，实验物理则等到迁去新校址后再发展。学校对这个决定欣然同意，认为这是最切合实际的办法。1965—1968年，学校把教授的名额增加十多个，使教师的阵容大幅扩大，理论物理因而很快得到发展，到1968年已脱离C级的恶名，晋级为B。吴大猷在水牛城分校任系主任到1969年，这时系务已整顿就绪，经过几年的努力，该校的教师阵容和科学水平大为改观。到了1979年，他才正式退休，这时他已71岁了。吴大猷初到水牛城分校时，物理系是C级，到他退休的时候，水牛城分校物理系的水平已经到了国际知名的A级了，这所原来的“野鸡大学”已经变成世界上的“凤凰大学”。

六、引领台湾十年物理学热

1956年11月至1957年4月，吴大猷曾回台湾，在台湾大学和台湾“清华大学”联合主办的研究生班上讲授古典力学和量子力学，兼及流体力学和核子间的交互作用问题。在这次讲课中他介绍了李政道和杨振宁宇宙不守恒的发现，掀起台湾长达10年之久的物理学热。1961年之后，吴大猷为发展台湾的科学事业经常回台湾，并任台湾“中央研究院”物理学研究所代所长。1965年，他兼任物理学研究中心主任，开始新的物理学事业筹划工作；1967年，被任命为“科学发展指导委员会”主任和“科学委员会”主任，此后，他每年回台湾两次，工作5个月。

1969年，他辞去纽约州立大学系主任职务后，专注于个人研究和台湾科学事业。1979年，他从纽约州立大学退休，长居台湾。从此，他主要在各大学授课和从事研究。他在台湾大学讲授理论物理学、数学物理学发展史；在台湾“清华大学”讲授量子物理学、古典物理学、气体运动论、原子和分子物理学、非平衡态热力学和散射的量子理论；在台湾“交通大学”讲授数学物理学发展史、近代物理学和物理讨论。1979年，他出任台湾“科学教育指导委员会”主任，致力于初中、高中的科学教育改革。1983年春，他卖掉在美国的住房，该年冬任台湾“中央研究院”院长。除了为公务操劳、参加各种学术会议外，他还潜心撰作，著有《现代物理学基础的物理本质和哲学本质》、《量子力学》（上、下册）、《物理学：它的发展及哲学》。台湾学者非常珍视吴大猷的科学著作，在他八十大寿之际，将他的119篇论文结集成册出版。同时，吴大猷提出诸多建议，向社会报道科学发展以及关于改革教育、纯化民风等的情况，亦已出版《吴大猷文选》七集。

七、晚年两次回祖国大陆，乘兴回肇庆欢叙

1992年5月17日，85岁高龄的吴大猷教授，在他的学生李政道和夫人秦惠君等4人的专程陪同下，赴大陆参加学术活动。抵京时受到中国科学院院长周光召和有关单位负责人的热情接待，出席“第一届东亚、太平洋、美国超导超级对撞机物理实验和技术研讨会”，其间在京参观了中国科学院的机构和设施，和同行进行交流。

5月23日，吴大猷回北京大学参观，受到全校师生的热烈欢迎，校长吴树青亲自颁“荣誉教授”证书给他。24日，时任中共中央政治局委员、国家教委主任李铁映和国务委员、国家科委主任宋健专门接见了他。又参加“中国当代物理学家联谊会”，当时的中共中央总书记江泽民、国家主席杨尚昆、国务院总理李鹏接见了他，并合影留念，吴大猷被安排在前排与杨尚昆主席坐在一起。当日，江泽民在北京钓鱼台国宾馆芳菲苑会见出席当代物理学家联谊会的海内外学者，特地与吴大猷亲切握手合照。会议期间，吴大猷由李政道等人陪同，神采奕奕地参观了当地的风景名胜，与科技界专家会晤。6月5日，重返母校南开大学，获南开大学颁发的名誉博士学位，校长毋国光主持，还将他1929年以理科第一名毕业的成绩单赠送给他作纪念。

1998年11月28日，吴大猷回广东番禺领取香港企业家霍英东颁发的杰出成就奖。这是他晚年的第二次大陆之行，这期间他乘兴回到了阔别60多年的故乡肇庆，受到肇庆市委、市政府领导的热情接待，并赠送了名贵端砚和《肇庆教育志》。故乡的有关领导也于30日上午专程到先生下榻的星湖大酒店拜会了他，并叙乡亲情谊，同时赠送了纪念品。年已耄耋、满头银发的吴先生仍然精神矍铄，笑容可掬地欢迎到访人员。在座人员见他说普通话，便问：“吴博士，您能讲广州话吗?”“哦，我已经几十年没讲广州话啦，讲得不好。”先生笑着用粤语回答。当在座者赞扬他培育了杨振宁、李政道两位诺贝尔奖得主者时，他谦虚地说：“这不是我的本事。我只觉得自己很幸运，学生很聪明、很勤奋!”“吴博士，您是中国的骄傲、肇庆的光荣!”先生听了这一赞誉，连忙谦逊地说：“过

奖了，我只是一个普通的老师。”

在肇庆学院，谈到教育问题时，吴先生语重心长地说：“教育关系到国家、民族，甚至世界的进步与发展。”先生举例：“美国之所以经济发达，就是政府十分重视教育，国民受教育的程度高。”他又说：“我回来听说肇庆办了大学非常高兴。办好大学对培育人才、发展经济、推动社会进步非常重要。”他随之又提出独到见解：“我认为，办大学首先要重视质量，而不是规模。”其间，他向西江大学赠送了《吴大猷文选》，挥毫写下了大学校名和“以质立校”的题词。

八、物理巨星陨落，科学遗作长存

肇庆之行4个月后，吴大猷因病住进台大医院，不足一年即告不治，终年93岁，安享近百之寿。追思会和公祭非常隆重。一代物理巨星遽然陨落，逝者已矣，但其成就遗世，包括物理学各大分支的物理教科书六大册，其中有《相对论量子力学和量子场》、《狭义相对论》（甲部）、《广义相对论》（乙部）和专著《现代物理学基础的物理本质和哲学本质》《量子力学》《物理学：它的发展及哲学》，以及一大批论文、专文，连同被人津津乐道的人格风范和科学界、教育界的佳话，都将造益后人。

杂　议

悦城龙母信奉中的儒家观念

对于流传久远，至今仍被许多人信奉而参拜者络绎的德庆悦城龙母，近几十年，学者大都从民俗学的视角进行研究，而不大注意在过去的一两千年内，她身上已经注入朝廷、官府所认可的思想和观念，从而取得社会上的广泛认同，一直受到刻意的保护。因此，注意分析历代朝廷与官府的状牒、赐名和其他宣示，不但对全面认识悦城龙母很有必要，而且对进一步开发其社会价值也有作用。

一、龙母的“母”在于哺育而不在于诞生

无论是民间传说还是文献记载，悦城龙母的真身都是人间女性而非神女。民间传说中有一种说法称她是广西藤县某村人。最早加以记载的南朝宋沈怀远的《南越志》也说：“昔有温氏媪者，端溪人也。常居溪涧中，捕鱼以资自给。”也明说是姓温的端溪人即今德庆县内人，完全是一个自食其力的妇女。此后唐宋的各家记载虽然不尽相同，但始终没有把她说成神女。即使称之为媪龙，倒装过来成为“龙媪”，也就是龙母的意思，也并不像幻化了的、生长在水中的龙女、海女、江妃那样神出鬼没、变化多端。她的母性在于捡拾卵蛋，孵化龙子，并哺育至其能够自己寻食。由于将母性的天职推及灵异的动物，引致龙子降生世上，带来福祥，因此龙母形象的精神实质首先在于对孕育万物从而使世代得以繁衍的母性天赋的敬重，以人母的博爱胸怀为灵异者催生助产，进而哺育幼崽成长。母性哺育就是龙母崇拜的心理基础。

而且对于得以成长的龙子来说，身体发肤虽然并非受之于龙母，但哺育的恩德并不亚于给予生命，因而龙母始终是“母氏劬劳”“母氏圣善”“母氏劳苦”的代表。

二、徽号懿称中的伦理道德观念

从唐朝起，历代的诏敕状牒给予了龙母和龙母庙种种名号，除“博泉神庙”“水府之君”外，都有着美善嘉祥的道德含义。

（一）永安夫人、永宁夫人

这是唐朝的两个封号，含义相近，都有永远安宁的意思。在古代都广泛应用于年号、地名、人名、祝祷语上。冠在龙母这个“夫人”头上，寄寓着驯龙成道，发挥“统天”伟功的希望。正如《周易·乾卦》所说：“时乘六龙以御天也；乾道变化，各正性命。”使天下苍生永久安定、永远安宁。

（二）永济夫人、护国通天惠济显德龙母

这两个分别是宋熙宁十年（1077）和明洪武九年（1376）的封号。这两处的“济”应是取其救助之意。《周易·系辞上》：“知周乎万物，而道济天下。”对于龙母也会是期盼她“道济”，即以她的神异的伟力施加救助。“永”，是时间上的诉求。“惠”，是福利上的诉求。“护国”更纳入国家命运，期盼其得到保护。在此，意义提升至崇高的境界。“通天”是《周易·乾卦》赋予龙特有的变化机理。“显德”出自《尚书·文侯之命》“用成尔显德”，是说明美德在龙母身上显而易见。

（三）孝通

宋大观二年（1108），诏颁“孝通”作庙额，因而相应称龙母庙为孝通庙。明朝初年再改称龙母庙，但永乐十一年（1413）又恢复孝通庙一名，直到清咸丰年间才用今名。可见在行用的时间上，孝通庙最长。

“孝通”的意蕴究竟是怎样的呢？没有更多的资料之前，只能从《孝经》本身去探求。《开宗明义》第一章就申明：“夫孝，德之本也，教之所由生也。”而“通”，最少有两层意思：第一，从人伦来说，“夫孝，始于事亲，中于事君，终于立身”。个人对孝道的修养，纵贯人生的全程。第二，从社会阶层来说，任何一个人都面对着孝道的问题，也就是说，是贯通全社会的。全书十二章之中，首三章分别是《天子》《诸侯》《庶人》，皇帝也有孝的道义。此外，从龙母龙子来说，正如《悦城龙母庙志》后序所说：“唯独不以毛里异而直以子视之，致其仁爱，卒成莫大之慈，而龙子之报乎母也，唯不自以伦类殊而直以母视之，谒其肫诚，卒成莫大之孝。”这就是：第一，贯通不同的伦类；第二，孝与慈相通相济。龙子对龙母知恩图报，处处护卫，急难相助，一片对慈母尽心孝顺的虔诚，应是悦城龙母孝通精神的起点，从此出发，通过参拜、体认，贯通于其他途径。当然，其他途径也只能是通往人类社会的途径，因为我们所面对的就是人类社会，是人伦，不能像佛教的某些义理所说的那样普及众生。龙母对不明的卵蛋加以护理，只是灵异故事而已，在现实生活中不可能普及，儒家所认知的意义在于孝道的回归，着重于《吕氏春秋·孝行览》所说的务本之孝。“凡为天下，治国家，必务本而后末。所谓本者，非耕耘种植之谓，务其人也。务其人，非贫而富之，寡而众之，务其本也。务本莫贵于孝。”

三、龙母祖庙与德庆学宫配合展示

既然龙母祖庙蕴含着历代朝廷认可的儒家观念，这就可以与德庆学宫配合宣传运作。德庆学宫是全国重点文物保护单位，目前又着力于增强自身的吸引力，因而与龙母祖庙配合，引进其中可利用的资源，扩大境内孔子思想和儒家学说的展示范围，可以提升其文化品位，淡化社会上一些人所认为的迷信色彩。这是双赢的局面，无论是从历史文物展示、文物保护与利用的角度审视，还是从旅游资源的开发与利用角度来审视，都是值得重视的。

龙母精神与古代西江女杰形象

作为传说人物，龙母是岭南出现最早的、受到历代敕封诰赠的礼遇最高的本地女性。与身世非凡的神话人物不同，她本是民间的劳动妇女，有姓氏，有籍贯里居，行为方式也同普通人一模一样，十分平凡。只是由于坚持在平凡的生活中积累大德，因而拥有神异伟大的力量，两千年来深受景仰。这种平凡中的崇高、浅小中的伟大，与西江历史上的女杰形象，在行为方式、人生价值取向、气质性格等方面，有着共同点或相近之处。将她们在一定程度上联系起来，进行观察和分析，对于西江以至岭南文化的研究，或许有一定的意义。笔者试行追寻，从侧面进行探讨。

一、龙母的精神实质

历代传说中的西江龙母故事，虽然在细节上互有歧异，但是基本情节是大体相同的。《（道光）肇庆府志》引《南越志》："昔有温氏媪者，端溪人也。居常涧中，捕鱼以资日给。忽于水侧遇一卵，其大如斗，乃归置器中，经十许日，有一物如手掌，长尺余，穿卵而出。"《南越志》成书于南朝，此部分内容应是关于龙母的早期记述。以后诗文、地方志书、历朝诏敕牒文所记与此大同小异。故事的核心在于卵生的神话，这在古代影响广泛。有娀氏女简狄，吞了燕卵生了契，成为商的始祖；女脩（修）吞燕卵生子大业，成为秦的祖先；清朝皇室的祖先布库里雍顺，是天女佛库伦吞神鹊的红果后所生。龙母操办的卵生有所不同，不是吞卵而生人婴，而是蓄卵孵化动物，人还是人，动物归动物。在孵化中龙母将母性的天职推及灵异的动物，引致龙子降生世上，带来福祥。因此，尽管龙母不像上述简狄、女脩（修）、佛库伦那样经历分娩的痛楚，但龙子得以诞生，功劳仍应归属于她。可见龙母的精神实质首先在于对孕育万物而使万物得以世代繁衍的母性天赋的敬重。以人母的博爱胸怀为圣灵催生助产，进而哺育其成长，这就是龙母崇拜的基础。

传说中龙母喂养龙子的细节众多，基本的方式是投其所好、饲其所食、养其所应养，使之正常发育成长。"养之以饮食物，龙得长大，盖古之豢龙氏。"不论远古的豢龙氏是否真的像她那样喂养，她与豢龙氏存在着什么关系，她积年累月挂心，哺育喂养龙子长成，都是一种母亲的功德。对于龙子来说，身体发肤虽然不是受之于龙母，但哺育的恩德并不亚于给予生命的恩德。

龙子长大后对龙母知恩图报，处处护卫，急难相助，一片对慈母尽心孝顺的虔诚，又是龙母精神实质的主要方面。这种孝的形式不同于《孝经》《礼记》所讲的种种伦理条规，而是更具普适性的处理人类关系的道德准则。这就如同《吕氏春秋》所说的务本之孝。“凡为天下，治国家，必务本而后末。所谓本者，非耕耘种植之谓，务其人也。务其人，非贫而富之，寡而众之，务其本也。务本莫贵于孝。”高诱注：“孝为行之本也。行于孝者，故圣人贵之。”龙子长成，履行孝道，虔诚回报龙母，这既是具体的孝行，又是对孝道的笃信笃行，并非愚忠愚孝。宋大观二年（1108）尚书省牒文称奉敕赐“孝通庙”额，或许就是这个含义。龙母精神一直得到人们的认同，原因理应就在这里。

至于经过演变之后，龙母的神灵保佑“永平”“永济”“通济”，向龙母求风平浪静、消灾解难这些内涵，只不过是龙母精神的衍生物而已，并非“孝通”的正统。岭南妇女事迹卓著被地方志书收载的，代有其人。《广东新语·女语》有“五女将”和《转轮钩枝八花鉴铭》的作者南海女子。“五女将”中有东安（今云浮市云城区和云安区）李漆妻詹氏。很多西江女子未被提及。其实事迹远比詹氏动人的还大有人在，甚至可以与龙母精神相媲美。

二、蒋氏和潘夫人助隋平定地方

《北史》和《隋书》两列女传同载钟士雄母蒋氏的事迹，《（道光）肇庆府志》卷八载隋潘夫人墓，引黄佐《广东通志》述墓主事迹，两位女性都是因助隋平定西江甚至岭南有功而受褒奖。两人功勋卓著，但至今没有引起注意。蒋氏虽在正史中入传，但地方志不大提及；潘夫人则不见载于正史，地方志虽略有提及，也非正式记载。

蒋氏是临贺郡人，该郡境域包括今封开县和怀集县的一部分。其子钟士雄是被称为“酋豪”的岭南州郡实力人物，陈朝时任伏波将军。陈武帝陈霸先为了防范这些岭南“酋豪”叛变，把他们的家属安置在建康（今南京），实际上是押作人质。隋朝晋王杨广（后为炀帝）攻占了建康以后，准备进军岭南，施行一套兼领文武的战略，争取“酋豪”归顺。于是把蒋氏放归临贺。不久，同郡的虞子茂、钟文华等人果然起兵，进攻临贺郡城，并且联络钟士雄起事，钟士雄准备响应。蒋氏大义凛然地训诫儿子，并且警告他：“如果你背德忘义，我就在你面前自杀。”于是钟士雄悬崖勒马。蒋氏又致书虞子茂等人，以道义、祸福利益进行晓谕。虞子茂执迷不悟，果然挫败。蒋氏则因这件事被封为安乐县君。

蒋氏这两项功绩与上述两书列女传所载的著名谯国夫人即高凉冼夫人的功勋比较，无疑会逊色，但其学识、见解、涵养难分上下，在大是大非面前二人同样立场分明。特别是修书晓谕这件事，透露出她的文化素养特别是写作水平较高。平定侯景之乱后，太平元年（556）陈霸先做了丞相，即由著名作家徐陵代作《与岭南酋豪书》，宣告平乱戢凶的胜利，“伪党皆俘，连城尽拔”。表彰岭南“酋豪”，“德州刺史陈法武等，愿愤回戈，仍枭凶竖。一夫挺剑，传首上京，万里澄清，人神庆跃”，宣示“混一车书，势在朝暮”。因而回顾他从西江督护、高要太守起家，“游践贵乡”这一段难忘的经历，抚今“身持帝王之柄，手握天下之图，故乡如此，诚为衣绣；故人不见，还同宵锦”，表达对“酋豪”们的深切关怀，望其来归，“各处荣禄”。全文洋洋洒洒，句调畅朗，气势雄盛。书末言明分遣人员送达，钟士雄理应是接书者，其母也应得读。同时，蒋氏在建康耳濡目染多年，学识文艺经受历练，深受城中浓烈的文化氛围熏陶，有着写作的后天优势。隋初平岭南与梁末陈霸先平乱情势类似，蒋氏修书与徐陵代作的背景、对象相近，可以认为同调。她对儿子的教训、对虞子茂等人的晓谕，与大体同时代的高凉冼夫人将不听命的孙子冯暄拘禁，而后护卫隋宣诏大使裴矩巡抚诸州同质；每岁时大会，教训子孙“宜尽赤心向天子”，行“忠孝之报”比对，尽管两人在行事上程度不同，用心却是相同的。

蒋氏立功的同时，相邻的康州也出现潘夫人慷慨劳军的壮行。上述府志说潘夫人：“隋时烈女也。开皇十年，岭南行军总管王绩南征，夫人躬至军所，贡米七十斛、马五十匹、杖四十具。十六年敕授黎阳郡夫人。唐贞观四年终葬于此。”这一记载至关重要。第一，记时具体，有助于与正史对照。第二，犒劳的军需有具体的品种、数量，并从中反映事态。第三，所敕授的郡夫人品秩虽低于国夫人，但高于县君，表明潘夫人的荣誉还高于蒋氏。当中原因值得探索。

可以认为，尽管潘夫人的身世至今不清楚，所犒劳的数量在今天看来还不算多，但是在当时的岭南经济状况下，个人这样捐输，还是可观的。她的捐输出于自愿，更带有见义勇为、当仁不让的成分，因而特别可贵，受到褒奖。现在还不清楚蒋氏和潘夫人存在什么关系，二人在行动上有没有联系，不过从当时全国和岭南的形势观察，以高凉冼夫人为首的岭南州郡实力人物，多数积极响应隋朝的号召，以祖国统一为重，归顺隋朝。蒋、潘两位女杰在大义大勇上是同声相应、同气相求的。尽管看不出跃马扬鞭的飒爽英姿、振臂高呼的激昂慷慨，但那种当机立断、义无反顾的明智和机敏跃然纸上，与龙母精神相通。

亲身率众攻坚陷阵的另有李漆妻詹氏。她是东安县人，丈夫在南明永历小朝廷中任总兵官。丈夫战死后詹氏一度带领部众收复了罗定州东西地方，升任参将，不久病死。从职务和军事实践上看，詹氏确是古代广东的女将，不过由于带兵时间较短，事迹不太清楚，因而对她的功业难以作出进一步的评价。《（道光）东安县志·列女》称："考其功绩，盖石龙冼夫人之流亚与!"从妇女亲自指挥兵马这个事迹来说，詹氏与高凉冼夫人相同，但说其功绩与冼夫人一样，则言过其实了。

三、高力士母与莫宣卿母困境育子

唐朝开元天宝年间权倾朝野的宦官首领高力士，有生母麦氏，她出生、嫁人，都在阀阅世家，晚年又在京城长安享受富贵荣华以终老。按理是毕生幸福，然而事实上却是早逢厄运，中年守寡，流落他乡，在困境中独立抚儿育女。她是隋朝南征北战功勋卓著的大将军、宿国公麦铁杖的曾孙女，原籍岭南始兴。丈夫冯君衡是赫赫有名的岭南豪强冯盎的孙子，武则天圣历元年（698），冯君衡逝世遗下三子一女，"当时子幼家艰，丧礼盖阙"。一户累代显赫的人家，户主早死，并且无力举丧，境况自然凄凉。麦氏携子元琎、元珪、元一和女儿出外投靠，不久，处在"龆龀"之中的幼子元一被岭南讨击使李千里领去，加以阉割，带回长安送入宫中。后因事连累被逐出宫，被宦官高延福收养为子，再度进宫并升为宦官，改名高力士。高力士得势后，"傍求圣善"，设法寻访生母，终于由岭南节度使在泷州（今罗定市）寻回，而后接全家来长安，与高家同府，子女也都改姓高。团聚时，高力士与麦氏"音容莫识，涕对茫然。验七星于子心，认双环于母臂"。悲欢离合，相抱恸哭。在长安高府，高力士要"尽欢两媪，兼敬三人"。麦氏连同子女尽管生活优裕，但面对已是中年的子女要改从他姓的状况，难免有寄人篱下的苦涩。据诸碑志所述，麦氏死于开元十七年（729），87 岁；高延福死于开元十二年（724），64 岁；高力士死于宝应元年（762），79 岁。推断圣历初高力士被带来长安时约 12 岁，麦氏约 55 岁；麦氏在开元十二年前到长安，时约 80 岁。麦氏孀居、与幼子失散"二纪积离"，为时 25～30 年。纵观麦氏 87 个春秋，有近一半时间精神都在遭受打击、刺激，生活在困顿中度过。晚年尽管幼子飞黄腾达，其余两子也各有军职，亡夫授广州大都督、潘州刺史显衔，本身也屡加荣号，终赠越国夫人；但亲生子女"舍冯亭之本枝，从高傒之令族"，当年亡夫殡葬草率，有待招魂与自己合葬，麦氏是抱憾终生的。然而她"处顺思柔"，得以"衰荣被乎始终"。因此，撇开持贞守节的礼教和"德厚者福长，先否者终泰"的命运评判，就人生价值而言，麦氏坚毅、旷达、平顺，即使算不上“圣善”“紫贝明珠”，也是一个与厄运、逆境、礼俗限制抗争一生的不平凡女性。

一百年之后，封州也涌现一个苦心育子的“状元”母亲。她姓梁，生于贫寒农家，与丈夫莫仁结婚不久便成寡妇，遗下稚子莫宣卿。梁氏顾虑幼儿“孤立无倚”，携其改嫁开建县莫及芝。在继父家中，莫宣卿得以读书，发挥天赋，连级考取，终得对策第一，获状元荣号。科举成名后，莫宣卿首先想到年迈的母亲，请求担任地方官职，以便就近赡养。回到家中迎接母亲的时候，莫宣卿不久竟先逝了。有关这个青年丧夫，改嫁后育子成龙的莫母梁氏，文献记载简略，事迹不太清楚。从她母子的人生历程观察，她适时再婚显然是正确的选择。唐封州刺史白鸿儒于乾符五年（878）撰作的《莫孝肃公诗集》序对此并没有微词。第二任丈夫的家称得上小康，儿子与其和睦相处，最终得以读书成才。她的慈母心肠和与人为善的品德，自然使莫宣卿刻骨铭心，由衷敬重，以至莫宣卿为了赡养老母而上奏调任外官，皇帝也同情而批准。

冯母麦氏和莫母梁氏两者的人生历程不同，结局也不一样。但作为妇女，在育子的事业上所体现的理念有相通之处，与龙母诚心竭力哺育龙子的高尚情操有着同一性。

四、贩缯妇与猿幻女

苏娥高要鹄奔亭冤死、袁氏端州峡山寺还原母猿，这是中国文学史上较早的岭南故事。苏娥和袁氏两个形象的塑造，体现了中原人士对汉唐时代岭南妇女的特定认识。

苏娥案得交州刺史查明而惩凶平冤，最早载于《后汉书·何敞传》。晋干宝撰《搜神记》卷十六记述，交州刺史何敞巡视至苍梧郡高安（要）县，暮宿鹄奔亭。不到半夜，妇女苏娥从楼下出来，诉说前年四月十日在此，连同婢女致富被亭长龚寿无辜杀死的冤情，要求惩凶平冤。此事经何敞上报，查证审理，处龚寿以极刑。原来亭名鹊巢，因掘地验尸时有双鹄飞奔而出，于是改称鹄奔亭。以后《水经注》、《还冤记》、《文选》（李善注）、《元和郡县志》、《太平寰宇记》、《舆地纪胜》等重要古籍都加以称引。称引数之多、层次之高，在岭南故事中是少有的。特别是《文选》载江淹的《诣建平王上书》：“梧丘之魂，不愧于沈首；鹄亭之鬼，无恨于灰骨。”两个典故互文见义。前者概括春秋时齐灵公误杀5个人，这5个人后来托梦齐灵公称冤而得厚葬。“梧丘之魂”已成为无罪冤魂的代称。“鹄亭之鬼”，不但有着冤魂托梦或现身申诉的相同情节，而且因是由刺史查证审理而辨死女子冤，另有“棠阴遗爱”的意义，即《诗经·召南·甘棠》所歌颂的“召伯听男女之讼，不重烦劳百姓，止舍小棠之下而听断焉”。因而内涵更为丰富。

除了《搜神记》作为志怪小说，出现鬼魂、双鹄从地穴飞出这几个神怪场景以外，苏娥贩缯鹄奔亭遇害的基本情节应是出自真人真事。苏娥，字始珠，广信县修里人。姓施的丈夫早死，遗下杂缯帛 120 匹和婢女致富 1 人。为谋求生计，她继承丈夫未了的经营，租赁牛车 1 辆，由致富掌鞭驾车，载杂缯帛往邻县出售。她身穿白衣、青丝履，一副小康人家模样。身为年轻寡妇，敢于长途贩运，体现了其不俗的气量与教养，与一般古书所描写下海采蚌珠的珠娘、椎髻跣足的蛮女的原始简陋大异其趣。她的装束、言语、举止，连同贩运的职业，大体上已呈现出一个特定的岭南少妇形象。特别是虽死仍为正义抗争的行为，显示出这个少妇虽然表面孱弱，实际上却是那个时代不屈不挠的烈女。

唐代裴铏的《传奇》集中《孙恪》（或作《袁氏传》）的女主人公袁氏（或作袁氏女），则真正是岭南佳丽形象的代表。她是由端州峡山寺僧惠幽所蓄养的猿猴，经高力士带回京城后变幻成人的，结局时又回到原寺还原为老猿。她与士子孙恪在洛阳邂逅时“光容鉴物，艳丽惊人”。成婚后又表现出“辨慧多能”，能像断藕那样寸折镇妖宝剑。“治家甚严，不喜参杂”，十余年间“鞠育二子”，诀别时又“抚二子咽泣”，可以说是一位贤妻良母。与一般唐人小说中女主人公是高门闺秀、风尘女子或迷人妖狐不一样，她还工于作诗，思致深沉，声情清越。这样一个少妇，艳而不冶，情而不纵，婚后持家教子，才情高雅，又富妇德懿行，理应是裴铏体察岭南妇女的风采后完成的构思。台湾大学中文系教授吴弘一认为袁氏影射当日马嵬兵变中的杨贵妃，这个见解值得重视。屈大均的《广东新语·女语》也列举唐时岭南的才女歌妹，特别是那位创作《转轮钩枝八花鉴铭》的才妇人，博得“初唐四杰”之一的王勃赞誉“超俊颖拔，同符君子”。新州女子刘三妹，年十二已博通经史，是“歌仙”。这样，在岭南、西江能文才女辈出的大环境中，袁氏多方面的卓异表现，不但有着社会基础，而且还有着典型意义。

龙母与上述古代西江女杰的事迹和形象虽然不完全相通，但仍然可以从中寻绎出基于地缘和人缘的关系而出现的近似点、共同点。比如她们既不同于横枪跃马的北国巾帼英雄，不同于追逐在桑间濮上的郑卫女子，也不同于沉醉在惜春悲秋之中的江南佳丽，而是有着特定的岭南色彩。又在诸种关系的处理上，重道德多于情欲，义理多于规约，行动多于言辞，才智发挥于实事而不耗费于空疏。这些积极的取向，在今天仍然不失其价值。

“南宗香火，祖祢衣钵”的梅庵

全国重点文物保护单位梅庵是国家历史文化名城肇庆的一处亮点，众人皆知，它的创建源自禅宗六祖慧能经行此地时种下梅树。如果仅从这一标志性的联结来认知梅庵与慧能的关系，那就还没有掌握到它历代的营建者、爱护者的深切意蕴。实际上明清以后，佛教界人士、文坛名家、社会名流不仅看重慧能当年在此地手植梅树，还把它珍视为师承慧能禅心禅理的本色寺院。

一、与六祖的地缘亲缘

明嘉靖万历年间官至河南省布政使司右参议、内阁中书舍人、经筵讲官，诗书画大家，广东“南园后五子”之一的黎民表，于万历九年（1581）撰《重修梅庵碑记》，一开头就明示：“端州为大鉴禅师下生之地，有宜大刹宇以阐扬其教。而土人颛朴，仅即西城之外为庵以事之。”言外之意，作为六祖慧能的故里，肇庆本应建起规模宏大的寺院来阐扬他的禅宗佛教，而本地人过于老实谨慎，只不过建个庵堂来应付而已。其实新州才是慧能的出生地，在唐代与端州相邻，互不统属。之所以把端州视为出生地，是因为肇庆府在明清两代管辖新兴县，而肇庆府从端州升格而来，于是把概念模糊化，才作出这样的说法。崇祯五年（1632），陈显宗的《重修梅庵碑》更进一步声称：“南宗香火，祖祢衣钵，惟端最亲。”径直宣示在传承南禅的衣钵上，肇庆最为亲近。陈显宗在落款上只冠上“居士”，而隐去本来的衔号，实际上他是贡生出身，曾任贵州省独山州知州。在当次重修工作中是“主缘信官”，捐银六两五钱，为数最多。碑文四字一句，三句一韵，与众不同，别出心裁。

二、广府文化的本色

梅庵历经兴废，到明万历前十年出现中兴。万历元年（1573）有顺德县宝林寺僧自聪偕同其师复梅捐献资财，到来住持，兴修扩建。本地热心人士尽力配合，献田献粮，捐银置业，充实庵产，从而实现梅庵复兴，面貌焕然一新。由于自聪及其师有着宝林寺临济宗的涵养，又“性儒雅而擅文艺”，与广州和珠江三角洲的文士、官绅有交往，因而得以引来参访、游览、吟诗、绘画、题书，并与本地的官绅、文士雅集。当中有着才高艺精的高手，如庞嵩、欧大任、黎民表、林承芳、叶春及等，他们的作品、手迹不乏上乘之作。如万历九年书写《重修梅庵碑记》的林承芳，落款只冠孝廉，即举人，其实在后三年他中了进士，列名在二甲第一（即传胪），任翰林院编修，奉旨为中极殿书额，受群臣赞誉。他又为国子监印行的《十三经注疏》作序，被时人加上省份称作“广东林承芳”。因而现存这方碑有着名人效应。经过这些诗僧、诗家、画僧、画家、书法高手的精品长期渲染，梅庵呈现出浓烈的广府文化色彩。出力复兴梅庵的自聪曾经为鼎湖山白云庵赋咏：“一径斜通石作梯，望中疑是万山低。禅栖寂寂红尘远，只有残僧伴鸟啼。”清醇空灵，禅味浓重。到清道光年间，彭泰来得见壁上悬着高要籍画家何澄亨的画帧，不禁题诗喟叹：“潇洒岩溪老画师，百年遗墨见来迟。沧桑劫后烟云在，只有梅庵古佛知。”何澄亨其人其画，连同彭泰来这首不见载于其《诗义堂后集》的诗，全赖《岭南画征略》卷二有记才得知。还有嘉庆年间僧人德堃在梅庵绘有佛像和佛经人物画，也都是佛寺绘画上的佳话。

三、“游观祈赛”公众地

谭谕的《梅庵舍田记》称：“梅庵形胜为端郡称首。且附郭西郊，人烟丛集，凡游观祈赛者，日无停息。”这是明代梅庵在肇庆府城作为社会公共活动设施和场地的常态。之所以得以“称首”，最优越的条件在于“形胜”。即高居梅庵岗，三面水绕，与西江连通，岗上林木蓊郁。只是由于生态改观太大，现在的人们可能已难以想象当时那里的山水泉林景观，特别是对曾任淮王府教授的本地人梁景先的诗句“波摇水绕千峰暗，风卷松涛五月寒”也难以理解。原来城西没有设防洪堤前，在盛水季节，于梅庵就可俯视与湖水连通的西江水。没有凿岗建筑现代道路前，梅庵岗向西绵延，林泉淙淙，梅庵井出水不竭。此外靠城较近，附近居民较多，也是鼎湖山、羚羊峡那里的景观比不上的。

由于条件优越，梅庵人气较旺就理所当然，由“郡之焚香，祈祷、游览、题咏者”垂青，这是明末庆云寺还没有建成前的相对优势，今天仍可作历史实例借鉴。

四、始建时间和创建者

梅庵的历史，一般都说始建于宋至道二年（996）。庵内现有提及此事的碑记四篇中，有三篇同此，但仍有一篇称在五代。至于创建者，基本没有提及，只偶然有文章称至道二年智远和尚创建。创建于五代的说法见于谭谕的《梅庵舍田记》，近年《岭南名刹庆云寺》一书对此作出具体的表达，在《唐至五代西江流域佛教的兴盛》一节中说“南汉乾和二年，连江智远和尚云游路经肇庆”，为纪念六祖植梅而创建梅庵。又在《禅宗传承世系图》中，于青原行思和石头希迁之下的第二层，并列法眼宗、云门宗和镜清道怤、福州智远（开创梅庵）三支。这是近年在本地首次作此具体指认的研究成果，值得重视，并作为线索进一步加以研究。只是其中有两点存疑：①智远的冠名一作“连江”，一作“福州”，不一致。②法眼、云门山大觉寺文偃开创的云门宗有清楚的世系记载，与法眼宗并列是符实的，但道怤、智远分作一宗并列，还不见记载。笔者认为，基于文偃在南汉期间的实绩、地位和影响，道怤、智远的序列应定在文偃之下。限于篇幅，以后另议，继续探讨。

失而复得的《宋包孝肃公新祠记》碑

端州是包拯正式入仕不久，即升迁至州郡长官的地方，一任不过前后三年，由于他以清心直道为治本，恩威并著，因此治地连年丰收，“地方千里，不识盗贼”。包公这些“精忠粹德”“炳耀史册”的政绩，理所当然地受到当地祠祭。他逝世不过十年的熙宁年间（1068—1078），端州就建起包公祠，这时距他离开端州已经三十年了。这些时间刻记，宋代的本地志书理应作记，只是今天已见不到，能见到的相关府志、县志和碑板记载，最早是明代的，其中张诩撰的《宋包孝肃公新祠记》是内容最充实、辞章最典雅、最值得重视的一篇碑记。

一、首次记述包公祠的沿革

“宋熙宁中，郡守蒋绫所建。”地址就在“郡署仪门之左”，即端州和肇庆府衙署仪门的左旁。这是张诩撰记之前的端州包公祠。其历时从宋熙宁中起，经元代延祐，再经张诩撰记前三十七年的明成化四年（1468）的重建，直到张诩所记的弘治十八年（1505）迁建州署之西的新祠，可以算作第一期的包公祠。迁建后从正德元年（1506）起，经清至近代，这是第二期的包公祠。经张诩在记中提示宋蒋绫始建，明弘治十八年迁建，呈现两者的开端，从而得以循迹梳理，脉络逐渐分明。

当时迁建的原因在于原“祠限郡署内，粤东西往来若贵若贱瞻谒者，弗之便也”。即瞻仰拜祭的人等复杂，出入州府门道，管理不便。后来的志书、文章对这一内容略而不提，因张诩作记才得知。尽管这点属于细节，但作为历史资料，仍然显得不可或缺。

二、全文的重心在于阐述清心直道的义理，表达以包公作典范，把清心直道学到手、行到实处的企望

（1）“生民之不幸也，莫甚于官吏之贪，亦莫甚于政刑之弗平。”因为贪婪就会吞噬老百姓的膏血，侵蚀他们的根本。施政执法不公平、不适当，就会导致征收繁重。法网过于紧密，老百姓又无法应付。

（2）“惟直可以塞邪枉之路，惟清可以澄贪浊之源。”于此又特援引《尚书·舜典》以明前哲的遗教：“直哉！惟清夫。”这是说，正直啊！只有清廉才可以净化贪污的源头。这是关于清心直道的最早的经典出处，可以说是源远流长。

（3）迁建、整饰包公祠之后，使得到来参观瞻仰的食禄者看到包公的塑像，就觉得包公的真身立在面前，从而强化其立心把清正贤能学到手的意向。

三、在文本上保存原有的本色

首先，虽然在文体上属于记，但行文中夹叙夹议，议论占篇幅的大半。题目标“新祠记”，而记述新祠的建筑经过的只有三十句。其次，遣词造句灵活多变，使用复句组成的骈偶句和多重复句较多，形成较强的节奏感，去除了应用文中常见的板滞枯燥的通病。例如，“睹庙貌之焕然，瞻遗像之如在；肃然兴其仰止之思，勃然笃其思齐之志。殆见播清风而秉直道者，济济乎其人也，则于世道，端有赖焉”。骈偶叙事之后，转而推演事理，“者”“也”“焉”连环呼应，完全通畅无滞，具有理学大家陈献章《与张廷实主事》所说的“语脉往来呼应，浅深浮沉，轻重缓急，当以神会得之”[①] 的特色。

只是后人在移载时，可能对作者的用心体察不周，改动较大，横加删削，经常出错，与原意不符。

（一）录错

真（直）清　悉（率）取　传诵（颂）　浚（朘）民

贪虐（浊）　面（庙）貌　之心（思）

（二）漏字

不一［矣］　直道［者］　以［公］祠　都宪［公］

（三）删短语

往来瞻谒［若贵若贱］者

才足贡数［若是者］

［若是者］皆本乎

张诩（1456—1515），字廷实，号东所，广东南海县籍，生长在广州。明成化七年（1471）举人，成化二十年（1484）进士，授吏部主事，但申请养病而

① 关步勋. 陈白沙诗文选［M］. 广州：广东人民出版社，1994：7.

不就职，潜居广州研读，追随陈献章修习理学、心学。期间省和道、府官员催促他就职，他都婉拒，直至两广总督屠镛出面催促，他才上京充吏部稽勋司主事，但不久因亲丧而再辞职南归。直到中进士三十年后又应召任南京通政司参议，但抵南京谒明太祖孝陵后，也即南返，第二年逝世。

张诩聪颖卓异，沉静嗜学，广受称道，官府誉之为“岭南孤凤”，“敦庞博雅，绰有古风，恬静清修”。陈献章众多弟子中不乏硕学通儒，但对张诩仍然刮目相看。在《读张廷实主事近稿》一诗中说：“一朝此宝来，辄复喜不已。”陈献章逝世后，张诩为之撰《白沙先生行状》，认同陈献章关于“道”“理”“心”都是天地之本的义理，在本碑记中解读包公清心直道的善政，“本乎直中来”“本乎清中来”“往往以直清著”，认定直的是“道”，清的是“心”，这就与张诩对道、心的理解相通。因而其所阐述的义理，比一般的同类论述透彻而较有说服力，值得重视。

这方碑散失多年，2014 年 4 月由保存的热心人士黄肇强捐献出来，使其在包公祠失而复得，永远存留。

《重建宋包孝肃公祠堂记碑》释读

《重建宋包孝肃公祠堂记碑》，是关于在肇庆始建，启用于宋熙宁年间（1068—1078）的包公祠，经过四百年之后进行深度修建的记述。从年代来说，又是目前肇庆所见明碑中时间最早的一篇，撰于成化四年（1468），至今已有近550年的历史，文字除一两处之外，悉数清晰。

当时之所以重建，是因为肇庆知府黄瑜到任视察后，认为该建筑作为包公的祠堂，狭隘浅窄，又与库房连接，出入人等混杂，不够庄严。作为激励廉洁的场所，已经不大适宜，于是决定大规模修建。在成化二年（1466）上疏，申请获准，明示每年春秋两季，以少牢礼祭祀。第二年动工，扩大旧址，新建堂宇，加固围墙，备齐礼器，完善厨房仓储，全面装修。成化四年竣工，旧貌焕然一新。黄瑜着傅珍撰记。

名为记，碑文实以论为主，议论占大部分篇幅，而且在记事中也包含议论成分。这一显著特色，与37年后张诩所撰的《宋包孝肃公新祠记》近似。一开头就提“裨世教”的论点，以正反两句对比，来肯定当前的社会背景中，有着裨世教的必要性。然后举出当前“淫者”即邪恶风气，特别是“贪夫啬吏”代表的“俗尚以利甚”，造成数百里地方“无弦诵声”，暴露出“厉廉之无具”的缺陷，从而揭示重建包公祠有着必要性的社会背景。

在关于重建过程的记述中，仍然适时进行议论。叙事当中透露出重建工程得到朝廷的支持，更得到民众的积极支持。“僦一令役，靡不乐趣”，即雇佣优质工匠，没有人不乐意上工的。

特别是作者交代应邀作记，以“曰”表示下述即“记”的本体，全部都是议论，只在文末重提“珍故记之以告来者”，以照应上面的“曰”。这样行文，在章法上显出明代前期宋濂、刘基等名家在记事之中、之末，往往凸显议论，阐发意旨的特色。宋濂奉帝“旨撰”南京《阅江楼记》，前部约占三分之一的篇幅，记述建此楼的历史背景、简括过程，之后在记事中“多规颂之言，而为庄重之体”，也就是进行议论，并且点明：“皇上所以发舒精神，因物兴感，无不寓其致治之思，奚止阅夫长江而已哉。”宋濂自白“奉旨撰记，欲上推宵肝图治之功”，“他若留连光景之辞，皆略而不陈”。对照本篇重建包公祠记关于建筑、装饰、设施、风光等的内容，也是略而不详，值得重视。

同时在议论中多处引用经典中有关的事典、语典，提供理据，增强说服力。引“有虞氏登九德之廉”，即《尚书·皋陶谟》所载，皋陶应对夏禹询问所称帝舜的九德：宽而栗，柔而立，愿而恭，乱而敬，扰而毅，直而温，简而廉，刚而塞，强而义。引“周大宰计六廉之治”，即《周礼·天官冢宰·小宰》所举的六廉：廉善、廉能、廉敬、廉正、廉法、廉辨。提出“羔羊节俭之风”，即《诗经·召南·羔羊》所称道的“羔羊之皮，素丝五纶。退食自公，委蛇委蛇”。以羔羊、素丝称誉士大夫的正直节俭，内德与内仪并美。提到“顽夫廉懦之立”，即《孟子·万章下》中的“顽夫廉，懦夫有立志”，意思是贪婪的人变得廉洁，怯懦的人会立下坚定的志向。这样援引事典、语典作理据，既增强了文章的说服力，对读者而言又能扩大视野、丰富认知、拓展清心直道的境界，有着指引和辅导作用。

在行款上本记还有一个特点，就是除了撰者、书者在题目冠衔号署名之外，落款署名还有肇庆府同知、推官、经历、照磨，以及耆老、府吏，表明参与者广泛，在当时作为肇庆府署要事办理。而书者许仁是本地贡生，又留下乡土人士的一个书迹印记。

作者傅珍是肇庆府学训导，浙江萧山人，贡生出身，科举功名和职称都居低层次。但文中所显出的认识、学识和写作水平并不低下，足以与存世的知名文献并列。而此记一直没有被府志、县志和近年新编的志书以及文物志收录，实乃一重大遗漏。

明季四十年间肇庆三印《包孝肃奏议》

端州是包公出仕第二任升迁至州郡长官，治绩卓异，恩威并著，户诵人说的地方。他逝世后，其故乡在治平三年（1066）率先建立包公祠。端州也紧接其后，于熙宁年间（1068—1077）在州署内创建包公祠。他一生得以“贯金石后三光而终始万物”的言论集《包孝肃奏议》，也于同期由自署“门生”的庐州知州兼淮南西路兵马钤辖张田编印成书。内分13门，171篇，10卷，收藏于家庙之内。庐州当地曾于南宋绍兴、淳熙年间翻刻。明正统年间，江西布政司参政方正是庐州人，将包公遗稿移来刻印，表明外地已经出版包公这部唯一的著作。宋元时期该著作在端州的印行情况不太清楚，但进入明万历之后，40年间刻印次数就有3次。

一、万历十七年刻本

刻本至今不得见，但《（崇祯）肇庆府志》载有朱天应作的跋。从中得知，原有的印本已经朽蛀不全，字迹漫漶。府通判余相、府推官傅国才经过订正，完成翻刻初稿，交新任知府朱天应审阅，并请作跋。朱天应意识到宣示书中的理念和修养是“今日治郡第一义”，支持翻刻，并把跋写成。根据其跋文所述，并联系当时的府务背景，此刻本的刊印，有三点值得注意。

（1）这是新编府志后续的兴文要务。万历十四年（1586）冬，经广东岭西道、肇庆府两级长官商议，并经两广总督吴文华的同意，由叶春及辑，陈一龙、梁景先、谭谕、陈萼、谭大宁同辑，知府郑一麟、同知方应时、通判刘献义和余相、推官傅国才所修的《肇庆府志》历时15个月完成。府志着意收载包公在端州营建的设施及其命名、题咏，当中包括增建州署的厅堂，辟建署院园林，迁建崧台驿，扩建丰济仓，创建星岩书院，并给建筑物命名所体现出的深邃典雅的理念，其中有枕书、清心、相魁、敬简、双瑞、节、秋霜、宅生八个堂。这些命名与《包孝肃奏议》内的相关节点的理念、意向有联系。

（2）在州署院内营建的菊圃和洗砚池，前后建轩廊和假山，其上题“烂柯洞天”，又展示包公治绩饱满的风貌，为包公事迹做了补缺。

（3）两者对照观察，在记载上、时间上，《肇庆府志》在先，《包孝肃奏议》

在后，但在计议、组织上，都是通盘的一部分。朱天应的跋尽管没有提到知府郑一麟，但余相和傅国才得以在朱天应一到任便上交《包孝肃奏议》书稿，显然是当郑一麟在任时就已奉命进行。两书的刊印配套，折射出肇庆当时在兴文中着意彰显包公的精神和形象的努力。

二、万历四十二年刻本

万历四十二年（1614）距离万历十七年（1589）只有25年，在不到30年的时间里两次刻印，这在古代来说，实属罕见。之所以急于翻刻，据万历四十年（1612）就任肇庆知府的戴熺在跋中所说，是因为《奏议》“岁久漫漶，读不能竟篇，乃遍购古本缮写而重镌之”。这确实有着原印本文字不清楚而重刻的需要，但是如果戴熺没有对包公深挚的钦仰，没有宣扬包公事迹的高度使命感，也不一定会那样急切。他还年幼时，便喜欢谈论包公不平凡的伟力，惊叹：“此神人也耶！”随着年岁的增长、认识的加深，仰慕越发迫切。他一到肇庆上任知府，便拜谒包公祠，看见上盖破损，出现险情，立即加以修葺。乘船行经西江砚洲，面对包公当年掷砚处，他会停船徘徊，不忍离去。在跋中深情地作这样细腻的追忆，显出罕见的真诚。因而这次重刻，为得以列名在《包孝肃奏议》之中而感到欣慰，应是内心坦诚的表露。

戴熺在任上政绩突出，特别是在连年水灾之中，“拯溺赈饥恤死，筑圩堤杜后患”，受到当地民众赞誉。同时高度清廉，他从肇庆知府升任广东按察司副使分巡海南道，又再升任广东右布政使，在任上逝世，竟然因为没有留下多少银子，要变卖金带才能成殓。肇庆的士子和老百姓追思他的清廉勤政，在包公祠后面建清风堂奉祀他。清风堂又名戴公祠。他一生仰慕、钦敬包公，在从政过程中追攀包公，最终果然成就了清正廉能的芳名，得以被冠以“清风”而立祠紧贴包公祠，这是罕见的事例。

戴熺，福建漳州长泰人，中进士授刑部主事，外任肇庆知府。故里侍郎坂在明清时以祖孙、父子、兄弟、叔侄同成进士而著名。与其兄戴烨是兄弟进士；与任两广总督十三年之久的戴燿（戴凤岐）、广东岭东道参议戴燝同是兄弟辈，表明他在士子世家中成长，从小接受良好的教育。

至于戴熺在跋文中述及奏议“必以贾长沙、刘中垒为嚆矢。然长沙怼而中垒杂也”。涉及对奏议这一文体的源流和贾刘两个历史名人及其著述的评价，需要加以简要的解读。

贾长沙即贾谊，刘中垒即刘向。嚆矢即开端、先声。贾谊（前201—前

169)，西汉杰出的政论家、辞赋家，因曾任长沙王和梁怀王太傅，而得称贾长沙、贾太傅，也称贾生。他年二十余便被起用充博士，官至大中大夫，他力主改革政制，逐步削弱地方势力，巩固中央政权，撰作一批疏、策、论和辞赋，其中有《论积贮疏》《治安策》《过秦论》《鹏鸟赋》，又著《新书》十卷。刘向（约前77—前6），西汉经学家、目录学家、文学家，是楚元王四世孙，在汉成帝时任光禄大夫，终中垒校尉，因而得名刘中垒。曾屡次上书参劾外戚和宦官专权，以敢于直言著名。著作丰富，今存《新序》《说苑》《列女传》等。可见从奏议这种体裁与两人所撰作的分量和价值来评说，称它们是开端或先声是可以的，只是所涉及的范围比较窄小，不及唐宋时广泛。

三、崇祯四年刻本

此次刻印距前次刻印的万历四十二年更短至17年，因而主持刻印的肇庆知府陆鏊在序文中不按惯例提及刻印前代书籍缘于原版破损，而直陈书籍本身的价值具有重新刻印的必要性。特别是对历代以奏议著名的人物，不像上一次戴熺那样，标举贾长沙、刘中垒，而称“古今以奏议显，莫若吾家忠宣”。论起始又说“俟唐以来”，不再提西汉，当中“吾家”指同姓，有着宗亲的感情因素。尽管这样，陆鏊毕竟肯定前任知府刻印《包孝肃奏议》的作为，重申其“羹墙”即仰慕前贤的意愿。此外，他还撰写了《告包孝肃公文》，更显出他崇拜包公的虔诚心迹。

于赫包公，千载导师。清心直道，一砚不持。
某忝后乘，夙钦令仪。民俗甘苦，念兹在兹。
英灵非远，梦寐告之。如彼萧曹，有规有随。
公不予欺，予不公欺。

［载《（崇祯）肇庆府志》1138页］

于赫（wū hē），叹词，即通行的“呜呼”。后乘，后继治理者，指肇庆知府。萧曹指萧何、曹参，成语有萧规曹随。有规有随，既自然又郑重。因而公不欺我，我不欺公，完全顺理成章。这与清康熙年间胡永亨所撰的《孝肃包公祠》和《拜辞孝肃包公》两文及其附诗相比，尽管后者较为缜密细腻，但大体上仍然属于异曲同工。

至于《陆宣公奏议》的刻印，也可从《（崇祯）肇庆府志》载的《重刻

〈陆宣公奏议〉》序言得知。在《四库全书总目提要》中，以《翰苑集》包罗陆贽的著作。近代出版的《陆宣公奏议》有商务印书馆“国学基本丛书”本，内含《唐陆宣公奏议全集》4 卷 59 篇、《唐陆宣公制诰续集》10 卷 80 篇。据全集卷前所载宋苏轼于元祐八年（1093）五月《进呈唐陆贽奏议札子》称：“如贽之论，开卷了然，聚古今之精英，实治乱之龟鉴。”“愿陛下置之坐隅，如见贽面，反复熟读，如与贽言。”可见苏轼曾经企望该奏议对宋哲宗能有重大影响。至于陆鏊经手重刊的本子还不见其他记载，难以推断，但毕竟是明版书，在今天应属于年代较早的古籍，对肇庆来说，值得记述。

陆宣公本名陆贽（754—805），唐代著名政治家、文学家。字敬舆，苏州嘉兴（今属浙江）人。年十八中进士。德宗时任翰林学士，参预机密，被称为内相。历官中书侍郎、同平章事，又多次被贬，但忠鲠不移。谥宣，得称陆宣公，或冠忠称忠宣公。

陆鏊字味道，浙江平湖人，天启五年（1625）进士，授刑部主事。崇祯二年（1629）出任肇庆知府，期间清理市舶，抑制豪强，多所兴革，得升岭西道副使，再升湖广按察使。著有《宝轮堂集》。在肇庆期间撰作不少，其中有《端砚铭》《石室赋》等。

永历小朝廷的欧洲文化色彩

肇庆由于地缘的关系，中外文化交流的历史悠久，在“世界地理大发现”以后，更被确认为中国内地最早建立天主教耶稣会传教会所，陈列欧洲文艺复兴以后的科学技术制品的城镇。60 年后，由这个教会直接传导而被永历小朝廷所乐意行用、层面更高、影响更深广的欧洲文化模式，再次在肇庆被展示。

北京的明朝政权颠覆后第五年，即清顺治五年，朱由榔在肇庆称帝后的永历二年（1648），先已降清、对南明势力穷追猛打的李成栋，在广东宣布重新归附永历帝，并于九月间迎永历帝回驻肇庆，使永历小朝廷有一个暂时相对稳定的时期。这时一贯向明朝传教的耶稣会士毕方济、瞿纱微、曾德昭、卜弥格等人先后从多地会合于肇庆，与老天主教徒、永历勇卫营总管、司礼太监庞天寿合作，在永历小朝廷中大力推行欧洲的宗教和文化，并促使永历小朝廷向欧洲靠拢。

他们在永历小朝廷的核心成员中发展教徒。以天主教的义理，先劝喻朱由榔的嫡母王氏成功入教。她是桂王朱常瀛的继室。受她的带动，朱由榔的生母马氏、原配王氏也随之入了教，都在司铎瞿纱微的主持下受洗礼，并分别起教名为赫肋纳（或写作烈纳）、玛利亚和亚纳。赫肋纳原是 4 世纪时罗马帝国君士坦丁大帝的母亲，天主教经典称她为“圣后”。玛利亚本是耶稣的母亲。她们三人在永历宫中分别尊称为宁圣慈肃皇太后、昭圣仁寿皇太后、皇后，受洗后同样有一个圣洁的尊名，这些传教士可谓用心良苦。这三个妇女受洗礼时，身为“大明第十八代帝、太祖第十二世孙”的朱由榔，也在祭台前行跪叩礼，本拟也一起受洗，只因有众多妃嫔，触天主教“禁多妻”的规条，不能受洗。当年出生的太子朱慈煊起初也考虑受洗，也因朱由榔不准许，暂时不执行。他生病转重，不得不让他受洗礼，竟然痊愈了。他取的教名为“当定”，是“坦丁”的音译异写，这本是罗马帝国君士坦丁（当时译写成公斯当定）大帝的尊名，不知是不是耶稣会士们对他寄予宏图大略的厚望的体现。不管怎样，永历宫中诚心信奉欧洲的宗教观念和意识形态，不能不说是一种时代印迹。

至于鼎湖山庆云寺的文献记述永历三年（1649）夏，永历帝及其母上寺礼佛，栖壑和尚以庆云寺为永历行宫，筑新路以利登山，改鼎湖为天湖等一连串事迹，与他们在宫中受洗入天主教的事实存在着矛盾，因而在时间上必须厘清。根据天主教蔑视崇拜偶像的佛教的成规，如果永历朝廷的两个母亲王氏、马氏受洗礼入天主教后，再上庆云寺礼佛，身边的庞天寿和瞿纱微、曾德昭等神父、司铎必定以不得礼拜异教为由加以阻拦。因而上庆云寺理应在入天主教之前，即上庆云寺礼佛时，马氏或王氏还没有受洗礼入教。记载有出入，事实有待考定。

那次太子朱慈煊重病痊愈，永历宫中以为是天主保佑，永历帝嫡母王氏于是派庞天寿随司铎毕方济到葡萄牙管治的澳门答谢，要求耶稣会举行“感恩”弥撒大祭。抵达时澳门炮台鸣炮欢迎，耶稣会的人员也列队迎候。庞天寿献上繁多的礼品，有大蟠龙银香炉一对、镂花银瓶（内贮珍贵香料）两对、镂花银烛奴两对，献在祭台上。另赠银瓶三个给耶稣会三位会长。当年 10 月 31 日弥撒礼毕，葡萄牙澳门总督设盛宴款待使者一行，并回赠火枪 100 支。

第二年形势逆转，清军从江西、湖南向广东发起进攻，韶州失守，肇庆震动。永历帝向广西转移。皇太后王氏面对岌岌可危的形势，把挽救的希望寄托于罗马教廷（即现在的梵蒂冈）。她以“宁圣慈肃皇太后烈纳”的名义具函两封，一封致教皇英诺森十世（函内称之为圣祖总师公意纳爵和英诺曾爵），落款加盖玺钤以示郑重；另一封致耶稣会总会长（函内称之为大尊总师）。庞天寿也具函致教皇，戴全衔署名为“庞亚荃楼契利斯当”，即在教名之上冠以汉姓。三函一致请求代向天主祈祷“保我国中兴太平”，为他们宽宥罪过，多派耶稣会士来华传教。由神父卜弥格偕随员 2 人，于 1649 年 11 月携函连同信物返欧。历时两年，跋涉万里，先到达意大利威尼斯，于 1653 年春到达罗马，碰巧英诺森十世逝世，亚历山大七世继位，予以接见。送上的三函至今藏在教廷藏书楼。亚历山大七世在 1655 年 12 月分别复信交卜弥格带回。这时永历小朝廷在广西流徙，皇太后王氏又在田州去世。卜弥格在越南登岸，复信是否交到永历帝手上已不得而知。即使有交到，不论内容如何，永历小朝廷处境已江河日下，远水救不了近火，白纸黑字，徒有慰藉而已。

欧洲著述的天主教教会史还说，卜弥格此行还向欧洲有关国家请求援助永历政府。上述三函中无此明文，口头上是否提出，有待研究。

当时肇庆除了行用天主教的仪式及其配套的礼节、用品以外，还采用欧洲的其他文化模式。王夫之《永历实录》载“永历三年正月，上在肇庆，西洋人瞿纱微进新历，诏颁行之”。新历即公历。尽管下诏颁行，实际上永历小朝廷仍然沿用阴历，并不行用公历。1648 年迎接永历帝回驻肇庆举行典礼时，有“吕宋遣使入贡，欧罗巴国人进图谶”。吕宋指菲律宾的西班牙殖民当局。又庞天寿统领的勇卫营，所标举的旗帜“皆用西番书为符识”。这些“图谶”“符识”，实际上是用西文书写的贺词、颂词、祝祷文，绘制描画欧式的图画、图案、徽号、符号、标志之类，与中国固有的文字、符号、图画是大异其趣的。

对于永历小朝廷与欧洲的关系和行用的一些欧洲文化模式，讲述明清史的中国史书一般都不提及，个别天主教史书加以记述，也不过当作小插曲看待。

其实作为中西文化交流史上的一种文化碰撞现象来观察，这一最早在中国内地出现的中西文化融合事件还是值得重视的。

百子灯田题名碑记

这个碑记名称原刻只标示“百子灯田题名”，而完全不提本体三教堂，显得与众不同。实际上文内记述三教堂来历的分量还重过百子灯田，这是对本碑记首先要解读的要点。

碑文记述清顺治十六年（1659），肇庆知府杨万春将包公祠后面已经废弃的戴公祠改建为三教堂。尽管“祠堂虽新，而香灯尚缺”。因为没有经济来源，堂里的香灯无法点燃。直到23年后的康熙十一年（1672），才得到高要知县谭桓批准，将高要县已故生员严文敬遗孀黄氏所献出的漾源都龙源水南竹江寺原有的荒田一顷，拨入三教堂户口，作为香灯资费的来源。但荒田未垦无赋册，租粮难收。幸而得到本地的文武官员、绅士、乡镇有教养的女士捐资，得以把荒田开垦成熟田，从而安装百子长命灯，以祈求福报。因为是依靠众人的善举而得来的福田，不能把它埋没，于是合并作记，并且详细列出文武官吏、绅衿秀士和善男善女的姓名。

开头叙述三教堂的来历。首先阐释三教：“三教者，理之宗庙。忠义者，义所首推。孔圣为儒教宗，如来为释教宗，老子为道教宗，诚为万世后学尊崇。”中国在之前原有的“三教”一词并非指三种宗教。一是指夏商周三代的王教分别是忠、敬、文。二是指儒学施教内容分别是六德、六行、六艺，合称三德。自从佛教从东汉传入中国之后，才称儒、道、释（佛）为三教，而且道佛两者的序次是道居前，只是佛教界才称说作“佛道”，佛居前。至于三教共奉的宗教场所，《徐霞客游记·粤西游日记一》称之为三教庵。五月初九，“过桂林会馆，又半里抵石山南麓，则三教庵在焉”。六月初三上午，“少憩（七星）山南三教庵”。本碑不称庵而称堂，可能与其前身曾名清风堂有关。至于三教共奉的基础，本碑一开头就申明：理之宗庙。这“理”是事理、规律，“理之宗庙”是说同是事理、规律归宗尊奉祖先的庙堂。宗，祖先。分析起来，三教的宗旨和义理都秉持有事理、规律的成分。儒家的主张很清楚，道教以道为名，《韩非子·解老》说：“道者，万物之所然者，万理之所稽也。”道是万物的本原、本体。《庄子·天运》宣示“顺之以天理”。《养生主》又宣示“依乎天理”。佛教三宝尽管是佛、法、僧，但是佛本身就有理在内，法身的异名称为理佛。佛祖“依理而立言，遂令群生修行而证理”。修行佛事，也就处在求证佛理的过程。可见从佛门来看，三教各有宗属，但在理上，三教共奉。而孔子为儒宗，包公忠孝双存，是义行首推，“秉正驱邪，实为百世师表”，加以特别标举。

关于三教堂与包公祠的关系，碑文中已作说明。从地址来说，肇庆城西门内包公祠后，“复有戴公生祠”，因“废毁矣”，改建三教堂。可见三教堂是在戴公祠原址上建筑的，与包公祠不同体。从碑件归属来说，《百子灯田题名碑记》是三教堂的碑记，并非包公祠的碑记，尽管文内多称颂包公。

关于戴公祠及其相关的名称，碑文内没有完全说清楚，要参阅府志、县志才能明真相。《（崇祯）肇庆府志·名宦二》：戴熺“始于慈和恺悌，有兄燿风，而砥砺过之。比岁大水，拯溺、赈饥、恤死，筑圩堤以杜后患，秩满转海南宪副，历转广东右布政，未几卒于官。橐无羡金，毁金带为殓。端吏民思之，建清风堂于包孝肃公祠后，岁时飨祀”。

据上述并查志书职官表，戴熺于万历四十年（1612）任肇庆知府。期间肇庆连年水灾，戴熺尽力救治，灾后又加强堤围防患，考绩得优，升迁按察司海南道副使，再升广东右布政使。在职逝世时，因身无余资，要毁金带筹资殓葬。肇庆官民追思他的仕行政绩，在西门包公祠后建清风堂奉祀。值得注意的是，这里没有提到戴公祠一名。戴熺另有事迹是为包公祠实施修建，特别是在万历四十二年（1614）为《包孝肃奏议》作跋并刻印，这是在肇庆第二次刻印该书，可见其对包公的仰慕之深。他在跋文中记述，每乘船经过砚洲包公当日投砚下西江的原处时，“辄停桡徘徊，不忍去者久之”。

戴熺是福建漳州长泰县彰信里（今陈巷镇）人，进士出身，与从万历二十六年（1598）起任两广总督长达十三年的戴燿是近亲兄弟。他们是长泰侍郎坂望族，明清时科举兴盛，涌现祖孙、父子、叔侄进士，戴熺与兄戴烨是兄弟进士。戴熺有兄长戴燿作风，而自我磨炼还超过了戴燿。肇庆官民奉祀他的建筑物名称，各志书和碑的记载不一，或称戴公祠，或称清风堂。本碑和《（乾隆）肇庆府志》称之为戴公祠；《（崇祯）肇庆府志》《（道光）高要县志》称之为清风堂。按建造奉祀的通例，建筑物称为祠，祠名冠上祠主的姓，作为清初实时记录的本碑记，尽管原祠已不存在，但仍然称为戴祠、戴公生祠，特别是“戴公生祠”一名，应是初始名称、原名。因而清风堂只是别名或曾经使用的名称。

广州、广东、广府得名寻绎

广州、广东、广府，这几个名称的来历和含义尽管已有成说，但由于经历千百年的历史变化，一些原来援以立说的理由暴露出缺失，出现疑窦。为明真相，在此试作寻绎。由于这三个名称都冠“广”，下文先对“广”作探究。

一、廣（广）

甲骨文已有。经过演变，已经多音多义。《说文·广部》：“廣，殿之大屋也。”《说文·土部》又说：“堂，殿也。”清段玉裁注：“覆乎上者曰屋，无四壁而上有大覆盖，其所通者宏远矣，是曰广，引伸之，为凡大之称。”所表示的“大”包括体积、面积超过一般；规模、范围、程度等超过一般。这是“广，大也”的常见用例。但是在中国古代“廣”又曾经用作计量地域长远程度的术语。《周礼·地官·大司徒》关于司徒之职申明：“以天下土地之图，周知地域广轮之数。”《十三经注疏》引马融的注说：“东西为广，南北为轮。”《周礼·凌人》陆德明释文又说：“度广狭曰广。”前者是说，计量东西之间的距离用廣来表示，南北之间的距离用轮来表示。后者承前者作说，不论方位，对多个对象进行丈量，以比较广狭也称为廣。

1. 南海、南越“东西数千里”“东西数万里”

《史记·南越列传》记南海郡尉任嚣病重时，召龙川令赵佗前来嘱咐后事说，“豪杰畔秦相立。南海僻远”，“且番禺负山险，阻南海，东西数千里，颇有中国人相辅，此亦一州之主也，可以立国”。这是任嚣就南越桂林、南海、象三郡中他直管的南海郡可以在当时群龙逐鹿中以一州之主立国所申述的简括理由。其中凸显“东西数千里”这样“广”的度数，与“州”联结，应是从境域内“山川土形”宏观的模糊印象对南海郡形成的认知。上引《南越列传》原文是中华书局所标点，其中“番禺负山险阻南海，”与诸本所引任嚣原话有出入。《汉书·两粤传》作“番禺负山险阻”。“险阻”连文，与《史记·始皇本纪》载碣石诏碑中“决通川防，夷去险阻”同，与《水经注·泿水》所说“番禺负险，可以立国”的“负险”的意思大致相近。因而“东西几千里”应是对南海郡的描述，即使以番禺作主语，也作为郡治而代称南海郡，番禺的地域并无几千里是显然的，而且当时尉掌握军事，桂林和象两郡只设监，南海尉是“东南一尉”，有权控扼三郡。后来到赵佗称帝，以“财物赂遗闽越、西瓯、骆，役属焉”，境域增至“东西万余里”，使得东西之广比南北之狭更显突出。

刘熙《释名·释州国》对秦汉时期地理命名的根据作解释：“秦改诸侯置郡县，随其所在山川土形而立其名，汉就而因之也。”确是这样。所释的“十三国”，“各以其地及于事宜制此名”。大体上根据其地貌、方位取名，秦定的郡名较为具体、准确。其中《释名》对北、西、东、南四海分别作解，“北海，海在其北也”，“西海，海在其西也”，“东海，海在其东也”，这都大致可以成立。但称“南海，在海南也。宜言海南，欲同四海名，故言南海”，清达官、著名学者毕沅注说：“南海郡在交州，与中国隔海，是在海南。”这都是不按地图描绘，分不清陆与海的具体位置，混淆南海郡与南海洋域名而带有臆测成分的解释。20世纪70年代初长沙马王堆西汉墓出土的地图，在长沙国境域正南的远方边缘，绘有一个半圆形黑体，其北描出几条河流汇入，显然表示珠江三角洲，再向外就是太平洋的南海，分明是珠江三角洲包括南海郡治番禺都在海之北，不在海之南。可见当时政治上层对岭南区域的陆海面貌和地名的方位已有粗略的认知，只是刘熙虽在南海郡境域内生活多年，但仍分不清所在区域的地理方位。同时，从这张地图观察，从北到南的狭，已大致绘出，但从东到西的广，则不着边际，这也折射出当时在绘图时岭南区域东西广、南北狭的认知是普遍确立了的。可以认为，任嚣已把南海郡尉所统管东西宽广的三郡视为行政上比郡高一级的州。

2. 王莽标举“新广”

《汉书·地理志·苍梧郡》在“郡”下注：“莽曰新广。属交州。”在广信县下又注：“莽曰广信亭。”在南海郡揭阳县下也注：“莽曰南海亭。”按照《汉书·地理志》的体例，凡加“莽曰”处，就表示王莽在居摄三年（8）自立为帝，改国号为“新”时期所改动的，也就是把苍梧郡改名为新广郡，把广信县改名为广信亭，把揭阳县改名为南海亭。这是王莽在政治制度方面“大事更新”，把中央和地方的官名、官制、郡县名和行政区域，都大大加以改变，屡易其名[①]的举措。有书把对苍梧郡两处改名说成“把广信改为新广”[②]，这是误解。第一，原注指向苍梧郡明显，符合书中注释安排的体例。第二，广信县的冠名并没有改动，改动的是把县改为亭。第三，广信一名移置于蜀地，把广汉郡改称广信郡。

二、广州

“广州”一名的浮现有一个缓进的过程，促成其出现的是分交州、置广州一举，其前奏是将交州的治所迁至当时的番禺，促成该事的关键人物是步骘。

步骘，临淮人，早年到江南，志存高远，“种瓜自给，昼勤四体，夜诵经传”，受知于孙权，被举为茂才，出为主记、治中从事。后升为鄱阳太守。汉献帝建安中期魏蜀吴三国分立的局面已大致定型，而岭南的归属未定。尽管蜀方刘备已把长沙、零陵、桂阳三郡掌握在手，又与苍梧太守吴巨加紧联络，但是孙权仍然决心把整个交州收入自己的版图。建安十五年（210）孙权选准才质富厚的步骘，调任交州刺史、立武中郎将，率领精兵干吏前往。第二年加授使持节、征南中郎将，步骘率武装 1 000 人赴任。其间必经交州治所所在的苍梧郡广信亭，郡守吴巨、都督区景怀有异心。步骘设计加以清除，就地扩充队伍，沿浪水直下。时驻守在高要峡的吴巨余部苍梧人衡毅、钱博，起而迎战。落败，衡毅与部众投水死，钱博逃生。步骘得以到达南海。他“见土地形势，观尉佗旧治处，负山带海，博敞渺目”，“珍怪异物，千种万类，不可胜记”。又睹巨海之浩茫，观原薮之殷阜，“乃曰：‘斯诚海岛膏腴之地，宜为都邑。’”对南海郡城，“见土地形势，观赵佗旧治处”，登高远望之后，得出的印象和认知与四百年前任嚣向赵佗所说的基调相同，认定的“宜为都邑”，与任嚣说的“宜为一州之主，可以立国”也大体相同。特别是所说的“博敞渺目”的地理形势和气象，与“东西南北万余里”的描述可以说是如出一辙。因而设番禺作首府的主意已确立。

建安二十二年（217）他把交州治所从广信迁到番禺。三年后的吴延康元年（220），孙权调步骘往长沙郡镇压蛮乱，由吕岱继任交州刺史。六年后的黄武五年（226），吕岱上表请求将交州一分为二，将南海、苍梧、高凉（新从合浦郡

---

① 翦伯赞．中国史纲要：第一册［M］．北京：人民出版社，1978：155．

② 谭元亨．封开广信岭南文化古都论［M］．广州：广东高等教育出版社，2004：71．

分置）、郁林四郡分设为广州，交州仍辖交趾、九真、日南三郡。吕岱任广州刺史，戴良任交州刺史。另以校尉陈时代士燮为交趾太守，不久90岁高龄的士燮逝世。其子士徽南调任九真太守。当戴良、陈时赴任经合浦时，士徽自署为交趾太守，并调军拒戴入境。吕岱奉命率军讨伐士徽，将他斩杀，传首建康。随即撤销广州的建制，恢复原交州。因而黄武五年分交州置广州，“俄复旧”。为时短暂，是广州建制的第一次波折。38年后的永安七年（264）才重新分交州置广州。交州治龙编，广州治番禺。以后广州作为行政区名称才正式持续地行用。这是关于历史地名认定中存在复杂性的个案，从中可以得出认识。第一，“广州”一名，在黄武五年之前社会上已使用。证据：黄武五年吕岱上表中已明确称说将交州分设成交州和广州，可知当时已有“广州”一名在使用。载于《玉台新咏》的《古诗为焦仲卿妻作》有“杂彩三百疋，交广市鲑珍”句。注释公认“交广”指交州和广州。而该诗原序说诗的本事是“建安中”的事。尽管有人提出《三国志·吴书》载永安七年才再分交置广，但这是无视黄武五年吕岱表中所提的内容。广州命名中存在着的复杂性导致这一歧义的出现，可以将其与交州类比而得到解释。交州一名早在西汉扬雄所作的《交州箴》就出现，但汉朝的刺史十三州中长期不列交州。胡守为先生《岭南古代史》对此认定“交州一名，出现于西汉，有扬雄的《交州箴》为证”。《交州箴》中的交州，并不证明其已然是官方列入十三部刺史的具名，但可以表明社会上已经使用。同理，广州一名在正式设为州一级的政区前已经在社会上使用是事实。

三、广东

得名的源流清晰，脉络分明。唐太宗贞观元年（627）二月，在地方行政机关州县两级之上，“因山川形便，分为十道”，其中有岭南道。派驻节度使、刺史驻守广州，又长期派驻统管全道的形形色色的专职督察、监理、检查的文武官员。中唐时，军事政经社会分职并管。柳宗元在《岭南飨军堂记》中扼要指出：“唐制，岭南为五府，府部州以十数。”“号令之用，听之节度使焉。”“对外环水而国者以百数，则统于押蕃舶使焉。”形成节度使、押蕃舶使、五府经略使，广州刺史一人五重任。所分的“五府”，或称“五管”，包括安南、桂州、容州、邕州和广州本身。

南汉时期，直管州县，之上不再设层级。宋开宝四年（971）二月攻下广城，南汉后主刘鋹投降，五月被押解到东京处置。宋统一后着力绥靖岭南地区，几年间大体上按原行政体制维持局面。对岭南地区仍然泛称岭南或广南，太平兴国年间（976—984）路的转运使称广南转运使，其后划分广南东路、广南西路，大体上沿袭唐代的岭南东西路格局。在执行的过程中，这样的四字组合的名称分别被缩写、简省成广东、广西。《续资治通鉴长编·诏吕升卿差充广南西路察访指挥更不施行》一条目，内文改称"此察访广西"。又如《燕翼诒谋录》："旧制，监司、太守举京官有定数，县令初不限员数。""江东西"是江南东路、江南西路的缩写、简称，"广东西"是广南东路、广南西路的缩写、简称。可见岭南道分为岭南东道、岭南西道；岭南东、西道分别变名为广南东、西道；广南东西道分别缩写、简称为广东、广西，沿革清楚，名称明了。而广东、广西得名本自一地之东、之西的说法与史实不符。

四、广府

这一名称行用时间长、含义多，下面对它进行具体的解读。

1. 指广州都督府

南朝的宋齐梁陈四朝，统管岭南的军政长官一般都冠"都督诸郡军事、广州刺史"二衔，但不缀"府"。其实按照其后的唐到清时期，都督或总督或总管的衙署一般都称"府"。如果设在广州，取其冠词，就是广府。唐代岭南道的广州都督府就简称广府，连官方文书、官修史书上都出现。《旧唐书·地理志》载：广州中都督府"永徽后，以广、桂、容、邕、安南府皆隶广府都督统摄，谓之五府节度使，名岭南五管"。当中"广府都督"全称就是广州都督府都督。"五府节度使"或作"岭南节度使""广州节度使"。《旧唐书》这一节的内文又记述：武德九年（626），废南康州都督，以端、封等十一州"隶广府"。《广东通志·前事略·唐》载贞元五年（789），岭南节度使、广州刺史李复为讨复琼州上表，也称"琼州本隶广府管内"。可见是通用的。

2. 宋代广州帅府即广府

《宋史·职官志》七府州军监条目载：广州、桂州、雄州则兼安抚使、兵马钤辖。广州中都督府，清海军节度［大观元年（1107）升为帅府］。旧领本路经略安抚使。县八：南海、番禺、增城、清远、东莞（本义宁县）、怀集、新会、信安。帅府也就相当唐代的广府，而辖八个县，又相当于地方区划府、军、州、监、县中首级的府。只是这一属性，在《宋史》中没有标出。因为既然管理机关标示广府，再以同名标示不同的含义，就会出现概念重叠，造成混淆。从表意清晰出发，不再标出表示区域的广府，而统管八县，实际上也自成一府。可见宋代的广州，实际上如同明清时期一样，也自成一府，一般以广州一名表示，但社会上也简称为广府。这种情况显出“广府”一名的含义在宋代与唐代略有不同。

3. 明清时期广府与九府同列名

明朝在元朝地方设行中书省的框架上，加以调整，废除其简称行省一名，径称为省。全国分设十三省，一省设三司：布政使司、按察使司、都指挥使司，分管民政钱粮、刑法监察和军事。省下分设府、州、县。广东全省设十府：广州、肇庆、韶州、南雄、惠州、潮州、高州、雷州、廉州、琼州。广州府简称广府，从此正式作为行政区划而行用。社会上从方位将这十府分上下，称为“上四府，下四府”，居中间的就是广州府和肇庆府，这一格局在清代一直保持。不言而喻，当中广州府是首府，又是省会所在，经济最发达，积淀的历史文化丰富厚重，因而广府当地的特色也得以凸显，并向西、北部扩散，影响范围逐步扩展。特别是语言、生活习惯、饮食和艺术特点在粤中、粤西、粤北以至桂南、桂东地区至今仍见痕迹。

端砚的文化品质及其现代取向

在从传统走向现代的进程上，端砚如同其他有着深厚历史积淀的制品一样，也面对着如何取向的问题。定准取向，认清自我，从而作出准确的自我评价，这关系到命运与前途。而作为制品，质量是生命。因此，清楚地、正确地认识端砚在千百年历史长河中形成的品质，是当今端砚自我观照的关键所在。笔者试在端砚的自然属性基础上，对其文化品质进行分析界定，以供讨论。

砚虽然与纸、笔、墨同列“文房四宝”，但由于它具有其他三种物品所不及的质地和功能，因而在中国古代的文化界特别被看重，其中的精品更被人们当作宝物来鉴赏、珍藏。王羲之在《题卫夫人〈笔阵图〉后》说：“夫纸者阵地，笔者刀鞘也，墨者盔甲也，水砚者城也。”就书法比喻为作战而言，砚是城池，是核心，而纸只是阵地，笔、墨只不过是武器装备罢了。此前的汉魏之间，繁钦的《砚赞》说：“顾寻斯砚，乃生翰墨，自昔颉皇，传之罔极。”他的《砚颂》又说砚供“无穷之秘用”。同代的李尤的《砚铭》也说：“书契既造，砚墨乃陈，篇籍永垂，纪志功勋。”在古代的哲人、智者心中，墨锭必须通过砚台才能磨成墨水，笔必须饱蘸砚池中的墨水才能书写成字，作出图绘。砚台因而有无穷的妙用，使文明得以通过书籍和各种文字载体、图绘永垂万古。于是砚成了文明的渊薮。同时，由于制砚材料一直以石为主，比纸、笔、墨耐久，有“寿以世计”的天赋，与人们追求寿全的心理融通。因此，砚，特别是石砚，不但具有自然属性，有着自然物的品质，而且始终被赋予文化理念，具有文化品质。

在唐初就声名鹊起的端砚，其砚石具有特异的质地、纹理、色泽、性状，有着先天的珍奇性，拥有供人们在精神世界里畅泳的丰富多彩的形貌、仪态和征候。来之不易的端溪璞石，经过能工巧匠精雕细琢，原有的特征更为突出，更为彰显，从而衍生出比一般石质的砚台更为厚重的文化品质，产生更大的附加值，提升至更高的品位。紫端、绿端、端样为代表的端砚，自从在中唐被定位为“人间重”之后，在诗文作品中一直被津津乐道，历经宋和清两个高潮，传承不绝。根据品质由因素构成的原理，对端砚的文化品质，笔者试从书法色彩、艺术性、文学色彩和哲理性进行分析。

一、书法色彩

砚台自然是为书法服务的，而且它的品质与书法也有直接的关系。一个优质的砚台，可以直接唤起人对书法的兴致，激发书法的构思。王羲之《题卫夫人〈笔阵图〉后》指出："夫欲书者，先于研墨凝神静思，预想字形大小，偃仰平直，振动令筋脉相连，意在笔前，然后作字。"研墨临池，凝神静思，已进入书法状态。砚台为此提供了凝神静思的时间、空间和触发点。这种富有中国文化特色的行为，如同中国文章、中国武术、中国画一样，讲求神思、运气，似乎抽象，实际上是行之有效的要领，上乘的书法都体现了这种规范。端砚中的精品，一般都显示出较为浓厚的书法色彩，体现上乘书法的规范。雕成砚唇（池唇），是为了供笔蘸墨水后，调整笔锋使用。石渠砚有水槽，黑白砚分设盛水和盛墨两池，都是为了方便书法运作而设置的。《钦定西清砚谱》所载兰亭砚、洛书砚、龙珠砚等与文字、书法有关的砚式，造型、意蕴都有着激发书法热情的成分。这种物性、器用在端砚上的辩证统一，是一种可贵的品质，必须传承下去。如果失去书法色彩，没有体现书写、描绘的使命感，尽管精雕细琢，也只能当作一般石雕，不足以成为端砚。

二、艺术性

作为工艺品，艺术性是命脉。端砚精品兼具自然美和工艺美，有着浓厚的艺术性，这种特性如同文学色彩一样，在初唐已有鲜明显现。在丰富多彩的纹色和石眼中，青花、蕉叶白、鱼脑冻、火捺、金线、银线、鸲鹆眼、活眼等，以其天生丽质呈现自然美。再经"掩疵显美，去俗求雅"的精心设计和雕琢，呈现出工艺美，一个个端砚精品由此流向社会。从所能见到的记载和传世实物中，在题材上，瑞兽灵禽、虫鱼介壳、日月星辰、云霞雨雾、山水园林、鲜花佳果，应有尽有。在布置上，砚的面、底、侧、盖或其他部位，都会雕刻出图像、画面。在雕琢方式上，有雕像、浮雕、假山等。在造型上，有圆形、椭圆形、方形；有平面、立体；有物种原型、局部型、特征型等。千变万化，不一而足。清代朱彝尊保有一个雕着本人肖像的端石砚，以得"审厥像，授孙子。千秋名，身后事"。1949 年至今，端砚制作更是推陈出新，涌现了一批形象生动、造型优美、技艺精湛、洋溢着浓郁的艺术情调的精品。这表明端砚传承了优良的文化品质，延续了它坚韧的品质。

三、文学色彩

在砚体上镌刻文字，包括铭、题记、题诗等文学体裁，加上在砚体外另行写作的铭、诗、文、赋、颂、赞等文学体裁，也是异彩纷呈的，其中又以端砚居多。历代的端砚精品，一般都加刻文字。现见有一千三百多年时日的褚遂良端溪石渠砚，体上就镌着自作的二十九字铭。此后皇帝、国君、重臣、名将、名家，以及诸多端砚精品收藏者，为此而刻铭题记，作诗撰文。由于大都出自作者的真情实感，因而其中有情味隽永的佳作。唐宋名家的作品已流布较广，陆续发掘的历代作品又值得重视。例如清代纪昀的《题端石琴砚》："无弦琴，不在音。仿琢砚，置墨林。浸大清，练余心。"紧扣石琴无弦，无弦不成音而抒发感情，意趣盎然。他另一首《蟠桃端砚铭》（一作《端砚铭》）："曼倩三窃王母桃，堕而化石沉波涛。水舂沙蚀坚不销，圭角偶露惊舟鲛。漉以琢砚登书巢，尚有灵液濡霜毫。"将蟠桃砚璞想象为西王母专有的蟠桃的化身，虽经水冲沙蚀而坚硬不减。涤除积垢，琢而成砚，蕴含的灵液依然润泽佳笔，挥洒成经纶。这里名为铭，是就铸刻来说，实际上这是一首诗。曼倩是历史名人东方朔的字。历史小说《汉武帝内传》写到神异女性西王母降临汉宫，汉武帝热情接待，侍从官东方朔偷窃西王母带来的长生果蟠桃落空。这里短短四句，意境高远，情味深长。不少文人都会结合端砚精品上的奇象异彩，因材加铭题诗，虽属只言片语，却高度警策。清代曹溶在一个"有眼砚"上刻铭："不信穷途知己在？一双鸲鹆眼长青。""哭穷途"和"青白眼"都是魏晋间阮籍的故事。他尊重或喜爱对方时现青眼，其实是正视，即自然地表态；对庸俗的士人则作白眼，表示厌恶。端砚中的鸲鹆眼本来是天然的，但在这里化作文化意象。"长青"表示鸲鹆是友善的，堪作知己，又以反诘的方式否定对"穷途知己在"这一成说的不相信，这是否定之否定，作出肯定的判断，这样就借善良的鸲鹆眼长青，表示坚信知己长在，即使面临穷途也不变心。这种砚象与砚文互相生发、相得益彰的原理，与"诗中有画，画中有诗"是相通的。可见端砚的文学价值确实有着广阔的发掘空间。

四、哲理性

上述李尤《砚铭》引相传为吕尚即姜太公撰的《太公金匮·砚之书》说："石墨相著而黑，邪心谗言，无得污白。"这已赋予了砚白与黑、正与邪、忠言与谗言的对立理念。晋代傅玄《砚赋》更指出，砚"含冲德之清玄"。"冲"也是清的意思，“玄”即“元”，指道理、原理。“含冲德之清玄”是说，自然界和人类社会种种清正的德行和清纯的原理，都从砚中产生或显现。“元”“道”“德”“理”和与砚石的生成有关的天地、阴阳、五行、象、仪、气等概念，在易学、道家、儒学中都有使用，禅学中也有相通的说法。可见砚的哲理性是早已定位的。端砚的自然品质珍异，更具有哲理的潜质，特别具有用哲理阐释的空间。混沌而生，云护水育，钟灵毓秀成特异的形、象、色、声、重、性，足以引发无边的联想、层出不穷的感悟。尽管在岩石学中有科学的解释，但不能完全摒除哲理的体认。事实上古人对端砚的哲理阐释，除了一部分谬误明显，必须抛弃之外，一般都具有或多或少的价值。岳飞的《端砚铭》：“持坚，守白，不磷，不缁。”就坚和白两种性状升华为人们立身和操守必须坚强、刚正、清白、贞洁、不贬损、不玷污的信条。原物存世的明代曹学佺的《凌云竹节端砚铭》以“竹本固以树德，竹性真以立身，竹心空以体道，竹节贞以立志”的理念写意，类比这个别致的端砚“以不可少之物，而貌不可无之象，趣孰甚焉”。清代陈介亭就端石八德砚作铭，标举八种德行，指出：“具此八德，质已迈常，信为古今之瑰宝，可遇而不可求者也。”当然，端砚究竟有多少种德，八德具体所指是哪些，则见仁见智，各人意见难能齐同。但不管怎样，品评端砚的德行，最终是为了引申到人类社会，作出哲理体认，这是一致的，都在策励人们观物鉴人，反求诸己，自省、自勉，正视端砚，自我观照。这种富有价值的哲理性，在古代已发挥过积极作用，今天应当继承和发扬。

端砚的文化品质是厚重的、可贵的，是赖以保有高品位、高价值的主要因素，在从传统走向现代的进程上，不应受到削弱或贬损。当代出现的科学与文化融通的趋势，要求端砚的文化含量只能增加而不能缩减。同时高科技时代又要求文化产出要运用先进的科学知识和技术，开拓创新，以适应社会发展的需要。目前工艺美术已吸收工业设计、工程设计的原理，新兴美术设计专业，运用电脑来操作设计。因而端砚的生产也应讲求美术设计，运用美术、雕塑、书法、文学、历史、哲学、心理学、岩石学等学科的理论、知识和技术，提升文化品质，产出适应时代要求的精品。只要与时俱进，跟上新时代的步伐，端砚就能向更高的品位攀升。

对砚艺哲理性及其实践的思考

砚台艺术在中国传统文化中曾经肩负着高尚的使命，积淀了丰富的文明成果，成为文献、文学、艺术等多方面均分量厚重的一部分遗产。但是人们对它的认识一直仅偏重于鉴赏、收藏层面，还没有构建起清晰、有序的基础理论。因而关于它的哲学和美学两方面的成分、性质、价值、因素的论列，尽管有着为数可观的实例记载，但是大多数都属于经验思维，属于意识层面的显现。而这许多丰富的实例又处于分散的状态，以格言、要言的方式表达，缺乏统一、严整的论说。尽管如此，经过梳理，我们仍然可以从中寻绎出哲理和审美经验。笔者为此提出粗浅的思考。

一、中国历史上对艺术和美的哲学审视

砚艺是艺术的一个门类。按照中国传统的艺术观，凡是形象的出现都是事物变化发展的显示。《周易·系辞上》说："是故易者，象也；象也者，像也。"其中的"象"指用卦、爻等符号表示的象征，"像"指形象，即万物的具体图像。可见在中国原初的自然观、世界观之中，凡是形象都纳入哲理范畴。而从中国传统的审美意识来说，美与真、善、象、意、言、理、法等概念又相互联系。《庄子·知北游》说："天地有大美而不言，四时有明法而不议，万物有成理而不说。圣人者，原天地之美而达万物之理。"就是说客观世界全部的美，都与万事万物的规律和法则相沟通，尽管天地、万物、四时没有言说、议论，但人类中掌握天地、万物、四时的根本规律和法则的神圣哲人可以将其用人类的语言、文字表示出来。中国古代关于艺术和美学与哲学范畴之间的相互关系的认识在魏晋时期已经逐步明确。唐宋以后在艺术领域的绘画、书法等方面陆续总结。研究出众多的观点和理论。20 世纪 50 年代开始，学术界对中国画的传统特别开展了绘画观、审美意识和审美趣味等论题的讨论，已梳理出"促使中国绘画艺术长期发展的基本思想，可以说就是中国画的灵魂，其中最核心的范畴就是'形与神''意

与象’‘气与韵’‘理与法’”①。

砚艺尽管与中国画有别，但它毕竟属于手工艺美术，砚石本身经过雕刻之后，出现物象、图画，在特征、艺术表现和艺术处理上与中国画相近。因而中国画的基本思想，值得砚艺研究者参照。

但是近一二十年出现的砚文化著述和研讨中，难见哲理性的论题。实际上在砚史中，唐以后的各个时期，都涌现出了很多显示哲理性的砚品。当中不乏哲理深刻、发人深省的警策言论。现在借举行研讨会的机会，试作粗浅的论述。

二、前代砚艺哲理性的具体显示

砚体不同，其哲理显示的途径、方式和具体的哲理也不相同，现在只能混合空间时间的区划，作简单的分类。

（1）泛称的砚，这里指不作任何区分的砚整体，指历史早期除了功能部位以外，不加雕刻、装饰的实用型砚台。古人一般通过对砚的功能、使命、伟力的钦敬、尊崇，宣达哲学意识。相传是由周初吕尚即姜太公所撰的《太公金匮·砚之书》说：“石墨相著而黑，邪心谗口，无得污白。”申明砚台供研磨墨锭以调制墨汁，用来书写文字，传播文明和文化，但绝不容许邪恶的居心利用谗陷的言论来污损世间的清白、纯洁的事体。指出黑白无须分明，黑可以消白，但是该黑的应黑，该白的应白，不允许由不当的黑污染白。这一原初性的普通哲理，宣示了天人即大自然与人类社会会通的智慧启迪，具有普世的价值。进而到魏晋时期，就砚台而宣示的哲理开始具体化，更多地回归砚所载负的庄严厚重的文化使命，凸显政治和人伦哲理。晋傅玄的《砚赋》：“设上下之剖判，配法象乎二仪。木贵其能软，石美其润坚。加采漆之胶固，含冲德之清玄。”② 宣示砚的石质以“润坚”为美，由此得以使自然界和人类社会种种清正的德行与清纯的原理，从砚中散发、传播。肇庆阅江楼内陈列的一方长方形平板砚，盒外有题铭四句：“无池之砚，墨知其性，识通物妙，万象随性。”题主署彭泰来。这位清后期享有令誉的肇庆市鼎湖区出生的学者，就砚台中工艺最简单的平板砚而抒发哲理，说尽管简单到连砚池也没有，但是墨知它的品性，能够以意识沟通物品的奥秘机理，仍然通过墨汁的作用，将种种文化符号、艺术形象生发出来。“识通物妙，万象随性”这一哲理相当隽永。

① 张启亚. 中国画的灵魂［M］. 北京：文物出版社，1994：25.

② 徐坚，等. 初学记［M］. 北京：中华书局，1978：519.

（2）砚的天然品质，包括砚石的花纹、图像、形状、色泽、性状等所呈现的美感，以及经过人们思考后得出的哲理感知和认知。

①肇庆市阅江楼内陈列的一个方形平板砚上镌铭：“由损得益，可以学易。”这个方形砚，尽管外形方正，砚面大致保持平直，但是毕竟经过雕刻，原石板有所损耗，于是凸显了“损和益”的意蕴。恰巧《周易》第四十一、四十二两卦是《损》和《益》。损的爻象是说兑下坤上，其《象》说：“损，损下益上，其道上行。”益的爻象是震下巽上，其《象》说：“益，损上益下，民说无疆。自上下下，其道大光。”两卦都有损有益，都由损得益，只是受体不同而已。明白了损与益相互转化的道理，就打开了学易的大门，并且提升了品味砚艺的境界。

②肇庆市阅江楼内陈列的梧桐凤凰砚，上刻清代僧人惠儒的题铭：“紫石为奇砚，无痕妙处多，烦君收拾取，免被别人磨。”紫石作砚属于端砚的通式，有着优质名产的属性，但不一定每个紫砚都称得上奇砚。之所以被视为奇砚，除了因为有着凤凰栖梧桐这个祥瑞意象之外，还因为有着“无痕”和“妙处多”以及“磨”的特性。这方砚通体完整，确实没有裂痕，这本来是平常事，一般不会作提示。之所以加以提示，佛教有“妙处”和“磨”的概念，也有“恨”的概念而没有“痕”的术语。为了使“妙”“磨”“恨”联结成文，于是把“恨”异化成“痕”。在佛教语境中，“恨”由结怨、烦恼的精神作用所致，“结恨者，不能容忍，恒热恼也”。因而人们应该无恨。“妙”是梵语的意译，意思是无比，不可思议。妙处就是微妙的旨趣。“磨”在佛教词汇中作“磨灭”，磨也就处在灭的过程中，“免被别人磨”，也就是避免被磨灭。这三个字联结起来，就构成了完整的佛教哲理，从而在砚原有的自然属性之上，叠加了一层佛教哲理。

（3）经过加工、雕饰的砚艺品，具有比以上两类更为优越的条件。一是石材质地较好，由于经过挑选，优良的甚至顶尖的石材，特别是那些具有天然的、珍稀的石品、花纹、性状的石材，都被加以精心设计、精雕细刻。二是经过艺术设计和雕饰后，审美因素、哲理因素叠加，资源更为丰富，涌现出更多向往真、善、美，宣示湛深的哲理，力推文明进步的砚艺佳品。下面仅举几例。

①梅雀砚，肇庆市阅江楼陈列品，上雕梅树和停在枝上的雀，雀闭口平身。这个雀可能是鹊，以喜鸣出名，向来认为它的欢唱是在报喜。梅鹊又是在中国艺术品上常用的形象。题铭：“砚以静方寿，诗乃心之声。”古代认定文房四宝中砚最长寿，以世计，其他三宝远远比不上。这是事实，但得以长寿的真正原因显然并非因为静。铭中的“静”理应另有所指，是说梅枝上的雀这时处在安静状态，并没有鸣叫。如果真是鹊，那闭嘴不鸣更有寓意。一来在视觉上，砚与鸟雀都很安静；二来在听觉上，梅上雀也收了声，静默下来，使得境界更为静谧恬

然。《礼记·大学》说："知上而后有定，定而后能静，静而后能安，安而后能虑，虑而后能得。"唐孔颖达说："虑而后能得者，既能是虑，然后于是得宜也。"这里的"方寿"，与"诗乃心之声"对照理解，理应就是"于是得宜"的结果。这种哲理对人格培养很重要。

②白学斋砚（暂用名）同是肇庆市阅江楼陈列品。端溪老坑大西洞石材，色青苍而微带紫蓝，有鱼脑冻、火捺、银线等花纹、物象，雕工精细。罕见的是砚背雕了一圈图案，上方偏右绘祥云托日，偏左绘瀑布直泻，祥云之下似是灵鹤飞向劲松。松荫间绘一个老者神采奕奕，右手斜指前方，面前有一个少年屈膝挺身，右手摊掌擎起一个宝物，面向偏右，作微笑状，神态活泼，与老者的严肃庄重对比鲜明。砚身上不刻文字，但紫檀盒上正中刻金文"宋作公，曼中（仲）室用尊彝"。右上款为楷书"宋曼仲尊彝文"，左下款为楷书"白学斋珍藏"。"白学斋"是曹溶（1613—1685）的书斋。曹溶字秋岳，一字洁躬，号倦圃，别号是金陀老圃、白学先生。清顺治十三年（1656）任广东右布政使，期间研究端砚，著有《砚录》和其他书籍多种。宋公指春秋战国时期宋国的君主。"作"表示制作。按照周朝的制度，包括尊彝、鼎等在内的铜质礼器只有王室、贵族才有资格设坊制作。其他人只能通过赏赐、赠送才得以拥有。"室用"是铜器铭文的惯用语，表示必须真心作为传家宝物来使用。盒面这些题款，与现砚背的画面呼应，可以寻绎出"曼中用尊彝"就是画面意蕴的标示。老者抬手指引，少年擎宝受训，"子子孙孙，永保用之"的谆谆告诫，正阳祥云护卫、灵鹤苍松荫底，一派悠悠期盼、祥和永续的灵动氛围。砚与盒、画与文、古时与眼前，互为对照，交相叠合，烘托主体，强化附益，浑然形成一个意象丰满、哲理厚重的砚艺造型。

三、砚艺哲理性与美感

根据美学著述的论定，"美学范畴与艺术范畴往往是相通的"，"艺术哲学与美学是十分相近的两门学科"，"二者是一种内切圆和外切圆的关系，即艺术哲学内切于美学"。从使用的范畴来说，"形""象""气""韵""意""妙""虚""静"① 等，既属美学又属艺术哲学术语。尽管含义有区别，但是两者相生相通的机理是普遍的。就砚艺来说，哲理和美感同存一体的现象是相当普遍的。例

① 曹利华．中华传统美学体系探微［M］．修订本．北京：北京图书馆出版社，1999：253．

如，上述白学斋砚背的图案，天象、地景、翔鸟、飘云、老少授受，古朴之中略带繁缛，境界灵动而祥和。“室用尊彝”的点题，为全画显示意象丰满的厚重哲理。又如梅雀砚中，安静的状态由鸟姿的不动显现，平静的鸟象粘连砚台的稳重，从而表达出生命哲理“方寿”的愿景。

四、当代砚艺提振哲理性的途径

尽管哲理性已被认定是中国画及其相近的中国传统艺术的主轴，但是在当代的砚艺领域，哲理性的观念淡漠。砚台精品除了以本身的美术语言、美术符号作显示之外，少有文字作配合，从中显示哲理性的则更少。这种状态与科学地传承优良传统，提高文化自觉，增强文化自信的召唤不相适应。为了使砚业沿着科学发展的轨道稳步前进，有必要提振砚艺哲理性，开拓有效通达的途径。

（1）在载体上，恢复传统的配套文字作品，包括铭、记、题、书、署款、诗歌、文辞等，显现、提示、阐释、议论、吟咏其中的哲理和美感。近来已经陆续出现加上铭题的砚品，别开生面，可以吸引哲学、美学、文学等方面造诣较高的专家、学者参与其中，全力发掘，开拓进取。

（2）在理论上，制订美学和砚艺哲学的研究规划，研究机构拟订课题开展研究。

（3）在教育上，把砚艺哲理列入砚艺设计、制作、研修的内容，采取切实有效的办法，组织专业人员学习、进修。

（4）在实务上，对砚品的选拔、评比要重视哲理性和美感的考量，把两者列作考评条件。

五、结语

前代砚艺中蕴含的睿智、湛深的哲理，与设计、雕刻、装饰、融合成为统一的砚台艺术品，这是深具中国特质、特色的工艺美术品，其中的哲理性显示却长期缺位，而这势必影响到传承优良传统的全面性，因而重构砚艺、提振哲理性显得必需而迫切。但是当今的客观环境比较复杂，而美学和艺术哲学本身就是深奥的学问，加上中国传统的美学体系、艺术哲学体系繁复，语词艰深，理解困难，也必须清醒地正视这些问题。砚业经过几十年的发展，已经具备进一步发展的条件。只要遵循科学发展的指引，实事求是，量力而行，分清长远目标、中期要求和短期任务，逐步争取、开拓进取的目的总能实现。

参考文献

[1] 王弼，楼宇烈. 老子道德经注校释 [M]. 北京：中华书局，2008.
[2] 王先谦. 庄子集解 [M] //诸子集成：第三册. 北京：中华书局，1978.
[3] 刘永济. 文心雕龙校释 [M]. 北京：中华书局，2007.
[4] 张少集. 文赋集释 [M]. 北京：人民文学出版社，2002.
[5] 张彦远. 历代名画记 [M]. 上海：上海人民美术出版社，1964.
[6] 彭富春. 哲学美学导论 [M]. 北京：人民出版社，2005.
[7] 笠原仲二. 古代中国人的美意识 [M]. 魏常海，译. 北京：北京大学出版社，1987.
[8] 蔡鸿茹. 中华古砚 100 讲 [M]. 天津：百花文艺出版社，2007.
[9] 孙建. 纪晓岚的老师们：纪晓岚砚铭详注 [M]. 北京：现代教育出版社，2010.

端样：最早著录的砚种制式

在砚史的早期文献中，不时会出现“端样”一词。它究竟是什么呢？它的定型标志着什么呢？它产生了哪些影响？这些问题，在端砚研究中似乎还不见有公开的解读。要真正作出透彻的说明，一时可能难以达成。但是简略、初步的述说，在宋代米芾的《砚史》、高似孙的《砚笺》这些名家名著中就有详略不等的记载。特别是在经常与端砚相提并论的歙砚的相关历史文献中，对“端样”的标示和说明反而更鲜明，值得重视。

宋代“称说歙砚者凡三家”，即《歙州砚谱》《歙砚说》和《辨歙石说》，前两书都说及“端样”。其中《歙州砚谱》在《名状》中开列“样制古雅者”40种，为首者就是端样，只是不加说明。《歙砚说》在书末对端样专门作了一段论述，是这方面难得一见的文献。

> 砚之形制不一，古人有以蚌为之者，取其适用而已。旧有古端样，并世传晋右军将军王逸少端样，皆外方内若峻坂然，使墨下入水中，至写字时更不费研磨之工，今之端样，盖其遗法也。

这里不但提及了端样，而且细分为古端样、王羲之端样和今端样，并扼要地指出端样的特征，以及与之相关的功能、作用，又从中加以评点。其中的“外方内若峻坂然”，即砚体外形是方的，其内凿雕成像陡坡那样，这可以视为端样的核心特征。高似孙《砚笺·制法》加以引用时，就撷取了这一要领：“右军端样外方内峻坂，墨下入水中，不费研磨。”面世比它更早的米芾《砚史》，所说的歙砚“好为端样，以平直斗样为贵”的“平直斗样”，说法虽然不一样，但深究其功能的设计依据，实际上原理相同。因为“平直斗样”与书中多次说及的端样有臼形部位都是用来研墨贮汁的，“内若峻坂然”也是设置凹陷的空间来起相同的作用，只是造型有差别，命名随之不同而已。端样这一性能在与其他砚式的对比中高下分明，对此《歙砚说》语含感慨地指出：“或有为砚板、砚镜之类，微坳其首而已，或直用平石一片，别以器盛水，旋滴入研墨，以此知今人不如古人书字之多耳。”作者认定宋代以前盛行的有着“若峻坂然”、臼形、平直斗样构造的古端样盛贮墨汁较多，能提供更多的墨汁用来写字，比只用平石一片研墨取汁，甚至比在砚首凿有微凹槽的砚板、砚镜之类的砚台更能满足写字的需要，并从中推知在写字的频率上，宋代人不及晋至唐的人高。

上述称说端样的歙砚三家书的重要内容已由《古今图书集成·理学汇编·字学典》摘引，《四库全书》更全文收录并加提示，近代广东顺德籍、长期在上海从事著述并开展文化活动的名家邓实编辑的巨册“中国古代美术史丛书”也以不同的版本辑入，表明已经过历代权威的认定。它们的作者、校订者、题跋者、刻印者也都是学术界的重要人物。其中《歙砚说》和《辨歙石说》在“中国古代美术史丛书”的目录上虽然署“阙名”，但印出全书时先出示《四库提要》。而《四库提要》认定歙砚三家书都由洪适刻印，其弟洪迈又为《歙州砚谱》题跋。洪家两兄弟既是达官又是学术大家。洪适曾任翰林学士、宰相，特长于金石文字，编有《隶释》《隶续》。洪迈也曾任国史馆编修、翰林学士、端明殿学士，论述丰富，学识博洽，所著的《容斋随笔》《夷坚志》内容相当丰富。洪家两兄弟推介歙砚三家书，对当中的端样的认定自有其严肃的审视。对端样的标举，对古端样、王羲之端样、今端样的细分，不但显示了端砚自身的演进，而且折射出端砚与其他砚种之间存在的相互影响。而王羲之端样又提示端砚曾经牵涉王羲之，为端砚史提供了佐证。这些都非常值得进一步考量和研究。

阅江楼康熙“御书碑”的书法和文献价值

清代前期的官场高层，一度流行树立“御书碑”，把皇帝赏赐给自己的手书文本勒石制碑，赫然耸立在驻地的学校、书院或特设的碑亭、碑楼之内，以显示所谓“天章灿烂”“圣训煌煌”，不但使树碑者和各级臣工时刻“仰睹圣训”，而且使所谓“殊恩异数”“圣书法宝”也由士民人等一同仰睹。这在帝制时代，实在是头等隆恩殊荣。难得的是，肇庆一城也拥有20方“御书碑”，集中在阅江楼和端溪书院（今肇庆中学旧校区）两处。据清道光年间两广总督阮元主修的《广东通志・金石略》所载，广东省内有清帝手书勒石的“御书碑”25方，除广州4方、惠州1方外，其余都落在肇庆，占总数的4/5，而且肇庆的“御书碑”，不像一般“宸翰”那样是冷峻严肃的训诰教条的记录，而是以书法为载体的文艺作品，富有艺术情味，有着持久的可读性。加上内涵丰富，包罗宽广，层面复沓，具有书法、文学、历史、文献诸方面的重大价值，在今天有必要加以充分、深刻的认识。

这20道“御书”，均为康熙帝手书，由受赐者郭世隆、赵宏灿、杨琳和马尔泰任两广总督时，在驻地肇庆勒石树碑。郭世隆所立的6方在阅江楼，其中“含漱金醴吞玉英”1方已佚失，现存5方。赵、杨、马三人所立的“御书碑”共14方，在端溪书院，碑已不存，但有记录。康熙手书的时段从康熙二十三年至康熙五十六年（1684—1717），树碑的时段从康熙四十五年至乾隆四年（1706—1739），跨越康熙、雍正、乾隆三朝，经过四五十年的历程，对这期间的重大国政、官员升迁、文教举措等多有涉及。这些都是因为四名大员连同郭世隆的儿子郭朝祯、郭朝祚这两位受青睐的要员，其家世、经历、政治背景都与康熙帝有着特殊的关系。而肇庆之所以拥有“御书”，是因为从明嘉靖四十二年到清乾隆十一年（1563—1746）大部分时间内肇庆是两广总督的驻地，得了树碑的地利，从而有此遗物。

阅江楼现存的5方碑各有主体。第一方是康熙帝自题“端方”大字和他临米芾行书《净名斋记》，端方是庄重正直的意思。第二方是他临董其昌行书“御沟风细水生波”诗和唐人诗句。第三方是草书扇面4幅，包括康熙自作《班师之作》（即“凯旋诗扇”）、“溪上遥闻精舍钟”诗、“千叶莲池夜闻雨滴之声”诗和唐人律诗1首。第四方是康熙楷书“岳牧之任”大字。岳牧，泛指封疆大吏，岳牧之任是说肩负封疆大吏的职责。第五方是临米芾行书《阊门舟中戏作》。

这5方碑的内容不但集合了历史上几位名家的书法佳作，而且蕴藏着唐宋名家的遗诗、遗文。第一方的《净名斋记》和第五方的《阊门舟中戏作》，既不见载于米芾本人的《宝晋英光集》，又不见于清代以来的《三希堂法帖》《续刻三希堂法帖》和《丛帖目》这些权威的书帖集和帖目集，因而可视为米芾的遗文、遗诗、遗帖。而且分析起来，这一文一诗，都饶有情味，堪称佳作。

《净名斋记》着力从位置、环境、形势等多方面描述、渲染名为“净名”的自建书斋“得山川之美而甲天下之秀”的特点，从而抒发于此“净名”、陶然终老的情怀。全文的框架是散体，但铺排了长段的四字句，带有浓重的赋文韵味。《宋史·米芾传》和当代的书画史都称米芾“为文净奇险，不蹈袭前人轨辙”。从《净名斋记》可以印证他散文的创造性和鲜明的风格。文中明说净名斋在丹徒县北固山麓，靠近京口。北固山、京口在文籍上常见，与苏州阊门山不同。一些介绍的文章说净名斋在阊门山，这是不确切的，有必要澄清。

《阊门舟中戏作》描写在苏州阊门山江面行船时，风浪骤起，雨乘风势，船迎逆风，忙乱须臾之后，风定流顺，竟然身在满天星斗之中，宛如乘着仙舟驶向月宫那样轻快、飘逸。全诗引入萧散闲适的意境。诗中把“咫尺”写成“只尺”，把“孟津”写成“盟津”。不知是不是出于“戏作”。记述米蒂的性格、行为的文籍说他“所为谲异，时有可传笑者”，在此诗中就可以领略到“米癫”“米痴”的特质。不过康熙帝显然并没有计较米芾的奇异，而是与之相通、共鸣，在同一江面上乘同类运输工具，回归原书帖的意境。

第二方碑上刻诗：“家在洞水西，身作兰渚客。天尽无纤云，独坐空江碧。”只注明是“唐句”，并没有标明作者和题目。经查核，这是唐代诗人张籍的《兰渚泊》。此诗不见载于《张司业集》和《全唐诗》，只见载于明代赵宧光、黄习远编定的《万首唐人绝句》。兰渚在浙江绍兴，当年王羲之在此曲水赋诗，因而成为名胜。康熙帝追踪张籍的吟咏，上通一千三百多年前王羲之的诗书灵感，耐人寻味。而近年由书目文献出版社出版、刘卓英校点的《万首唐人绝句》，“天尽”作“天昼”，两者比较下，显然以此“御书碑”文字为正。

原在端溪书院的14方碑中，除了康熙自作自书的诗、铭、楹联、题字以外，还有临米芾、赵孟頫、董其昌三家书法的成品，值得珍视。临董其昌行书《天马赋》，折射出康熙对董其昌书法的“独钟”。《天马赋》本是米芾原作、原书，《三希堂法帖》有载，但并不载董其昌的同题、同文的书品。因而可知董其昌的《天马赋》书品其实是临米芾的，或是依文而另行创作的。康熙帝不临米芾原作，却以临董其昌之作为赏赐物，表明他在两者之中偏爱董其昌，从而印证了近代面世的书法史和康熙研究文籍所研判的“独钟其昌”的说法。

纵观这20方碑，其内涵之丰富、层次之高、亮点之多，难以一一细述。仅从粗浅的观察和分析，可得出几点认识：

（1）肇庆的“御书碑”相当集中，分量厚重，形成了景观文物展示的坚实基础。

（2）这些碑上的文字不同于一般碑文，是多成分、多层面、多视角的言辞复合体，蕴藏着可观的历史文化信息。

（3）碑上的文学作品大都是名家所作，经过鉴赏后进行推介，因而具有较强的可读性，足以吸引一定的看客。

（4）碑上的书法展现了“二王”（王羲之、王献之）流派中米芾—赵孟頫—董其昌一脉的风貌，也体现了康熙帝在这一流派中独钟董其昌的事实，因而提供了一处观摩书法，特别是研习“二王”流派米、赵、董一脉书法的实物园地，可供后世进行专题参观。

（5）载有米芾的遗诗、遗文、遗帖，失录的张籍的诗，董其昌别书的《天马斌》，表明这些“御书碑”有着重大的文献价值，可在有关的专史、别集、断代全集等的编辑、辑佚、校勘上充当依据。赐予郭世隆的碑记和赵宏灿、杨琳、马尔泰的题记，可补《清史稿》《清史列传》中各人传记的不足。至于康熙帝的言论、作品、行动、态度，更可为研究、评价这个重要的历史人物提供一些资料。

（6）“御书”来源于康熙的赏赐，受赐者明确，因而具有专属性质，别无复本。虽然不能肯定碑上的刻文都是各自的孤本，但是专属性很高已是事实。学术界公认米芾失录的作品不少，他的遗诗、遗文、遗帖出现在“御书碑”上正是佐证。《三希堂法帖》卷四共录董其昌12帖，不但没有《天马赋》，连康熙曾临摹的《含漱金醴吞玉英》诗帖、《新林二月》诗帖也不见。根据这种趋势推断，碑上的其他文字中也可能还有失录的作品，今后有必要深入发掘，开展研究加以诠释，揭示积极的成分，为博物馆、旅游活动增添品位高雅的景观，为学术研究展示直观的遗存实物。

得地利人和，肇庆集合了一批“御书碑”，“御书碑”积淀成历史文化的亮点。在历史文化名城和花园式旅游城市的建设上，理应充分发挥其独特的作用。

存世两百多年的两广总督肇庆衙门

明清时代设在肇庆的两广总督衙门，在万历初经过连年着力扩建、增建，于万历八年（1580）四月落成，总督刘尧诲敦请前浙江提学副使、“岭东才子”林大春撰作碑记，盛赞“高耸深闳，宏敞壮丽”。事实上这座衙门不但壮观，而且在绩效和建筑史上也有显著特色。

一、最早的联省总督

在中国的帝制时代，中央政权以下，全国各地分级划分为州、郡、路、府、县，名称和序次各代不尽相同，都设置治所，授官治理。元朝对区划和政府体制进行变革，在地方设立行中书省，简称行省，意思是总理全国政务的中央中书省在地方上一省范围内实施治理。行省之下设路、府、州、县。当时全国设10个行省和中书省直辖的“腹里”。明朝起初沿用元朝行省一名，后来隐去“行”，径称为省，全国设13个，其中有广东和广西。省设承宣布政使、提刑按察使和都指挥使三司，同是省的统治机构，其上并无统管。加上邻省之间地域连接，一旦发生事变，如果省跟省之间仍然各自为政，各扫门前雪，势必无法平治。因此，永乐年间开始派出高级朝官巡抚各省，事毕回朝复命。其中广东、广西都曾派驻过巡抚。正统年间（1436—1449），广东珠江三角洲爆发了以黄萧养为首的农民起义，广西的瑶、僮等少数民族受云南、贵州各族人民大起义的波及，也于正统七年（1442）由侯大苟等领导举行起义，声势浩大，控制了大藤峡地区，“军烽遍及两广各州郡”，官军失利。失利的原因之一是起义队伍在粤桂两省间游动，以省划界的征剿难以奏效。为着两广“宜协济应援”，在景泰三年（1452）七月任命太子太保、都察院左都御史王翱“总督两广军务”，这是最早的联省军政统管的总督。不过当时还没设定常驻的治所，13年后的成化元年（1465），军情紧急，朝廷调兵遣将大进军，曾任凤阳等处的总督王竑力荐“韩雍才气无双，平贼非雍不可”，因而任命韩雍为总督，并在梧州设立衙门常驻。至此两广总督正式建制。

尽管《明史·职官二·都察院》载“总督凤阳等处”在前一年的景泰二年（1451）任命王竑为总督兼巡抚，此辖区以“朱皇帝”的故乡凤阳府冠名，属于南直隶，并非行省，也非省以上区域，所任命的总督、巡抚也没有提督军务，不是军政统管。因而当代的中国历史书、工具书解说明清时期的总督制，都以两广总督的设置为最早。韩雍在军务中不时到肇庆停留。成化二年（1466）、四年（1468）两次游览七星岩，成化四年那次于璇玑台前左壁题长诗一首，盛赞此“精华巧融结”的胜境，“乃知化工神，难与俗儒说。丹青笔虽巧，谁能写奇绝”。又选购端砚寄送京城的兵部尚书白圭，连同赠诗一首：“买得端溪砚一方，献归司马助文房。挥毫濡墨细思处，多少仁恩覆大荒。”把自己实施的军事行动与身为兵部尚书的朝廷使命融合在一起，尽管华彩内敛，但理趣高度凝练。

二、持续时间最长的总督衙门

成化元年确定总督治所常设于梧州，肇庆和广州分设行台。经历明朝及其残存的南明，到清朝顺治以后，除名号、本职和兼职等个别事体、事项略有变动之外，其余大体上保持不变，这也是两广总督一职突出的特点。其中衙门设在肇庆究竟有多少年，答案取决于计算范围和计法。据《（道光）肇庆府志·建置廨署》附录的《重建肇庆总督行台并续题名碑记》，明嘉靖四十三年（1564），总督吴桂芳从梧州移驻肇庆，以原有的总督行台作总督衙门，到清乾隆十一年（1746），总督策楞从肇庆移驻广州，以广州的行台作为总督衙门，肇庆的衙门作为行台。这样的起讫时间为 182 年。但是这计法不计嘉靖四十三年前肇庆已设有行台，总督不时停驻的时间。据上述《（道光）肇庆府志·建置廨署》的“两广总督部院署”这个目，所在的元廉访司旧址，于嘉靖十五年（1536）改作“抚按行台”。它在同书的其他篇目中又作“督府行台”或“督抚行台”，都是指两广总督肇庆行台，也就是两广总督从梧州衙门外出在肇庆停驻的衙门，包括嘉靖十五年改建的行台和嘉靖四十三年梧州移到肇庆建制的衙门。甚至包括嘉靖十四年（1535）以前“旌节往来，或半年驻肇庆”“先朝以来，先辈督抚诸公往往以夏月移镇端州，名曰避暑”的时间。可见嘉靖十五年推至嘉靖四十二年（1563）的 27 年，甚至上溯到正统元年（1436）至景泰三年（1452）近 100 年内，仍有一部分时间在肇庆停驻。

三、建筑整体“高耸深闳，宏敞壮丽”

两广总督衙门经过明清两代的兴建、增建、改建和修建而逐步完善。嘉靖十五年定为行台的时候，为适应公务需要，就已先建三司厅、把总厅、赏功所。嘉靖四十三年开始常驻，总督为衙门的建制而着力经营。万历年间更几经改建、增建。万历五年（1577）时总督凌云翼建堂、楼、门、厅、局、所，八年时总督刘尧诲又重建正堂、廊房和内署，并且为落成大事铺张：“会集大寮烹牛羊，旌旗闪闪罗干将。”曾任浙江提学副使的林大春作记盛赞其“高耸深闳，宏敞壮丽，巍然为一方巨镇”的雄姿。其后直至崇祯十二年（1639）仍在改建。进入清代之初的康熙八年（1669）、康熙九年（1670），周有德、金光祖两总督一个改建，另一个接着重修。乾隆十一年（1746）总督衙门移驻广州，但对肇庆原有的衙门并没有放弃，仍然尽量保护，乾隆三十三年（1768）、三十四年（1769）分别进行局部修葺。只是到了嘉庆十八年（1813），总督蒋攸铦不再修葺，但收拾倒塌现场，登记造册，并筑墙围蔽，出告示“不许兵民人等擅入”。过了10年到道光初，著名学术大家阮元任总督，分别检阅水师和陆师，于道光三年（1823）四月到肇庆检阅八营驻军。因没有适宜驻所，只得把帅旗树在阅江楼。为了恢复“百粤控东西，兵力重此郡”的节镇衙门的威严气度，在两年后对已败坏的楼堂大院大加修造，新建东西辕门，仪门一进，屏门一进，正中是演武厅，上悬“御赐”福寿字匾额，并对新厅后方那棵数百年的老枫树题书“大树行台”，作为与老树同龄的总督行台的历史见证。阮元这种挽颓危于既倒、恢复珍贵建筑的用心在今天仍有启发作用。

反袁护国的司令部和军务院 闪耀着肇庆的历史亮光

轰轰烈烈的辛亥革命推翻了持续两千多年的帝制，在风云际会中，袁世凯借着即将倾倒的清室接受“重用汉大臣之有学问阅历者”的权谋，从停职中复出，登上内阁总理大臣宝座，作为清室与中华民国临时政府南北议和的代表，又在清帝退位诏书中窜入“即由袁世凯以全权组织临时共和政府”一句，成功被推举为中华民国临时大总统。在两三年内，废除《中华民国临时约法》，炮制于己有利的《中华民国约法》，借总统之职复辟帝制。经过一番活动之后，袁世凯在1915年12月中旬正式登上帝位，领受百官朝贺，宣布民国五年（1916）为洪宪元年。

就在袁世凯紧锣密鼓筹备登基大典的时候，一场反袁护国的起义经过多时密谋、多方联络，已达到一引即爆的地步。1914年12月25日，从北京潜往日本、取道越南、抵达昆明的蔡锷宣布云南独立，就在袁世凯建元的“洪宪元年”1月1日，即民国五年元旦，云南昆明的唐继尧、蔡锷、李烈钧联名发表讨袁檄文，历数袁世凯“叛国称帝”等二十条罪状，宣布要约五条。同日中华民国护国军政府在昆明正式成立，唐继尧任军政府都督。军政府编组护国军三个军。其中第一军以蔡锷为总司令，出兵四川转武汉；第二军以李烈钧为总司令，取道桂粤，北上湘赣，到武汉会师。第一军率先进军四川，遇到袁世凯部署的三路兵马的堵截、袭击，双方反复拉锯。第二军挺进到滇桂边区，也与奉袁世凯之命，由龙济光之兄龙觐光率领的广东陆军第一师展开战斗。经过九个昼夜的浴血奋战，第二军把两倍于己的龙军全歼，全部缴械。不久后的3月1日，广西宣布独立，“联合云贵声罪致讨”袁世凯，迫使龙觐光请求停战。于是护国军第二军得以横越广西，挺进广东。三周后的3月22日，袁世凯取消帝位，但是仍称大总统，企图保位过关，引起迫使他完全退位的抗争。

5月1日，护国军都司令部在肇庆成立，5月8日，再宣告成立护国军军务院，从而开辟了反袁护国的新政治舞台。护国军都司令部起初只冠两广，随着滇、贵、浙先后加入，实有四五省，加上已独立的湖南、陕西准备加入，因而不再冠省数。其中“都”字也就是“总”的意思。至于军务院，按军务院第一、二号布告和组织条例，“大总统不能亲临军务院所在地时，一切军政、民政对内对外事宜，以军务院名义行之”。总而言之，“指挥全国军事，筹办善后庶政”。都司令部由岑春煊任都司令，梁启超任都参谋，李根源任副都参谋。其下设秘书厅，由章士钊任秘书长；其余厅局，由温宗尧任外交局长，杨永泰任财政厅长。军务院由唐继尧任抚军长，岑春煊任副抚军长，因唐继尧远在昆明，实由岑春煊执行。陆荣廷、刘显世、吕公望、龙济光、陈炳焜、梁启超、蔡锷、李烈钧等独立省都督、主将、头领为抚军共 10 人（人数随着省份宣告独立而增加），梁启超任政务委员长，委员长下设政务委员，分管外交、财政、法制等。

这两个机构的成立，标志着肇庆不但成为全国护国运动策划、指挥的中心，而且是多省政府甚至可以说是全国性政府所在地。一些外国报纸甚至称之为南方政府，认为其与北京政府分庭抗礼。在这种形势下，肇庆成为全国甚至国际注目的焦点。日本、意大利和欧洲其他国家驻广州的外交人员纷纷到肇庆访问。上海《申报》、天津《大公报》，北京新面世的由李大钊主编的《晨钟报》逐日加以报道。日本的东方通讯社、国民新闻社、《朝日新闻》有记者或访员进行采访。当时肇庆城内外，军政衙门、机关单位林立，商业、服务业应运增加和扩张，以致人口陡增，市面繁盛。《申报》报道称：“各独立省份代表人云集，各方面军政要人联翩而至，羽檄纷驰，电音四出，遂一跃而为政治中心。”“商贾、小贩、轿夫、舟子多自广州、梧州二地来集，一平平无奇之府城，不出一月而闾阎喧阗，肩摩毂击，一脱乡镇之风。说者谓二百年前之肇城为两广总督驻扎地时，殷繁之度亦远不及焉。”当时肇庆的确出现空前的繁荣，不但成为政治中心，“有志之士欲乘时飞跃者”纷至沓来投效结交，而且商机诱人，牟利者闻风涌至；加上驻屯军队骤增三四万人，因而“客栈、旅馆、寺观、祠堂皆为之满”。这是历史文化名城肇庆在近代史上曾经闪耀的一段亮光。

护国军都司令部和护国军军务院（以下两者统称护国军部院）在肇庆成立，具有重要的历史意义。首先是袁世凯政治生命的完结。护国军部院的成立，使护国运动的声威骤然振奋。护国军部院成立的次日即 5 月 9 日，陕南镇守使陈树藩宣布陕西独立，自任陕西护国军总司令，同时就任陕西都督。下旬，袁世凯的两个心腹陈宧和汤芗铭，分别在 22 日和 29 日，宣布所管辖的四川省和湖南省独立，改称都督。未独立省份中的县区或其他区域，也有宣布独立或组织护国军起义的，反袁、讨袁的风潮波及东北大地。特别是中华革命党方面，孙中山和黄兴相继回国，加紧与护国军部院的联系和配合，使武装力量大为增强。孙中山也在护国军部院成立的次日，于上海发表第二次讨袁宣言，声明“袁氏未去，当与国民共任讨贼之事；袁氏既去，当与国民共荷监督之责，决不肯使谋危民国者复生于国内”。接着黄兴在 12 日通电全国，号召各界一致讨袁。于是出师北伐讨袁的部署加紧进行。到6月5日，岑春煊在肇庆致电各独立省，宣告滇桂粤护国联合军成立，由滇军（第二军）、桂军（新编第三军）、肇军（新编第四军，军长李耀汉）、谭（浩明）军、林（虎）军（新编第六军）、（马）济军及潮军、程（子楷）军、张（习）军编组而成，直属军务院。由岑春煊直接指挥，按期分道次第出师北伐，即日布告周知。第二日即6月6日，袁世凯在北京病逝。两个事件在时间上先后紧密连接，是否存在某种因果关系，还有待研究。至于设在肇庆的护国军部院存在的时间，一般都把1916年7月14日宣布撤销作为结束之日，如果这样计算，就只有两个半月。但是如果从停止运作的时间来计算，以当年11月岑春煊离开肇庆为结束标志，这样实际时间就约有半年。因为在7月14日之前，针对护国军部院要求恢复《中华民国临时约法》和国会只认可黎元洪为总统这两件事，掌握实力的国务总理段祺瑞却表示只恢复1913年由袁世凯操控而制定的《中华民国约法》，因而双方的角力和斗争一直不停，直到第二年展开护法运动。可见恢复《中华民国临时约法》和国会的目标，当时并没有达到，因而护国军部院宣布撤销之后，支持护国运动的代表人物仍然呼吁不要撤销。被袁世凯囚禁，袁世凯死后一段时间才恢复自由的辛亥革命勇将章太炎，在8月下旬才赶到肇庆，不赞成仓促撤销护国军部院，敦劝岑春煊、李根源等人组织力量北伐，消除北洋势力。尽管撤销已无力挽回，但是旧案未结，新题涌现，护国军部院运作无法骤然停止。期间黎元洪特派的粤闽巡阅使萨镇冰同新任广东省省长朱庆澜来到肇庆，调解肇庆方面与广州龙济光的矛盾，引起换防、差饷、编遣等问题，岑春煊、陆荣廷要应对众多交涉、斡旋、谈判。因而岑春煊直到11月才离开肇庆，护国军部院运作也才终止。黎元洪早在7月31日就发出申令，嘉许撤销肇庆护国军部院，表明设在肇庆的护国军部院善始善终，发挥了预期的积极作用，应该载入史册。

护国军部院的成立还促进了国内相关政治力量的联结，为后续的护法运动提供了模式，为一批军事人员的成长提供了机会。其中的核心人物、中坚分子，第二年又投入孙中山领导的护法运动中，向以段祺瑞为首的北京执政者争取恢复《中华民国临时约法》和被袁世凯解散的国会。随着国内外形势的发展，他们又参加了国民革命和抗日战争，发挥各种积极作用。

以金丝燕为精英代表的燕子在中国历史文化上显现的美意识和贤良品格

以金丝燕为精英代表的燕子，是中国社会历史上与人们的关系最贴近、最亲和的一种鸟类。它在人们居住的区域内终日飞动，在维持自己的生命营运中，不断向人们报效，为人类服务终身。这种物类之间相互依存、和谐共济的高度良性的亲密关系，早在上古时代便被人们津津乐道，甚至把燕子刻画成偶像而加以崇拜。因而几千年来，燕子一直是中国人在理想、观念、意识、精神寄托、审美诉求上普遍赏识的善鸟，所积淀的文化底蕴，是中国丰富多彩的历史文化的重要部分。今天品味燕子特别是金丝燕那种经过悠久历史考验的品质，寻绎其所蕴含的意义，不但对正确认识燕子本身，而且对加深了解中国的历史文化，体认生态平衡和环境保护，都有着重要的意义。

一、殷商嬴秦始祖的致生鸟

在中国历史上最先有文字记录的殷商和最终统一成帝国的嬴秦两大王朝，都传说创业祖先是因族人吞下燕卵致孕而降生。《诗经·商颂·玄鸟》：“天命玄鸟，降而生商。”对此，传统的阐释是，上帝指派燕子降临，因而诞生了商的祖先契，是商汤前的第十三代祖。《史记·殷本纪》对这件事扼要地叙述说，帝喾次妃简狄与三个同伴到河里沐浴，看见燕子下蛋，便捡起吞下，从此怀孕生下契。契助禹治水有功，被帝舜封于商，从此开创了商的国业。契因而被称为玄王，意思是燕子蛋化生而成的王者。与此情节大体相同，《史记·秦本纪》说帝颛顼的远代后裔女脩（修）正在纺织，燕子突然下蛋，女脩（修）捡起吞下，于是生下了大业。大业协助夏禹治理水土有功，被帝舜赐姓嬴氏，从此开创了秦的世业。这两个传说与上古时代众多的氏族祖先吞鸟蛋、履神迹致孕而诞生的传说一样，带有浓烈的神话色彩，而殷和秦的祖先也就以燕子为图腾，进行“图腾崇拜”。殷墟卜辞中有“吉燕”“贞惠燕”“贞惠吉燕”等刻记，将燕子与“吉”“惠”这些有美善意义的字联系起来，表示崇敬燕子就是向往美善。由于殷和秦都传说创业祖先源自燕卵，因而相当一部分历史学者推断两者本是同胞，原来都生活在中国北方东部，后来嬴秦西迁，才逐渐称霸西戎。寻绎两者的英雄史诗，自然缅怀燕子的灵异和福荫，可知燕子在中国的原初意义不同于一般的飞鸟，它是具有灵异体质、神圣气质、特异功能的灵鸟。内蒙古敖汉旗小河乡新石器时代遗址出土的一个雏燕陶壶作雏燕张口状，学者认为这个拟燕陶器表明燕子图腾崇拜的时空之广袤，加上殷商、嬴秦神化燕子，把它们导向了文化境界。

二、嘉名雅号丛集

如同古代对赞赏、羡慕的物类给予美好的嘉名和雅致的称号一样，燕子的嘉名雅号有上百个，在鸟类中数一数二。分类举例，可以帮助我们从中体味其意蕴。

（一）嘉祥

在给予的名号中寄寓祥瑞。

（1）凤子。子即卵，亦即蛋，视燕蛋为凤蛋，从而祥瑞化。《礼记·月令·仲春》的正义引述说："简狄吞凤子之后。"

（2）白凤雏。把乳燕视为白身的雏凤。《金华子·杂编》："燕巢中有白凤子。"这"子"即指雏。

（3）赤龙子。《金华子·新编》："一家燕子，生有赤龙子。"

（4）表瑞玉筐。南朝萧铨《咏衔泥双燕》："衔泥金屋外，表瑞玉筐中。"把燕巢异化为显示祥瑞的玉质小筐，与上述比喻为凤和龙，实际意思相近。因为龙和凤都是想象中的灵物。《礼记·礼运》："何谓四灵？麟、凤、龟、龙。"

（二）贞慧

（1）贞燕。《庄子·山木》说，鸟类中论智慧，没有哪一种超过燕子。它们对"目之所不宜处，不给视，虽落其实，弃之而走"。元代冯子振作《贞燕记》，赞誉它们贞慧。

（2）均哺。晋代卢谌《燕赋》："铨先后而均哺，迈鸣鸠之能平。"均匀哺乳后代是母性慈爱的表现，燕子记下喂食次序的先后而均匀哺育，更显出对偏袒的戒备。

（3）爱类。《禽经》："鸳鸯元鸟爱其类。"友爱同类，不自斗、不自残。

（4）故园识主。杜甫《燕子来舟中作》："旧日故园尝识主，如今社日远看人。"

（三）机巧

（1）风帘入、卷帘飞。南朝谢朓《和王主簿怨情》："花丛乱数蝶，风帘入双燕。"唐代李廓《长安少年行》："歌人踏日起，语燕卷帘飞。"紧趁帘被风掀起的刹那而飞入、飞出。

（2）定新巢。杜甫《堂成》："暂止飞鸟将数子，频来燕语定新巢。"魏明帝曹叡《短歌行》又赞赏它们筑窝"不规自圆，无矩而方"。

（3）巧语新、语如弦。唐代释齐己《新燕》："栖托近佳人，应怜巧语新。"唐代杨巨源《宫燕》："毛衣似锦语如弦，日暖争高绮陌前。"音质清新悦耳，是燕子别样的机灵精巧。这些嘉名雅号充分显示了燕子整体具有超常的素质和能力。

三、飞姿矫健轻捷

燕子勤飞、善飞，飞行的姿势矫健而轻捷。《诗经·邶风·燕燕》："燕燕于飞，差池其羽。""燕燕于飞，颉之颃之。""燕燕于飞，下上其音。"这是燕子飞行的经典性描述。宋代史邦卿《双双燕》（新添）词："飘然快拂花梢，翠尾分开红影。芳径，芹泥雨润。爱贴地争飞，竞夸轻俊。"连同晏师道的《燕子行》诗："翻身初向烟中没，掠地复穿花底出。"这都是更为形象的燕子飞行画面，显示出无与伦比的矫健轻捷。此外，还有一些独特的动作：

（1）受风斜。迎风而斜飞。杜甫《春归》诗："远鸥浮水静，轻燕受风斜。"这是鸟类的一种飞行特技，可以说是燕子所擅长的，大诗人在这诗中只说得益于身轻，实际上还应有得以保持悬浮和平衡的其他因素。

（2）舞春风。在春天的和风中飞舞。唐代李峤《燕》诗："差池沐时雨，颉颃舞春风。"春季的和风细雨根本不构成对燕子飞行的威胁，相反，它们乐于在其间欢快地翻飞。

（3）绕花枝。在树林小径中、花丛间追逐猎物、逸出险境。李建勋《归燕》："冲人穿柳径，捕蝶绕花枝。"

还有在悬崖峭壁间、在低矮屋檐下、在堂中梁柱间急飞的惊险飞行，都是自然界中足以使人愉悦的一种刺激。

四、赋性驯良勤劳

燕子的生活历程向人们提供了赋予其驯良的禀赋和勤劳的习性的灵感。魏明帝曹睿《短歌行》说燕子"厥貌淑美""执志精专，洁行驯良"。淑美是说体态仪表优美，精专的基础在于勤劳，驯良就是温顺善良。这种可贵的资质早在古代就激发了人们的感悟，再结合近代生物学的阐释，可以得到多层面、多角度的认知。

（一）声音和顺清脆

燕子常常鸣叫。汉字“燕”的构字法属象形，像燕子飞行的身形；在读音上拟其叫鸣声，像“鸦”“鹊”“布谷”“精卫”之类的“其名自叫”“其鸣自呼”。清代郝懿行《尔雅义疏·释鸟》引《说文》说：“乙，玄鸟也。齐鲁谓之乙，取其鸣自呼。”当代学者从语言学的角度分析，乙或乙乙就是燕或燕燕，也都是燕子叫鸣的象声词。就现代汉语而言，不论 yin 或 yi，音色都清爽而和顺，如果叠音，就更加悦耳。而且它们的叫鸣一直被人们视为语言，把“燕语”与“莺歌”对举，这也是燕子在鸟类中出类拔萃的一个亮点。

（二）体态温顺洁丽

燕子通体羽毛紧密服帖，色泽洁丽，体形流畅，头部尾部羽毛有鲜亮的光泽。喙下部位线条坚毅，被称为“燕颔”，来代指男人显出的英武气度的颔部。尾部开叉成打开的剪刀形状，被雅称为“玉剪”。至于形容人们举止安娴和顺则称为“燕婉”，称夫妇齐谐和乐为“燕好”，其词源均应从燕子而来。可见燕子仪态的安顺祥和，早已引向人伦。

（三）命侣

李商隐《越燕》：“命侣添新意，安巢复旧根。”命侣的意思是天意所匹配的终身伴侣。燕子配偶齐谐牢固，雌雄双宿双栖，伴侣相随的亲密度不亚于鸳鸯。“双飞燕”“并头语”“花间对语”等，是中国传统物态审美的一种典型，比理想化的鸾凤和鸣、罕见的鸳鸯戏水更贴近人们的生活，更人格化。

（四）合群

习惯成群地在空中捕食、活动，特别是下雨前后，往往数十、数百地群飞穿梭，追逐翱翔，成为人们生活中的一种生态景观。

（五）勤劳

与一般常栖的鸟类不同，燕子是敏感的候鸟，必须在每年的寒冬之前完成筑巢、产蛋、孵化、哺育的任务，并留足时间让雏燕成长学会飞翔。因而一直在忙碌赶工，充分显示出勤劳的品质。期间捕食大量害虫作食物，是它们勤劳的收获。

五、精英金丝燕

金丝燕除了具备燕子共有的优良素质之外，还有着特殊的能力。

（一）综合能力最强

在雨燕科中，它们虽然体重较轻，但能力很强。飞行的速度极快，较一般燕子更灵活而敏捷。它们的感知能力、辨识能力很强，反应灵敏，对气候的变化敏感。作为候鸟，一般将它们与雁对举，实际上更多的是以“越燕”即金丝燕作基准的。先秦时令书《夏小正》和《礼记》《吕氏春秋》记灵仲春和仲秋出现的候鸟，燕子在这三书里均被记录，而雁是在提及季秋才被记录的。可见燕子所显示的物候更准确。

（二）唾吐津液凝成珍品燕窝

体质和功能独特的金丝燕，凭借发达的黏液腺，唾吐黏稠的液体，集滴成层，日积月累，终于构筑成它们认为可以生育幼雏的巢。历时 20～30 日，如果液源阻滞，还要不停地摇头助唾，甚至混合血丝而滴。这种捐出津液以完成世代延续使命的崇高品质，比春蚕吐丝更富牺牲精神。

（三）捕虫功效最大

勤劳的金丝燕不留恋自己金津玉砌的安乐窝，除了产卵和孵化期间以外，就在窝外的空间活动，不断地猎捕昆虫，一日能吃掉成千上万只蚊子，约相当于其体重的一半。其除虫功效实在大大有益于人类。

（四）集群性最高

比一般燕子更喜群栖群飞，常常几十几百个巢紧密排列在合适的岩洞中，与那些在人居的檐下梁上单独或几个地构巢的燕类大异其趣。而且习惯于群体飞动，成百、成千地群飞。云南建水燕子洞的白腰雨燕群，群飞时甚至有十多万只。这样庞大的燕群漫天飞舞，实在是壮美的生态景观。

六、结语

中国历代对以金丝燕为精英代表的燕子的深刻认识及其积淀的丰富文化成果，显示着富有中华色彩的美意识和伦理道德观念。在燕子身上，在它们置身于大自然而拼搏、进取所获得的成果中，散射着勤、贤、惠、美、善的流光溢彩。对这些历史文化的亮点进行体认和品味，不但有助于正确认识、对待燕子，而且有助于正确处理人与自然、人与环境的关系，妥善解决保护和科学开发燕子资源的问题。怀集县燕岩是华南罕见的金丝燕繁殖地，具有宽广的开发空间和光明的开发前景。借鉴云南建水燕子洞和湖北神农架燕子垭开发金丝燕景观的经验，我们有必要加强和深化燕岩现有的金丝燕展示，可考虑将山水观光、燕子生态体认、燕子习性品味、燕子文化鉴赏组合，多方面、多层次地联合展出，在旅游、求知、休闲、愉悦中融合尽可能多的文化因素，以达到对文化资源最大化的科学开发。

浅议诚信作为社会主义核心价值准则的地位和作用

“诚信”是中国传统文化中深具中华特色、信受中华智慧浸润、在五千多年的历史长河中发挥着巨大作用的道德理念。在建设富强、民主、文明、和谐的社会主义现代化国家的进程中，培育和践行社会主义核心价值观，让诚信成为公民的价值准则之一，并把诚信建设定为道德实践活动的重点，这是很有必要、很适当的。

一、“诚”“信”互训与“诚信”合成词及其近义词、衍生词

东汉许慎《说文·言部》：“信，诚也。从人言。”《说文》同部又称：“诚，信也。从言成声。”信，诚也；诚，信也。这是同义词之间的相互训释，在训诂学上属于互训，即“转相训也”，表明同义词之间，尽管各自具有多个义项，但用以进行相互解释的必定是各自根本的、固有的意义。随着双音词的逐步推行，秦汉时代的书籍已使用“诚信”一词。《礼记·祭统》：“贤者之祭也，致其诚信。”又说：“诚信之谓尽礼。”《礼记·祭统》所称的“诚信”与《汉语大词典》对“诚信”的第一项解释“真诚，真诚的心”大体上相符。因为进行祭拜时，参与者一般都处在真心、本心状态。可见诚信具有诚与信各自原有的意义，是由两者结合而确定词语含义的。

随着汉语的发展和演变，由诚、信和诚信作要素，历代衍生出了一系列诚信的近义词，如诚实、诚笃、诚朴、诚挚；忠诚、真诚、至诚；信用、信义、信守、信誉；忠信、笃信、坚信、守信。其中“信用”一词在《尚书·康王之诰》已出现：“信用昭明于天下。”申明“信用”必须清楚明白地向天下宣告，可见当时君主对“信用”也是十分强调的。“信用”至今仍然是使用频率较高的词语。此外还有词素不带“诚”和“信”的诚信同义词“然诺”，反义词“食言”“反悔”等，同样使用广泛。

二、诸子百家对诚信的倡导

首先，代表中国传统主流文化的儒家对诚、信、诚信及其近义词、衍生词的使用最多，因此也影响最大，出现在社会的各个层面。“人而无信，不知其可也。”唐代孔颖达认为：“言人而无信，其余虽有他才，终无可也。”句式和事体与《诗经·鄘风·相鼠》所说的类似。“相鼠有皮，人而无仪。人而无仪，不死何为。”“相鼠有体，人而无礼。人而无礼，胡不遄死。”其尖锐性比“人无信不立”还强烈，比《弟子规》的“凡出言，信为先”更鲜明而深刻。战国末期儒家中最有影响力的大家荀况，在《荀子·不苟》中把诚信纳入相关的道德范畴中进行正反论证：“公生明，偏生暗；端悫生通，诈伪生塞；诚信生神，夸诞生惑。”并加以提示指出：“此六生者，君子慎之。”其中公、端悫、诚信属于正面。公指公正、公平；端悫指正直诚实，是诚信的近义词。

属于道德范畴的主张除了“兼爱”以外，少作论述的墨子也在《墨子·修身》中揭示：“志不强者智不达，言不信者行不果。”《墨子·修身》指出言语是不诚信的，那么践行起来也就必然不能成为事实。此论断具有墨子所擅长的逻辑化。

中国古代兵家的议论曾经被看成“诈道”“诡道”，但其实其中权威的著作都申明了坚守诚信原则的必要。《孙子兵法·计》：“将者，智、信、仁、勇、严也。”其中三者与儒家的“智、仁、勇”相同。《孙膑兵法·将义》也说：“信者，兵之足也。”“将者不可以不信，不信则令不行。”以兵之足比喻诚信，特别提示不能不诚信，因为不诚信会导致命令不能执行，这关系到将士们的存亡，也可以说关系到国家命运。《尉缭子·战威》另外标举礼信，认为“必先礼信而后爵禄，先廉耻而后刑罚，先亲爱而后律其身”。

兵家对诚信的认识更是提高到了客观规律的层面。如《吕氏春秋·离俗览》中有《贵信》一文，当代著名学者陈奇猷在书中作按语指出，这是兵家“用民之要”的议论。以一大段排比句进行铺叙：“天行不信，不能成岁；地行不信，草木不大。春之德风，风不信，其华不盛，华不盛则果实不生。”以下还推演夏、秋、冬“不信”，君臣、处官、贵贱、交友、百工之间“不信”，最后作结说：“夫可与为始，可与为终，可与尊通，可与卑穷者，其唯信乎！信而又信，重袭于身，乃通于天。”这样繁复的推论，比儒家的“诚者，天之道也”“诚之者，人之道也”所涵盖的范围更广大，效用更突出。

三、秦汉以后历代对诚信守则的标榜和宣扬

长期以来被视为奉行严刑峻法、残暴严苛的秦朝，事实上也标榜忠信、善行。近几十年秦墓出土的简书表明，秦始皇在位期间，颁行了官吏的道德信条和行为守则。其中1975年12月在湖北省云梦县睡虎地第十一号秦墓出土的竹简文字，于1977年编成《睡虎地秦墓竹简》一书出版，内分十种编目，当中一编为“为吏之道”，文中多次出现诚信和与之相近的词语。如：

宽俗（容）忠信，和平毋怨。

吏有五善：一曰中（忠）信敬上，二日精（清）廉毋谤，三曰举事审当，四曰喜为善行，五日龚（恭）敬多让。五者毕至，必有大赏。

凡戾人（为民表率），表以身（以身作则），民将望表以戾（至）真。表若不正，民心将移乃难亲。

“为吏之道”中不少话语与儒家经典《礼记》《大戴礼记》相同。这就证明了西汉贾谊的名作《过秦论》指责秦始皇“废先王之道”“以愚黔首”言过其实。实际上，秦始皇在统一六国的过程中，仍然按照传统的主流思想进行治理和教化，包括治吏和治民。

七八十年后，董仲舒作为贤良文学之士，应对汉武帝的策问，提出“诸不在六艺之科、孔子之术者，皆绝其道，勿使并进”。最后两句，后人称之为“罢黜百家，独尊儒术”。汉武帝接受了建议，“立学校之官，州郡举茂才孝廉”，从此儒学开始处于独尊地位。董仲舒在对策中提到的“仁谊（义）礼知（智）信五常之道”就包括了诚信，并成为全国人民奉行的信条和守则。

以后随着朝代的更迭、社会的变迁，制度、政策和施政方式有所改变，人们对诚信的标榜和把握也有所不同。但诚信作为道德规范、价值准则和世界观、人生观一直被信奉与践行着，即使是由少数民族统治者建立的北朝、辽、金、元和其他统治范围较小、为时较短的政权，也大体保持一致。在此期间，社会群体、行业组织、家族或家庭还针对各自的实况和环境，制定出规约、守则、族规、家训等，大多把诚信列作守则、教条、格言或其他信奉名目。明朝文庙的御旨卧碑、清朝官学的《圣谕广训》都含有关于诚实守信的告诫和劝谕，提醒士子在进德修业中不忘修身养性、健全人格。工商业单位历来都标榜“货真价实，童叟无欺”。至今仍营业的百年老店之所以经久不衰，一个很重要的原因就是坚守信誉。

四、历代因失信而导致落败的教训

中国历史上因失信而导致人亡政覆的最古老的典型，是周幽王。西周最后的君主周幽王嬖爱出生于褒国姓姒的妃子褒姒，把原来出生于申国的王后及其所生的太子宜臼废除，改立褒姒为后，改立她所生的伯服为太子。当时都城镐京接近犬戎，为防备戎人入侵，周幽王与诸侯约定，在通往镐京的大道上每隔一定距离就布筑高台，在台上布置大鼓，鼓声远近响应，诸侯的军队闻讯即驰援镐京。依此办法实发实演了几次，诸侯的军队果然都兴师驰援，褒姒非常高兴，从此喜欢上这种能使自己大笑的演练。而周幽王为博取褒姒大笑，在没有寇兵入侵的情况下，也照样击鼓传警报，因而诸侯的救兵扑空了几次。针对这种荒唐行为，申后的父亲申侯联结缯国的缯侯，引进犬戎攻占镐京，一举把宗周摧毁，追杀周幽王到骊山之下，西周从此灭亡。原来的太子宜臼东迁洛邑，成为周平王，成立东周。在这一历史事件中，周幽王无疑是昏君，为了看到宠后的笑容而招致大灭亡，“为天下笑。此夫以无寇失真寇者也”。讲求治乱兴衰的史观就把褒姒作为祸首，认定“赫赫宗周，褒姒灭之”。此事先收入《诗经·小雅·正月》，以后或作为教训，或作为典故，传述不断。今天从“诚于信”的角度作思考，西周灭亡这一悲剧，直接的诱因应是周幽王对诸侯失信。

人类社会由于不守诚信而造成失利，甚至败亡的，大至国政，小至个人经营，历史上都不乏先例，今后也有可能发生，所以值得我们反思。

五、当今社会对诚信的召唤

改革开放以来，中国经济和社会发展突飞猛进，成为世界第二大经济体，科学技术和文化教育同时获得重大成就，广大人民的生活水平和社会福利随之得到显著提高，中国和平崛起，举世瞩目。但是随着经济、政治、文化和社会的改革逐步深入，诸多诚信缺失、道德滑坡的现象也涌现了出来，突出的有欺瞒、诈骗、假冒、伪造、剽窃、侵权等行为，弄虚作假、窃取利益、作奸犯科的方式和伎俩繁多，涉及范围覆盖全社会各行各业、城乡各大角落。失信商家往往趁监管制度还不健全、监管力量还薄弱之机，销售侵权、假冒、伪劣商品。例如，2014年7月曝光了上海福喜食品有限公司制售原料过期、劣质的肉制食品。经上海市食品药品监督管理局检验，该公司一共封存了144吨不合格的烟熏风味肉饼、麦乐鸡、小牛排。之后，在全球17个国家拥有50多家食品加工厂的美国福喜集团，宣布全面召回上海福喜公司的产品，集团公开道歉，总裁来华进一步部署，重新组建团队。这是治理失信经营卓有成效的一个突出例子。类似的诸多因诚信缺失、道德滑坡而引致的恶劣事件，不仅对社会安全、公共利益、个人福祉造成了危害，也导致了巨大的经济损失。

对存在的这些问题，政府曾经大力贯彻依法治国的方针，着重加强和完善法治，修订和制定了一系列的法律、法规，健全和改革相关的司法制度，从而维护了社会稳定的大局。但是在较长的一段时间内，政府并没有特别强调要将依法治国和以德治国相结合。大力推进全社会的道德建设，特别是挖掘、弘扬优秀的传统文化和传统道德，与依法治国有效配合是十分必要的。因而道德自觉、道德践行的成效还有待提高。2013 年 12 月中共中央办公厅印发了《关于培育和践行社会主义核心价值观的意见》，列出了社会主义核心价值观的基本内容，并且就积极培育和践行社会主义核心价值观作出了详细而具体的指引。其所指明的“二十四字”社会主义核心价值观及其培育和践行的途径与办法，应是推进中国特色社会主义道德建设、道德践行的有效良方，其中就表明要以诚信建设作为广泛开展道德实践活动的重点，笔者认为这可以理解为对把诚信作为社会主义核心价值准则的召唤。可以深信，全面贯彻执行《关于培育和践行社会主义核心价值观的意见》，坚持不懈地把它融入国民教育的全过程中，把它落实到经济发展实践和社会治理之中，必将逐步夯实中国特色社会主义的思想道德基础，其中的诚信核心价值准则也将会历久弥新、影响深远。